KB260024

오대진언

둘째 다라늬

천 개의 손과 눈으로 모두 다 보는 오롯한 슬기에 든 님의 넓고
두루 갖춰 거침없으며 매우 가여워하는 마음의 거룩한 다라늬

(千手千眼觀自在菩薩廣大圓滿無礙大悲心神妙章句大陀羅尼)

셋째 다라늬

부처님께서 이르신 – 번개꼭대기 요가 – 가장 숨겨진 깨닫기 –
비는 대로 얻고 마술처럼 이루는 다라늬

(佛說金剛頂瑜伽最勝祕密成 佛隨求即得神變加持成就陀羅尼)

르그베다 전공자가
쓴 범어 진언 풀이

천 개의 손과 눈으로 모두 다 보는 오롯한 슬기에 든 님의 넓고
두루 갖춰 거침없으며 매우 가여워하는 마음의 거룩한 다라니

千手千眼觀自在菩薩廣大圓滿無礙
大悲心神妙章句大陀羅尼

사하스라부자 사하스라네뜨라 아발로끼떼슈바라 수빠리뿌르놔 아쁘라띠하따
마하까루놔찌따 다라니
**Sahasrabhuja-sahasranetra Avalokiteśvara suparipūrṇa apratihata
Mahākaruṇā-citta Dhāraṇī**

차 례

글을 쓰면서

가난했던 가정형편으로 대학진학을 포기했던 1986년 여름 무료함을 떨치려 찾아보던 국어대사전 (이희승, 1961) 속의 범어가 고교생이던 나를 범어의 세계로 이끌었다. 하지만 그 점검과 확장은 그로부터 열다섯 해가 지난 2001년 도이칠란트 뷔어츠부억대학(Julius-Maximilians-Universität Würzburg)에서 비교인도유럽언어학(Verg-leichende Indogremanische Sprachwissenschaft)과의 학과장이자 담당교수님 이셨던 헤트리히(Heinrich Hettrich, 1947~2020) 교수님에게서 이뤄졌다.

그 분과 상담 뒤 2001년 겨울학기부터 베다 상스끄르따 및 나머지 인도-유럽말과 문화를 함께 배워 나갔다. 그렇게 배워 다루며 연습했던 의미론 및 통사론적 분석과 통찰은 논문으로 이어졌고, 그로부터 다시 열두 해가 지나 이러한 불교혼성범어(Buddhist Hybrid Sanskrit)로 된 글을 보는 여태도 큰 도움이 되고 있다. 르그베다에 비해 더 간단한 고전 범어에서 다시 더 단순해진 것이 불교혼성범어이기도 했기 에 지금의 내 탐구에까지도 이어진다고 본다.

불상에 비친 우리처럼 생긴 모습을 보고 부처님이 우리와 같은 아시아 사람이라고 생각할 이는 눈감 고 귀막고 사는 이들 말고 더는 없으리라 본다. 부처님의 가르침과 생각에 제대로 다가가려면 그 분이 어떤 사람이며 어떤 문화의 바탕에 사셨는지를 먼저 제대로 알아야 할 것이다. 부처님의 바탕이었던 옛 인도 아리아 사람들과 말 및 문화에 대해 내게 기본적인 인식을 깨우쳐 주시고 하늘로 가신 분이 바로 헤트리히 선생님이셨다.

지난해 써서 내놓은 첫 글이 나오기까지 남달랐던 과정과 고마운 가족 및 도움을 주신 분들의 이름을 적어서라도 나름 마음을 알렸다. 이어지는 오대진언의 둘째 및 셋째 다라늬를 풀어 옮기면서 너무도 늦 었지만 이 글을 빌어서라도 헤트리히 교수님에게 고마움과 안타까움을 꼭 나타내고 싶다.

이렇게 "너무도 늦었지만"이라는 표현을 왜 하냐하면, 오대진언의 첫째인 42 만뜨라를 풀어 적를 때까 지는 우리와 함께 이 세상에 살고 계셨기에 다음 차례에 고마움을 나타내야지 생각하며 선생님의 이름 을 같이 넣지 못하고 시작했기 때문이다. 그뒤 건재하시던 선생님께서 하필 전지구적 코로나 19 사태에 이기지 못하셔서 더는 우리와 함께 영원히 말을 나누지 못하게 되셨다. 그래서 이제라도 이 글을 빌어 고마움과 안타까움을 나타내고자 한다.

아울러 그 무렵 독일 뷔어츠부억에서 내게 많은 도움을 줬던 여러 선생님들과 동료들 모두에게도 좋 은 공부와 삶을 누리게 해준 데에 고마운 마음 함께 전하고 싶다.

그리고 거듭 말하지만 여러 모로 아직 부족한 사람이 쓰고 있는 글이기에 채워지지 못한 빈 곳이 마 땅히 많으리라 보기에 누구든 잘못을 나무라시고 그 빈 터를 채워주시면 달게 받으려 하니, 가르침 주 시기를 기꺼이 바란다.

일러두기

이 글의 바탕은 상원사본으로 나뉘는 책의 중간본으로 1954년 경북대학교에서 펴낸 뒤 국회도서관에 소장되어 있는 오대진언(五大眞言)이다. 그 동안 오대진언 관련하여 나온 단행본이나 논문들은 대체로 실담문자의 글꼴이나 판본 등의 구체적인 사항은 다루면서도 아쉽게 그 안에 적힌 범어로 된 진언의 뜻을 제대로 다룬 것은 없던 것으로 보인다.

그래서 그런 범어로 된 만뜨라와 다라늬의 뜻을 풀어보자는 마음으로 이 글을 쓰게 되었다. 그런 작업 가운데 이 글은 오대진언의 둘째인 천수천안관자재보살광대원만무애대비심신묘장구대다라니(千手千眼觀自在菩薩廣大圓滿無礙大悲心神妙章句大陀羅尼)와 셋째인 불설금강정유가최승비밀성불수구즉득신변가지성취다라니(佛說金剛頂瑜伽最勝秘密成佛隨求即得神變加持成就陀羅尼)의 범어 풀이이다.

범어 진언의 가려진 뜻을 알고자 하는 이들에게 작은 보탬이라도 됐으면 하는 마음으로 지난 첫글에 이어 이 글을 내놓는다. 새로운 눈으로 진언을 살펴보고자 하는 분들께서 이어서 읽어 보시면 진언에 담긴 뜻을 새로 마주할 수 있으리라 믿는다.

풀이

상스	데바	ॐ सर्वभयेषु ◀ 데바나가리표기(상스끄르따의 소리로 읽고, 힌디와 다름).	
	로마	oṃ sarva-bhayeṣu ◀ 로마자표기(IAST: International Alphabet of Sanskrit Transliteration).	
	한글	옴 사르바바예수 ◀ 한글표기(원음에 가까운 음성적 표기, 옴은 제외).	
풀이		옴, 온갖 두려움에서 ◀ 진언 뜻.	
오대진언	실담	ॐ सर्बरेषे ◀ 오대진언의 실담표기.	
	정음	:옴◦·살·바◦·바:예:수◦ ◀ 오대진언의 훈민정음표기(현대와 소리값이 다름).	
	한자	唵五 薩喠嚩婆曳數六 ◀ 오대진언의 한자표기.	
대 장 경		唵引/八薩嚩婆去曳數去/九 ◀ 팔만대장경 등의 한자표기.	
되짠소리 (IPA)		ˀə:m saɾ-ba-ba-jɛi-ṣu◦ ◀ 글이 적히던 당(唐) 때의 되짠 중고한음(中古漢音)을 국제음성문자(International Phonetic Alphabet)로 나타냄.	
요즘소리		오옴 살바 바예수 ◀ 현대 표기(봉원사 외).	

요즘소리는 한국 불교의식의 총본산으로 대표적 의식인 영산재를 지키고 있으며, 아울러 본인이 2018년 7월 1일부터 살고 있는 봉원사에서 의식을 거행할 때 들을 수 있는 소리를 주로 끌어썼다. 아울러 대장경이란 고려 팔만대장경과 이에 바탕한 왜(倭)의 다이쇼신슈다이쇼꾜(大正新修大藏經) 따위를 가리킨다.

이 책의 상스끄르따 및 다른 말소리의 한글표기는 1933년 10월 29일 조선어학회가 제정하고 그뒤 고쳐온 한글맞춤법통일안에 얽매이지 않고, 한글로 나타낼 수 있는 한 음성적으로 다 나타내려 했다. 다만 국어의 외국어표기로는 일반적인 한글조합에 따르려 했다. 또 한자로 된 인명 및 지명은 중고한어(唐) 시기의 것까지는 우리 한자음대로 그 뒤(宋)부터는 지나의 현대음으로 나타냈다[1].

보기) 상스. °bhayeṣu ~바예**수**/~바예**수**, 티벧. don **yod** 된**외**/ 된**외**; **혜림**(慧琳), **허우푸**(侯溥, Hóu Pǔ).

준말

잉글말(Eng.)	범어(Skr.)	빠니니(Pāṇ.)	우리말(Kor.)	쓰임
Nom(inative).	prathamā		~이/가	
Acc(usative).	dvitīyā		~을/를	
Inst(rumental).	tṛtīyā		~으로	
Dat(ive).	caturthī		~에게	8
Abl(ative).	pañcamī		~부터	자리
Gen(itive).	ṣaṣṭhī		~의	
Loc(ative).	saptamī		~에	
Voc(ative).	saṃbodhana	saṃbuddhi	~아/야	
Pres(ent).	vartamāna	laṭ	이제(오늘)	
Aor(ist).	adyatana-bhūta	luṅ	오늘 한(되어 있는)	
Past	anadyatana-bhūta	laṅ	오늘 말고 ~한/된	
Perf(ect).	parokṣa-bhūta	liṭ	눈에서 먼; 지난	때
S(imple) fut(ure).	sāmānya-bhaviṣyan	lṛṭ	가까운 앞날	
Peri(phrastic)fut(ure).	anadyatana-	luṭ	오늘 말고 앞날	
S(in)g(ular).	ekavacana		홑[單數]	
Du(al).	dvivacana		겹[兩數]	셈
Pl(ural).	bahu-vacana		여럿[複數]	
Act(ive).	parasmai-pada		남에게 하는 말	
Act(ive).	kartṛ-vācya		하는 말	
Ben(edictive).	āśīrliṅ vidhiliṅ	liṅ	바램말	
Caus(ative).		ṇijanta	시킴꼴	
Cond(itional).		lṛṅ	~라면	
Desid(erative).		sannanta	싶다꼴	말씨
Imp(erative).	ājñā	loṭ	해라꼴	
Int(ensive).		yaṅanta	되풀이꼴	
Mid(dle).	ātmane-pada		내게 하는 말	
Pass(ive).	karmaṇi-vācya		되는 말	
Subj(unctive).		leṭ	~라면(옛 접속법)	
Den(ominative).	nāma-dhātu		이름씨에서 나온 말	
Inf(initive).	tumann-anta		tum-으로 끝나는 말	
Ger(und). 1		ktvā-anta	tvā-로 끝나는 말	토막
Ger(und). 2		l-ya-b-anta	ya-로 끝나는 말	말
Ind(eclinable).	a-vyaya	avyaya	안-바뀌는 말	
Past Passive Participle	kta/ktānta	niṣṭhā	이룬 말/ ta-로 끝나는 말	
m(asculine).	puṃliṅga		수[男, ♂]	
f(eminine).	strīliṅga		암[女, ♀]	암수
n(euter).	napuṃsakaliṅga		새[中, ±]	
1. Pers(on).	uttama-puruṣa		첫째 사람	
2. Pers(on).	madhyama-puruṣa		둘째 사람	사람
3. Pers(on).	prathama-puruṣa		셋째 사람	
No(un).	nāma		이름씨[名詞]	
Adj(ective).	viśeṣaṇa		꾸밈씨[形容詞]	
Pron(oun).	sarvanāman		갈이름씨[代名詞]	씨
Rel(ative pronouns).			걸림갈이름씨[關係-]	
V(erb).	tiṅanta		움직씨[動詞]	

Adv(erb).	**kriyāviśeṣaṇa**		어찌씨[副詞]	
Interj(ection).	**udgāra(vācaka)**		느낌씨[感歎詞]	
Avest(an).			아베스따말[阿維斯陀語]	
Cant(onese).			꿩뚱말/윈말[5][廣東話/粤語]	
Chin(ese).	**cīna**(< 晉)[2]		지나말[支那語]	
Da(ish).			덴마크말[丹麥語]	
Deu(tsch).			도이치말[獨語/德語]	
Eng(lish).			잉글말[英語]	
Esp(añol).			에스빠냐말[西班牙語]	
Hak(ka).			학까말[4][客家語]	
Hel(lenike< ἑλληνικὴ).	**yavana**(< Ἰάϝονες)		옛헬라말[古希臘語]	
H(ànyǔ)**P**(īnyīn)			지나말소리[漢語拼音]	말과
Fra(nçais).			프랑스말[佛語]	나라
Jap(anese).			왜말[倭語]	및
J(yut[6]jyu[5])**P**(ing[1]yam[1])			윈말소리[粤語拼音]	사람
Kor(ean).	**mukuri**[3]		우리말/한국말[韓語]	
Lat(in).			라띤말[拉丁語]	
Nep(ali).	**Nepāla**		네빨말[尼泊爾語]	
Nost(ratic).			우리네 말[6][諾斯特拉語]	
Pali.	**Pāḷī**		빠알리말[巴語]	
Pāṇ(ini).	**Pāṇini**		빠느니[波你尼]	
Pers(ian).	**Pārasa**		파르시말[7][波斯語]	
Pr-I(ndo-)**E**(uropean).			웃-인도유럽말[原印歐語]	
Prak(rita).	**Prākṛta**		쁘라끄르따[8]말[普拉克里特語]	
S(ans)**kr**(it).	**Saṃskṛta**		상스끄르따[梵語]	
Tib(etan).	**bhuṭa/bhoṭīya**		티벧말[藏語]	
Turkic(Old).	**turuṣka/hūṇa**[4]		투르크/흉노말[突厥/匈奴語]	
Wyl(ie).			와일리적기[威利轉寫]	
compound	**samāsa**		겹씨[複合語]	
infix			속가지[接中辭/中綴]	
prefix			앞가지[接頭辭/前綴]	
suffix			뒷가지[接尾辭/後綴]	

우리말 이름

사람 및 신

가르침의 지기(Dharma-pāla 다르마빨라, 護法)

가르침의 하늘(Dharma-deva, 다르마데바, 法天)

굳센 슬기(Vajra-bodhi 바즈라보디, 金剛智)

그렇게 오신 분(tathāgata 따타가따, 如來)

누리를 살피며 오롯한 슬기에 든 님(avalokitasvara bodhisattva 아발로끼따스바라, 觀世音菩薩)

모두 다 보는 오롯한 슬기에 든 님(avalokiteśvara bodhisattva 아발로끼떼슈바라, 觀自在菩薩)

베풂의 지기(Dāna-pāla 다나빨라, 施護)

빈틈없고 굳센 이(Amogha-vajra 아모가바즈라, 不空金剛)

하늘이 나쁜 것을 없애준 이(Deva-śāntika, 天息災; Dānapāla의 형)

글 및 나머지

가여워하는 하얀 연꽃의 글(karuṇā-puṇḍarīka sūtra K0125/T0158 大乘悲分陀利經)

거룩한 천 개의 손과 눈으로 다 보는 오롯한 슬기에 든 큰 분의 두루 갖춰 거침없으며 큰 가여움의 거룩한 다라늬[F⁹1050 聖千手千眼觀自在菩薩摩訶薩廣大圓滿無礙大悲心陀羅尼]

굳센 아이(Vajrakumāra)가 이어 외는 글(T1244 金剛童子持念經)

두루 빛나는 꽃갓을 쓰고, 깨끗하고 반짝이는 뜻대로 되는 구슬의 손짓 - 마음의 이길 수 없는 큰 부적을 잘 아는 임금(♀)의 다라늬(samanta jvālamālā viśuddha-sphurita cintāmaṇi mudrā hṛdaya aparājitā mahāpratisārā-vidyā dhāraṇī, K1349/T1153 普遍光明淸淨熾盛如意寶印心無能勝大明王大隨求陀羅尼經¹⁰)

두루 꿰뚫는 세 슬기로 크게 삼가는 절의 의례(ZW¹¹0098 圓通三慧大齋¹²道場儀)

마음모음의 으뜸인 달빛 등불 글(Samādhirāja(candrapradīpa)sūtra K0181/T0639 月燈三昧經)

말 머리를 가진 분의 다라늬(Hayagrīva-vidyā, 馬頭觀自在陀羅尼)

매우 좋고 고르며 숨긴 마음을 모으는 딴뜨라의 큰 임금 글[T1192 妙吉祥平等祕密最上觀門大教王經]

매우 좋은 분의 바탕인 것¹³(Mañjuśrīmūlakalpa K1138/T1191 大方廣菩薩藏文殊師利根本儀軌經)

매우 어질고 가여워하여 괴로움에서 건지고 누리를 살피며 모두 다 보는 오롯한 슬기에 든 님의 넓고 두루 갖춰 거침없으며 모두 다 하는 파란 목을 가진 님의 매우 가여워하는 마음의 다라늬[T1113b 大慈大悲救苦觀世音自在王菩薩廣大圓滿無礙自在靑頸大悲心陀羅尼]

뭇 부처 글의 소리와 뜻[K1498/T2128 一切經音義]

번개꼭대기 요가 - 천 개의 손과 눈으로 다 볼 수 있는 오롯한 슬기에 든 분의 마음 닦는 일의 글[K1311/T1056 金剛頂瑜伽千手千眼觀自在菩薩修行儀軌經]

부처님께서 이르신 - 번개꼭대기 요가 - 가장 숨겨진 깨달기 - 비는 대로 얻고 마술처럼 이루는 다라늬[T1155 佛說金剛頂瑜伽最勝祕密成佛隨求即得神變加持成就陀羅尼]

부처님께서 이르신 하나로 튼 머리를 한 님의 다라늬 글[K1360/T1110 佛說 一髻尊陀羅尼經]

부처님의 가르침에서 가장 위의 탈것인 숨긴 바구니의 다라늬 모음[F1071 釋教最上乘祕密藏陀羅尼集]

부처님의 꽃갓 같은 글(Buddha-avataṃsaka-sūtra, K0079/T0278; K0080/T0279 大方廣佛華嚴經)

줄거리 풀이 글(Gaṇḍa-vyūha-sūtra K1262/T0293 大方廣佛華嚴經)

상스끄르따로 된 여러 이름들[T2135 梵語雜名]

잘 이루게 이바지하는 길[K0431/T0894a/b 蘇悉地羯羅供養法]

처음 깨달음의 큰 수레가 일어나 퍼짐[Y¹⁴0035 初期大乘佛教之起源與開展]

천 개의 손과 눈으로 누리를 살피는 님의 가엾이 여김 다라닉[T1064 千手千眼觀世音菩薩大悲心陀羅尼]

천 개의 손과 눈으로 모두 다 보는 오롯한 슬기에 든 님의 넓고 두루 갖춰 거침없으며 매우 가여워하는 마음의 다라닉[T1061 千手千眼觀自在菩薩廣大圓滿無礙大悲心陀羅尼呪本]

큰 해님 그렇게 오신 분의 칼을 쥔 손짓[T0864A 大日如來劍印]

큰 해님 옹근 깨달음의 여러 가지 힘을 더 밝힌 글[15](mahā-vairocana abhisaṃbodhi-vikurvita-adhiṣṭhāna-vaipulya-sūtra, K0427/T0848 大毘盧遮那成佛神變加持經)

파란 목의 다 보는 오롯한 슬기에 든 마음의 다라닉 글(T1111 青頸觀自在菩薩心陀羅尼經)

뒤풀이

---

[1] 불경음사에 비춰보면, 현 한국한자음이 현 지나의 어떤 소리보다 중고한음에 더 가까워서 이에 따랐다.

[2] 참조> 윤명구(2023) 16, 21쪽. 네 갈래 소리(Tenuis - T. Aspirata – Media - M. Aspirata)로 이뤄진 인도말은 秦 *dzjin보다 晉 *tsjin을 더 자연스레 cīna로 옮길 수 있다. 또 秦은 옛 인도와의 관계가 불확실하나, 晉은 굽따(गुप्त gupta, 240~550)를 찾아갔던 법현(法顯, 337~422)의 나라이자 백제로 온 마라난타(摩羅難陀 Kumāra-ānanda, 童-學 <힌두문화에서 배워 아는 것=기쁨>)가 거쳐온 국제적으로 잘 알려진 나라였다.

[3] 참조> 윤명구(2023) 21쪽. 비교> 金蛙와 **머구리**(蛙 머구·리 와, 初訓蒙 上 12앞)'; 옛 헬라. **Μουκρί**(Theophylactus Simocatta, 7세기/1834, 283쪽; 라띤 번역. **Mucri**-tas(Henry Yule, 1915, 232쪽); 티벤. སྨུག་ལིག **mug-lig**(Pelliot tibétain 1283의 547째 줄); 투르크. 𐰃𐰠𐰚𐰇𐰉 **ı-l-k-ö-b**(오르혼비문 동면 4/5째줄).

[4] 突厥 覩嚕娑迦ﾒ誐(護)曩 𑖡𑖿𑖬𑖰𑖑 trūsaka/gana(T2135). > 𑖝𑖲𑖨𑖲 /𑖮𑖳𑖜 turuṣka/hūṇa '투르크/흉노'의 잘못.

[5] 지나의 방언은 유럽의 같은 갈래 이딸리아와 에스빠냐말의 차이보다도 훨씬 더 커서 외국어나 다름없다. 따라서 지나의 푸통화(普通話)인 꽝뚱(HP. Guǎngdōng[kwaŋtʊŋ])과 웨(Yuè[jye])가 아닌, 그곳 말소리인 **꿩뚱**(JP. Gwong² dung¹[kʷɔːŋtʊŋ])과 **윧**(jyut⁶[jyt])으로 적었다. 이는 **학까**(hag⁵ ga¹[hak-ka])의 경우도 같다.

[6] 페더센(덴. Holger Pedersen, 1867~1953)이 Türkische Lautgesetze '튀르크말 소리법칙'(1903)에서 처음 썼다. 그뒤 Sprogvidenskaben i det Nittende Aarhundrede '19세기의 언어학'(1924/잉글말 번역 1931, 338쪽)에서 유라시아의 여러 말 사이에 차용을 넘은 친족관계를 가정하여 라띤. **nostra**'우리의'를 끌어썼음을 밝혔다.

[7] 이란 사람들 스스로 그들의 말을 فارسی fārsi(< 옛 파르시/페르시아. 𐎱𐎠𐎼𐎿 pārsa, 波斯)라고 부른다.

[8] 보통 힌디식 발음을 쓰지만, 쁘라끄르따 및 빠알리는 현대 힌디와 달라서 고전 상스끄르따 발음에 따른다.

[9] **Fángshānshíjīng** 房山石經(631~明代 14. C.).

[10] 티벤/와일. 'phags-pa rig-sngags-kyi rgyal-mo so-sor-'brang-ba-chen-mo '거룩한 앎의 임금(♀)의 여러 큰 따름'.

[11] **ZàngWàifújiàowénxiàn** 藏外佛教文獻 (1995).

[12] 빠알리.(u)posatha/상스. upavasatha,(u)poṣadha는 upa- '곁에'와 √vas- 1. '살다'로 이뤄졌고, 원래 베다의 소마(soma) 제사를 준비하는 곳이나 때를 가리켰다. 이 말은 그뒤 비슷한 소리의 upasad- '섬기는'과도 뒤섞인 듯하다. 일찍이 상좌불교부터 받아져 제사보다 그에 앞서 몸과 마음을 삼가며 깨끗이함을 가리켰다. 이것이 다시 지나로 들어와서 비슷한 뜻의 齋 '삼가며 깨끗이하다(說問: 戒潔也)'로 옮겨졌다.

[13] 티벤./ 와일. 'phags pa 'jam dpal gyi rtsa ba'i rgyud '높고 어질며 좋은 분의 밑줄기'.

[14] **Yìnshùndǎoshī wénjí** 印順導師文集.

[15] 티벤./와일. rnam-par-snang-mdzad-chen-po mngon-par-rdzogs-par-byang-chub-pa rnam-par-sprul-pa byin-gyis-rlob-pa shin-tu-rgyas-pa mdo-sde'i dbang-po'i-rgyal-po '가장 빛나는 큰 분의 모두 다 깨끗해져 신통스럽고 내려받은 힘이 있는 임금의 가르침 말씀'.

千手千眼觀自在菩薩大圓滿無礙大悲心神妙章句大陀羅尼

천 개의 손과 눈으로 모두 다 보는 오롯한 슬기에 든 님의 넓고
두루 갖춰 거침없으며 매우 가여워하는 마음의 거룩한 다라늬

사하스라부자-사하스라네뜨라-아발로끼떼슈바라-보디샅뜨바흐
수빠리뿌르냐 아쁘라띠하따 마하까루냐-찌따 다라늬

Sahasrabhuja-sahasranetra-Avalokiteśvara-Bodhisattvaḥ
suparipūrṇa apratihata Mahākaruṇā-citta Dhāraṇī

觀世音菩薩摩訶薩　大勢至菩薩摩訶薩
千手菩薩摩訶薩　如意輪菩薩摩訶薩
大輪菩薩摩訶薩　觀自在菩薩摩訶薩
正趣菩薩摩訶薩　滿月菩薩摩訶薩
水月菩薩摩訶薩　軍陀利菩薩摩訶薩
十一面菩薩摩訶薩　諸大菩薩摩訶薩
千手千眼觀自在菩薩廣大圓滿無
礙大悲心神妙章句大陀羅尼曰

唐開元三朝灌頂國師特進試鴻臚卿肅國公食邑三千
戶賜封二百戶大興善寺三藏沙門不空奉　詔譯

觀世音菩薩摩訶薩 大勢至菩薩摩訶薩 千手菩薩摩訶薩 如意輪菩薩摩訶薩
大輪菩薩摩訶薩 觀自在菩薩摩訶薩 正趣菩薩摩訶薩 滿月菩薩摩訶薩
水月菩薩摩訶薩 軍陁利菩薩摩訶薩 十一面菩薩摩訶薩 諸大菩薩摩訶薩

千手千眼觀自在菩薩廣大圓滿 無碍大悲心神妙章句大陁羅尼曰
唐開元三朝灌頂國師特進試鴻臚卿肅國公食邑三千
戶實封三百戶大興善寺三藏沙門 不空奉 詔譯

누리를 살피며 오롯한 슬기에 든 큰 님부터 열 한 개의 얼굴을 가진 오롯한 슬기에 든 큰 님까지 여러 큰 분의 이름을 늘어놓아 보이고 있다.

오대진언의 둘째 글로 <24쪽 앞>에 나오는 머리말이다. "천 갈래 팔과 천 개의 눈으로 오롯하며 걸림 없고 매우 가엾이 여기는 마음의 거룩한 다라늬가 이른다"로 비롯한다.

아울러 이 글을 당 개원(開元) 궁권 안[三朝*]에서 머리에 물을 부어주는 나라의 스승[灌頂國師] 이자 특별 진시로 손맞이담당[鴻臚卿]이며 나라를 맑게 한 분[肅國公]으로 밥 먹을 곳 삼천 집에 실제 가멸찬 삼백 집으로 크게 일어나는 좋은 절[大興善寺]의 삼장 승려인 '빈틈없고 굳센 이[不空金剛]'가 황제의 뜻[詔]을 받들어 옮겼다고 적었다.

---

* 1. 開皇(수문제)-貞觀(당태조)-開元(당숙종)의 세 조대
  2. 外朝(궁궐의 첫 문을 지난 곳)-治朝(궁궐의 넷째 문을 지난 곳)-燕朝(궁궐의 다섯째 문을 지난는 곳).

풀이

상스	데바	नमो रत्नत्रयाय नम आर्यावलोकितेश्वराय बोधिसत्त्वाय महासत्त्वाय महाकारुणिकाय ॐ सर्वभयेषु त्रा
	로마	namo ratnatrayāya nama[1] āryāvalokiteśvarāya bodhisattvāya mahāsattvāya mahā-kāruṇikāya oṃ sarva-bhayeṣu trā
	한글	나모 라뜨나뜨라야야 나모 아랴발로끼떼슈바라야 보디샅뜨바야 마하샅뜨바야 마하까루늬까야 옴 사르바바예수 뜨라
	풀이	값진 셋께 절합니다. 모두 다 볼 수 있는 오롯한 슬기에 든 거룩한 님, 큰 님, 매우 가여워하시는 님께 절합니다. 옴, 온갖 두려움에서 지켜-

오대진언원문

실담	(실담 문자 3행)
정음	·나·모·라◦ᄃ·나◦ᄃ·라◦·야:야◦·나·막·알·약:바·로·기 :데·시:바·라:야◦·모·디◦·사ᄃ:바:야◦:마·하◦·사ᄃ:바:야◦ :마·하◦·가·로:니가야◦:옴◦·살·바◦·바:예:수◦ᄃ·라
한자	曩謨引囉怛曩怛囉夜引也一 曩莫[3]啊引里也嚩路枳 諦濕嚩囉引也二 冒地薩[4]怛嚩引野摩賀引薩怛嚩野三 摩訶引迦引嚕抧迦野四 唵五 薩㗚嚩[5]婆曳數六怛囉引

대장경[6]	曩謨引囉怛曩二合一怛囉二合夜引野二曩引莫阿上哩也二合/引/三嚩路枳帝引濕嚩二合囉野引/四冒地薩引怛嚩二合野五摩引賀引薩怛嚩二合野六摩賀迦嚕抧尼貞反[7]迦引野七唵引/八薩嚩婆去曳數去/九怛囉二合/引
되짠소리(IPA)	naŋ-mo la-t-naŋ-t-la-ja-ja naŋ-mak ʔa:-l-ja-ba-lᵤo-kiⱼ-tᵢeᵢ ɕ-ba-la-ja ᵐbo[8]-di-sat-t-ba-ja ma-ɣa:-sat-t-ba-ja ma-ɣa:-ka-luₒ-ŋi-ka-ja ʔə:m saɾ-ba-ba-jɛi-ʂuₒ t-la
요즘소리[9]	나모라 다나 다라 야야 나막 알야 바로 기재 새바라야 모지 사다 바야 ○ ○ ◦ ○ ◦ ○ ◦ ○ ◦ ○ ◦ ○ ◦ ○ ◦ ● ● ●◦̂ ○ ○ ◦ ○ ◦ 마하 사다 바야 마하가로 니가야 오옴 살바 바예수 다라(-나) ○ ◦ ○ ◦ ○ ◦ ● ● ●◦̂ ○ ○ ● ●· ○○ ○○

낱말

mahāsattvāya(< mahā + sattva): No. m. Sg. Dat. 큰 님, 큰 분[大士], 큰 것; 큰 놈(짐승).

mahākāruṇikāya(< mahā + kāruṇika): Adj. m. Sg. Dat. 매우 가여워하는[大悲][10].

sarva-bhayeṣu(< sarva-bhaya): No. n. Pl. Loc. 온갖 두려움.

trā(ṇa)- : Adj. n. Sg. 지키는; m. 지키기, 지킴, 막기.

---

[1] 오대진언에는 **नमः** namaḥ이지만, 다음에 오는 첫소리가 a-가 아닌 홀소리이므로 **नम** nama여야 한다. 이런 올바른 소리이음(saṃdhi)은 잘 배운 브라만들에게나 쓰였고, 그러지 못한 인도나 외국의 사람들은 그와는 달리 쓰기도 했다. 이의 맞짝인 한자 曩莫阿(上/引) ... naŋ-mak ʔa:-(namaḥ ā-)도 마찬가지로 볼 수 있다.

[2] 오대진언에는 **स्वार** svāra처럼 보인다.

[3] 싣담도 **नमः**이고 莫의 중고한음(中古漢音)도 *mak이나, 소리이음(saṃdhi)으로는 a-가 아닌 홀소리 앞에서 nama여야 해서 莫은 다른 소리였을 수 있다. 아마 브라만 출신 배운 분(guru, 師)인 '빈틈없고 굳센 이'(Amoghavajra 不空金剛)는 曩 *naŋ 儜 *ŋæŋ 鉢 *pat 泮 *pʰᵤan 癹 *p⁽ʰ⁾ᵤɑt(集韻: 普活切)을 *na *ne *pa *pʰa *pʰa처럼 받침을 뗀 소리로 썼던 듯하다.

[4] 오대진언과 대장경(F1050) 원문에는 產이 아닌 辛 아래에 工이 더해진 꼴로 적혀 있다.

[5] 오대진언에 不空奉 詔譯 '빈틈없고 굳센 이가 지나 임금의 뜻[詔]을 받들어 옮긴다'고 했지만, CBETA에 찾아보면 薩㗚嚩(二合)은 그가 옮긴 글에는 보이지 않는다. 당 때는 깨달음을 즐기는 이(Bodhi-ruci 道希, ?~535?), 굳센 슬기(Vajra-bodhi 金剛智, 669~741) 및 법전(法全, 9세기)의 글에 보인다. 송 때는 '하늘이 나쁜 것을 없애준 이'(Deva-śāntika 天息災, ?~1000), '가르침의 하늘'(Dharma-deva 法天, ?~1001), '베품의 지기'(Dāna-pāla 施護, ?~1017) 및 '가르침의 지기'(Dharma-pāla 法護, 963~1058)의 글에 나온다. 옥나영(2020, 48~49쪽)처럼 학조는 요의 다라늬를 바탕 삼아 그 무렵 유행하던 것을 엮은 글로 보인다.

[6] F1050 聖千手千眼觀自在菩薩摩訶薩廣大圓滿無礙大悲心陀羅尼 '거룩한 천 개의 손과 눈으로 다 보는 오롯한 슬기에 든 큰 분의 두루 갖춰 거침없으며 매우 가여워하는 마음의 거룩한 다라늬'.

비교> 曩謨引羅怛曩二合怛羅二合夜引也三寶曩莫稽首阿去/引里也二合嚩路枳帝引濕嚩二合囉引也聖觀自在冒引地薩怛嚩二合也摩賀引薩怛嚩二合也摩訶引迦引嚕抳迦也大悲者(薩嚩滿上馱曩砌引娜曩割迦羅引/斷也能斷一切繫縛薩嚩婆去嚩三有娑悶訥嚕二合醋灑挐上迦羅也能竭三有海一切生死苦 ... 底庾二合鉢捺囉二合嚩尾曩引捨曩迦羅也能斷一切災過)薩嚩婆引曳引數怛囉二合(T1111 卷1 青頸觀自在菩薩心陀羅尼經 '파란 목의 다 보는 오롯한 슬기에 든 마음의 다라늬 글', (잿빛)처럼 더 깊).

또 송대(11세기)에 허우푸(侯溥, 1032~1080?)가 짓고, 현대 지나의 허우충(侯沖, 1966~)이 정리한 '두루 꿰뚫는 세 슬기로 크게 삼가는 절의 의례'(ZW0098 圓通三慧大齋道場儀)에는 오대진언과 매우 비슷하여 밑글로 여겨지는 글이 다음처럼 보인다: 曩謨 囉怛曩 怛囉夜野 南無阿哩也 嚩路枳諦 濕嚩囉野 薩怛嚩野 摩訶莎怛嚩野 摩訶迦嚕抳迦野 唵 莎哩嚩 婆曳數怛羅.

[7] 抳尼貞反은 원래 *njɛŋ으로 맞지 않다. 다만 寧 *niɛ(ŋ)나 顙 *niɛ(ŋ)처럼 반절 아랫자의 貞도 -ŋ을 뺀 *-jɛ로 쓰였을 수 있어 보인다. 다만 소륵(疏勒, 상스. Śrīkrīrāti) 사람 혜림(慧琳 Prajñāmaṇi?, 736~820)의 '뭇 부처 글의 소리와 뜻(K1498/ T2128)'에는 檉栢上勅貞反木名也이나 蘡薁上伊貞反下於六反처럼 받침이 있는 *-jɛŋ도 나온다.

[8] 콧소리벗기(Denasalization, 去鼻音化/脫鼻音化) 冒 *mo > *ᵐbo. 冒의 중고음은 일반적으로 *mɑu 또는 *mâu(李方桂)이다. 그럼에도 이 글자로 싣담 **बो** bo를 나타냈음은 冒가 그때 *mɑu나 *mâu뿐만 아니라, *ᵐbou 또는 *ᵐbo(:)로도 소리났기 때문일 것이다. 실제 /mau/의 속화한 /ᵐbo(:)/나 적어도 그 앞단계의 /ᵐbou/가 있다. 세계의 음운사에서 /au/에서 /o/ 또는 /ɔ/로 달라짐은 잘 알려졌는데, 펑똥말(廣東話, 粵語, cantonese)이나 왜말에는 /ou/도 있음을 잘 보여준다. 보기) 高[kou](粵), ユウ(倭-漢音); 冒[mou], ボウ.

[9] 최원허: 齋儀式(2018) 52쪽.

[10] 비교> mahā-maitrī '매우 어짊[大慈]'; mahā-maitrī-mahā-karuṇā '매우 어질고 매우 가여워함[大慈大悲]'.

앞

풀이

상스	데바	ण कराय तस्य मे नमस्कृत्वा इदमार्यावलोकितेश्वरत्व नीलकण्ठनाम हृदयमावर्तयिष्यामि सर्वार्थ स
	로마	ṇa-karāya tasya me namas-kṛtvā idam āryāvalokiteśvaratva-nīlakaṇṭha-nāma hṛdayam āvartayiṣyāmi sarvārtha sā-[1]
	한글	낙 까라야 따샤 메 나마스 끄르뜨바 이담 아랴발로끼떼슈바라 뜨바 닐라깐타 나마 흐르다얌 아바르따의샴미 사르바르타 사-
풀이		-주는 저 분께 나는 절한 뒤 누리를 살피며 오롯한 슬기에 든 거룩한 님에 걸맞는 파란 목을 가진 이의 이름으로 이 마음(속뜻)을 나는 되풀이하리오; 모든 것을 잘
오대 진언	싣담	(싣담 문자)
	정음	·나°가·라:야°다샤:몀°°·나·막°·ㅅ:리·ㄷ·바°·이·맘°·알 / ·야:바·로:기:뎨·시²:ㅂ·라°·다:바°·니라:간타°·나 / ·막³·ㅎ:리:나:야°·마·발다°:이·샤:미°·살·발·타·사
	한자	拏引迦囉野怛寫銘七曩莫塞訖哩怛嚩八伊鈐引九啊引 / 哩也嚩路引枳諦濕嚩囉怛嚩十顎攞建姹曩 / 麼紇哩 娜野二麼嚩嘌踿 以瑟也引弭二薩嘌嚩囉他娑
대 장 경 [4]		拏上/引迦囉野十怛寫銘十一曩莫入塞訖哩三合怛嚩二合/十二伊上鈐無敢反5阿去哩也二合/ 十三 嚩路枳帝引濕嚩二合囉引/十四 怛嚩二合顎上攞建姹十三6曩上麼嘧哩二合娜野十六 麼韈轉舌呼之7踿十七 伊上灑引弭也二合8十八薩嚩引囉他去娑去
되짠소리 (IPA)		ŋa: ka-la-ja ta$_t$-sja-m$_i$eŋ naŋ-mak s-k-li-t-ba ʔi-mam ʔa-l-ja-ba-l$_u$o-ki$_j$-t$_i$e$_i$-ɕ-ba-la t-ba ni$_{eŋ}$-la-kjɐn-tʰa naŋ-ma ɣ-li-^{n}da[9]-ja-ma-^{m}baɾ[10]-ta-ʔi-ṣai-m-ja saɾ-ba:-l-tʰa sa
요즘소리		나 가라야 다사명 나막 가리 다바 이맘 알약 바로기재 새바라 다바 니라 간타 / 나막 하리나야 마발타 이사미 살발타 사

낱말

trāṇa-karāya(< trāṇa-kara = -kārin = -kartṛ): Adj. m. Sg. Dat. 지키는/막아주는/도와주는 사람.

namaskṛtvā(namas + kṛtvā[11]): Ger. 1. 절을 한 뒤/~하고.

idam(< ayam): Pron. n. Sg. Acc. 이(것), 여기.

  -tva: No. n. Sg. ~임/~한 것[12]; āryāvalokiteśvara-tva '~ 거룩한 님임/~님에 걸맞는 것'.

nīlakaṇṭha(< nīla '파란' + kaṇṭha '목(구멍)'): No. m. Sg. 파란 목을 가진 이[13](Śiva, 靑頸, 靑項).

  -nāma(< nāman): No. n. Sg. Acc. 이름; Ind. 이름으로[14].

hṛdayam:(< hṛdaya): No. n. Sg. Nom./Acc. 마음, 심장, 염통.

āvartayiṣyāmi:(< ā + √vṛt- 1. + ay(a) + i + sya): Caus[15]. Fut. 1. Sg. 돌릴/되풀이할 것이다.

sarvārtha(< sarva + artha '것, 물질'): Nom. m. Pl. 모든 것[衆生].

뒤풀이

---

[1] 비교> karāya tasya me namaskṛtvā idaṃ āryālokiteśvara tava nīlakaṇṭhanāma hṛdayam āvarttayiṣyāmi sarvārtha sā(Fonds Pelliot tibétain); karāya tasmai namaskṛtvā inamāryāvalokiteśvara bhāṣitaṃ nirakaṃṭabhe-nāma hṛdayam avratayicchyāmi sarvātha sa(T1061). 이 둘은 뒷날 imam āryāvalokiteśvara-bhāṣitaṃ ... 과 idam āryālokiteśvara-tva ... hṛdayam이 오대진언에서 imam āryālokiteśvara tava ...로 짜기워진 듯하다.

[2] 원문에는 싀나 싀처럼 보인다. 하지만 앞선 <24쪽 뒤>를 보면, 싀를 잘못 새긴 것으로 봐야 한다.

[3] 오대진언이나 대장경 어디에도 한자표기 曩(上)麼는 **나막**이나 **ᄭᅡ:**가 될 수 없다. **나마**의 잘못으로 보인다.

[4] F1050. 비교> 拏也救濟怖畏怛寫曩莫娑訖哩二合怛嚩二合伊娜麼引哩也二合嚩路引枳帝引濕嚩二合羅我今禮彼聖觀自在 多嚩顙引攞騫綻勅諫反/居擧反曩摩引紇哩二合乃也二合/聖者靑頸心眞言麼嚩多以灑二合弭我今說薩嚩他利益娑(T1111 卷1); 拏迦羅野怛寫銘 南無塞訖哩怛嚩伊㗚 阿哩野嚩路枳諦 濕嚩囉怛嚩顙攞建姹曩麼紇哩娜野 摩嚩嘌跢以瑟吒弭 莎㘑嚩羅他娑(ZW0098 卷8).

[5] 㗚無敢反은 *m+am으로 소리내라는 뜻이다. 참조> 윤명구(2023) 92쪽.

[6] 원래 五이나 글자의 획이 바래져 三처럼 되어 내려온 듯하다.

[7] 轉舌呼之 '혀를 굴려 그것을 부른다'란 혀말이소리(retroflex sound, 捲舌音)로 소리 냄을 뜻하며, 여기서는 마디소리[韻母]의 ㄹ소리되기(rhotasism)를 가리켜 보인다: 보기) 沫轉舌呼娜 *maɾ-ⁿda < 상스. marda.

[8] 灑也引, 二合弭의 잘못으로 보인다.

[9] 콧소리벗기 娜 *na > *ⁿda.

[10] 콧소리벗기/ㄹ소리되기 *mat > *ᵐbaɾ.

[11] tvā로 끝나는 말(ktvā-anta). 동명사(잉글. Gerund, 도이치. Absolutivum)라는 용어가 쓰이나, 알맞지 않다. 한국말과의 관계에서 좋은 이해는 권중혁(2012, 731쪽)에서 보인다. 그것은 주문장보다 앞선 행위를 뜻하므로, '~했고, ~한 뒤'로 나타낸다.
보기) **नमस्कृत्वा** भूय एवाह कृष्णां सगद्गदं भीतभीत: प्रणम्य **namaskṛtvā** bhūya evāha kṛṣṇaṃ sagadgadaṃ bhīta bhītaḥ praṇamya. '끄르슈놔에게 절한 뒤 말을 더듬으며 매우 놀란 채 다시 말했다.'(Bhagavad Gītā, 11.35)

[12] 그리 된-뒷가지(Taddhita-pratyaya, 二級後綴): *-tva* n.(*-tā* f.) 있던 말에 붙어 꼴없는 말[抽象名詞]을 만듦. 보기> guru- '무거운, 큰' > guru**tva** '무게, 무거움'; bṛhat '높은, 큰' > bṛhat**tva** '높음, 큼, 큰 것'

[13] 가진-겹씨(Bahuvrīhi-samāsa, 所有複合語): 보기> bahu '많은' + vrīhi '쌀(밭), 낟알' > '많은 쌀을 **가진**(이)'. Monier-Williams(1899) 566쪽: **Nīla-kaṇṭha**, mfn. Blue-necked, MBh.; m. ... Name of Śiva.

[14] Monier-Williams(1899) 536쪽: **नाम** I. nā́ma, ind.(acc. of nā́man) by name i.e. named, called, RV. &c. &c.

[15] 인도-유럽말 갈래의 시킴꼴(Causative)은 그 웃대 *-éi̯e-*에서 나왔다. 이것은 한국말의 사동접미사 **-이**-와 그 꼴 및 쓰임이 비슷하며, '우리네 말(Nostratic languages)' 차원에서 이어질 수도 있다.

풀이

상스	데바	धनां शुभमजेयं सर्व भूतानांभवमर्ग विशूधकं तद्यथा ॐ अलोके अलोक मति लोकतिक्रन्तेहेहे हरे म
	로마	(sa)dhanāṃ śubham[1]-ajeyaṃ sarva-bhūtānāṃ bhavamārga-viśodhakaṃ tadyathā oṃ āloka-e-āloka-mati loka-atikrānta ehyehi hare ma(-hā)
	한글	다낭 슈밤 아제양 사르바부따남 바바마르가 비쇼다깡 따댜타 옴 알로께 알로까 마띠 로까-띠끄란따 에헤히 하레 마(-하)
풀이		이끌며, 아름답고 이길 수 없는, 모든 산 것이 있는 길을 씻어냄을 그렇게 (되풀이하리오). 옴, 빛이여, 어, 빛처럼 여겨지며 세상을 넘어선 빛이시여, 어서 오세요!
오대진언	싣담	(싣담 문자)
	정음	·다·남·슈반:애[2]:셰:염·살·바:보·다·남·바:바 ·말:아·미·슈·다:감·다·냐·타·:옴:아·로:계:아 ·로가·마·디·로·가:디·ᄀ란:뎨·혜:혜·하:레·마
	한자	馱喃引三 輸伴阿薺琰四 薩㗚嚩步引跢引喃五 婆嚩 沬㗚誐尾戌馱釰六 怛你也他引七 唵八 阿路計阿 路迦九 麼底路迦引底羯蘭諦二十 醯醯賀㗸二 摩
대장경3		馱喃上/十九 輸入[4]伴蒲憾反[5]阿上呍琰二合[6]/二十 薩嚩部引哆引喃引/上/二十一 婆去嚩引沬轉 舌呼之嶙誐[7]二十二 尾戌引/上馱劍平/二十三 怛你也二合他去/二十四 唵引/二十五 阿去路計阿 去/引路迦二十六 摩底路迦底丁以反[8]/二十七 訖蘭二合帝引/二十八 呬呬入賀㗸[9]引/二十九 摩
되짠소리 (IPA)		da-nam ɕju-bəm ʔa-ⁿʑja[10]-jɛm saɾ-ba-bu-ta-nam: ba-ba:-maɾ[11]-l_{jen}-ⁿga[12] ᵐbi[13]-ɕ_{ju}o-da-k_{jw}ɐm ta_t-ⁿd[14]-ja-tha ʔəm ʔa-l_uo-k_ie_i-ʔa-l_uo-ka ma-t_ji-l_uo-ka-t_ji-k-lan-t_ie_i x_je_i-x_je_i ɣa-l_ie_i ma
요즘소리		다남수반 아예염살바 보다남 바바 미라 미수다감 ● ● ● ●̈ ● ● ● ●̈ ○ ○ ○ ○ ○ ° ● ● ●̈ 다냐타오옴 아로계 아로가 마지 로가 지가 란제 혜혜 하례 마 ● ● ● ●̈ ○ ○ ○ ○ ° ○ ° ○ ° ● ○ ° ○ ° ●

낱말

sādhana: Adj. 잘 이끄는, 나타내는; Nom. m. n. 다스림, 치유.

śubham(< śubha-[15]): Adj. m. Sg. Acc. 고운, 아름다운, 훌륭한; No. m. n. 물; 좋은 것, 아름다움.

ajeyaṃ(< a-jeya < √ji- 1. '이기다'): Adj. m. Sg. 이길 수 없는.

bhavamārga(< bhava '되는/있는 것' + mārga '길'): No. m. Sg.(되어)있는 길.

viśodhakaṃ(< viśodha-ka(= -na) < √śudh- 1.): Adj. m. Sg. Acc. 씻는; No. 깨끗이함[淨化], 비슈누.

e: Ind. Interj. 감탄사(떠올림[回想], 다뤄 말함; 손가락질; 업신여김; 가엾이 여김)[16].

āloka: No. m. Sg. Voc. 반짝거림, 보는 것, 빛; 기림말[讚辭].

mati: No. f. Sg. 생각, 뜻함, 떠올림; Ind. 뜻대로; (겹씨의 끝에서)~으로 생각되어[17].

atikrānta(< ati '너머' + √kram- 1. '가다, 걷다' + ta): PPP. Adj. m. Sg. 뛰어난, 넘어선.

hare(< hari < √hṛ-?[18]): Adj. m. Sg. Voc. 누런, 붉은; No. m. 빛살/해; (나쁜 것을)없애는 이(비슈누).

hare(< hara < √hṛ- 1.): Adj. m. Sg. Loc. 가진, 담은, 없애는; No. m. 빼앗는/부시는/없애는 이(시바).

뒤풀이

---

[1] 오대진언에는 𑀰𑀼𑀪𑀁 śubhaṃ으로 적혀 있으나, 소리이음(saṃdhi)를 생각하면 𑀰𑀼𑀪𑀁 śubham이어야 한다.

[2] 실담 𑀅나 한자 阿 어느 하나 :애 *ai를 나타낼 수 없다. 아마도 **아**(阿, 平聲)를 잘못 새긴 듯하다.

[3] F1050. 비교> 駄南輸_上咩_{蒲憾反}, 一切利益成就清淨阿逝_{慈際反}問(閻)薩嚩步_{引去}多南_{於諸鬼神得勝}婆縛沫㘑誐尾戌駄劍_{本能淨三有道}怛儞也_{二合}他_{所謂: 亦云即說}唵_{釋在如意輪}阿路計_{光明}阿_志路迦麼底_{光明慧}路迦_引底訖嘱_{二合}帝_{超世閒}呬呬賀嚇_{魔慶哉師子}(T1111 卷1); 駄喃 輪伴阿菁琰 莎㘑嚩 步跢喃 娑嚩沫溧誐 尾戌達劍 怛你也他 唵 阿路計 阿路迦麼底 路迦底 羯囕諦 醯賀利(ZW0098).

[4] 輸_入은 *ɕjuo(式朱切/傷遇切, 平/去)가 아닌 입성자라는 뜻인데, 정통 성운학(聲韻學)에서는 찾을 수 없다.

[5] 伴_{蒲憾反}은 *bʰan(蒲旱/半切, 上/去)이 아닌, *bʰəm으로 소리내라는 뜻이다. -bham을 伴_{蒲憾反}으로 쓴 듯하다.

[6] 비교> ***ajeyaṃ*** 阿逝_{慈際反}閻_(甲) *²a dz(?)-jɛi jɛm(T1111 卷1). 따라서 _{二合}은 잘못 적은 듯하다.

[7] 沫_{轉舌呼之}㘑誐의 오대진언 맞짝은 沫㘑誐_{二合}이므로, 마찬가지로 沫_{轉舌呼之}㘑誐_{二合}이었어야 한다.

[8] 底_{丁以反}은 丁 *t-와 以 *-ji가 더해진 *tji로 소리내라는 뜻이다.

[9] 嚇의 딴꼴로 囉로도 함께 쓰인다.

[10] 콧소리벗기 㖒 *ŋia > *ⁿzja.

[11] 참조: 윤명구(2023) 21쪽 뒤풀이 11과 202쪽 뒤풀이 1. 沫_{轉舌呼之}도 沫을 *mʰat(莫撥切, 入)이 아니라, *mʰaɾ(ㄹ소리되기)처럼 혀를 굴려 소리내라는 듯하다.

[12] 콧소리벗기 誐 *ŋa > *ⁿga.

[13] 콧소리벗기 尾 *mi > *ᵐbi.

[14] 콧소리벗기 你 *ni > *ⁿdi.

[15] 웃인도-유럽말 *ǵeu-bʰ-에서 나왔고, 우리네 말 차원에서 한국. 곱[麗]-과 이어질 수도 있어 보인다.

[16] 느낌씨[感歎詞]. Monier-Williams(1899) 227쪽: ind. an interjection, MaitrS.; a particle of recollection; addressing; censure; contempt; compassion.

[17] Monier-Williams(1899) 783쪽:(matyā, ind. at will; ifc.(in fine compositi or 'at the end of a compound'), under the idea of,' e.g. vyāghra-mᵒ "under the idea of its being a tiger').

[18] Monier-Williams(1899) 1289쪽: mfn. prob. fr. a lost hṛ-, "to be yellow or green" '아마 잃어버린 hṛ- "노랗거나 푸르다"로부터'. 비슷한 소리 때문에 다른 뿌리인 √hṛ- 1. "to take away or remove evil or sin"에서 '(나쁜 것을)없애는 이'라는 뜻도 더해졌다. 그러나 빛깔과 이어지는 첫째 밑뜻은 웃인도-유럽말 *ǵʰel-에서 나온 것으로 보이며, 파르시. زرد zar- '노란; 금', 라띤. ***hol-us*** '푸른 야채', 옛 헬라. χλ-ωρός '노란', 잉글./도이치. ***Gol-d*** '금(金)', 잉글. ***yell-ow***, 도이치. ***Gel-b*** 따위와 이어진다. 우리네 말 차원에서 고구려말 骨-乃斤(= 黃-驍, 삼국사 권35) *kuəɾ-nɒi-kjən '누런 나귀?' 및 한국말 **구리**[銅]와 이어질 수 있어 보인다. 우리에겐 사라졌던 이 말이 몽골의 хүрэн морь '갈색 말'를 거쳐 **고라**-말(< **고라**-물, 飜朴 상62)로 다시 들어왔다.

풀이

상스	데바	हाबोधिसत्त्व स्मर स्मर हृदयं कुरुकुरु कर्म साधय साधय धुरुधुरु वियते महावियते धर धरा धरे(न्द्रेश्वर)
	로마	hābodhisattva smara smara hṛdayaṃ[1] kuru kuru karma sādhaya sādhaya dhuru-dhuru viyate mahāviyate dhara dharā-dhara-I(ndreśvara)
	한글	하보디샅뜨바 스마라 스마라 흐르다양 꾸루 꾸루 까르마 사다야 사다야 두루두루 비야띠 마하비야띠 다라 다라-다라- ㅣ (ㄴ드레슈바라)
풀이		오롯한 슬기에 든 큰 님이여, 마음을 떠올리고 떠올리소서, 하고 하옵시며, 일[2]을 바로잡아 주시고, 지켜주소서, 하늘을 떠도는 큰 분이여, 땅을 받치는 이여, 인-
오대진언	실담	(실담 문자)
	정음	·하·모·디◦사ㄷ·바◦ㅅ:마·라◦ㅅ:마·라◦ㅎ:리:나:야◦:구·로◦ :구·로◦갈:마·사·다:야◦사·다:야◦:도·로◦:도·로◦ :미·연:뎨◦:마·하:미·연:뎨◦·다·라·다·라◦·다·린
	한자	賀冒地 薩怛嚩引二 娑麼囉 娑麼囉 紇哩娜野三 矩嚕 矩嚕 羯哩麼四 娑引達野 娑引達野五 度嚕度嚕 尾演引諦六 摩賀 尾演諦七 馱囉馱囉 達嚟[3]
대장경[4]		賀冒引地引薩怛嚩二合/三十 娑麼二合囉引娑麼二合囉三十一 嘚哩二合娜野三十二 矩嚕矩 嚕羯轄引/三十三 娑達野娑達野三十四 度嚕度嚕三十五 尾演底三十六 摩賀尾演底三十七 馱囉馱囉三十八 達口梨[5]引
되짠소리 (IPA)		ma-ɣa ᵐbo[6]-di-sat-t-ba sa-ma-la sa-ma-la ɣ-li-ⁿda[7]-ja ku-luₒ-ku-luₒ-kaɾ-mam sa-daₜ-ja-sa-daₜ-ja du-luₒ-du-luₒ ᵐbi[8]-jɛn-tᵢeᵢ ma-ɣa-ᵐbi-jɛn-tᵢeᵢ da-la-da-la da-ljen
요즘소리		하모지 사다바 사마라 사마라 하리나야 구로 구로갈마 사다야 사다야 ● ●◦ ○○ ○○ ○○ ○ ○◦ ○◦ ● ● ●◦ ○○ ○○ 도로도로 미연제마하 미연제 다라다라 다린 ● ●◦ ● ●◦ ○○ ○◦ ●●

낱말

smara(< √smṛ- 1.): Pres. 2. Sg. Imp. 떠올리다, 생각하다, 마음에 두다.

kuru(< √kṛ- 8.): Pres. 2. Sg. Imp. 만들다; No. m. Sg. Voc.(누리를)만든 이.

sādhaya(< √sādh- 1./4./5.): Caus. Pres. 2. Sg. Imp.(길을)바로잡다, 고치다, 힘쓰다.

dhuru/dhara[9](< √dhṛ-): Pres. 2. Sg. Imp. 지키다, 간직하다; 갖다, 나르다, 받치다, 품다.

viyate(< viyati < vi + √i- 2.): No. m. Sg. Voc. 새, 하늘을 떠도는 것[遊空者[10]].

dharādhara(< dharā-/dharaṇi-+ dhara'): No. m. 땅을 받치는 이(비슈누, 끄르슈냐)[11].

dharādharendra?(< dharā-/dharaṇi-dhara '땅을 받치는 것'): No. m. 산의 으뜸(히말라야).

뒤풀이

---

[1] 비교: 醯唎馱孕(T1113b 大慈大悲救苦觀世音自在王菩薩廣大圓滿無礙自在青頸大悲心陀羅尼 '매우 어질고 가여워하여 괴로움에서 건지고 누리를 살피며 모두 다 보는 오롯한 슬기에 든 님의 넓고 두루 갖춰 거침없으며 모두 다 하는 파란 목을 가진 님의 매우 가여워하는 마음의 다라늬')

緤哩二合娜延三十五(T1061 千手千眼觀自在菩薩廣大圓滿無礙大悲心陀羅尼呪本 '천 개의 손과 눈으로 모두 다 보는 오롯한 슬기에 든 님의 넓고 두루 갖춰 거침없으며 매우 가여워하는 마음의 다라늬')

따라서 단수 호격 hṛdaya보다 목적격 hṛdayaṃ이 원래의 꼴로 보이며, 명령형 smara와도 잘 이어진다.

[2] 업(業)을 쓸 수도 있지만, 멀쩡한 우리말 놔두고 글자 없던 때 빌어온 지나의 말을 아직도 써야할 어떤 까닭도 없다. 범어의 어원에 따르며 **짓**이 말뜻에서 더 가깝고, 그렇지 않다면 상스끄르따 **까르마**가 낫다.

[3] 원문에는 鄰에서 阝이 冂로 보인다.

[4] F1050. 비교> 摩賀引冐地薩怛嚩二合(係冐引地 … 迦嚕引抳迦)娑麼二合羅訖哩二合乃闍慶哉大悲憶念心真言(呬呬引 … 麼賀引迦嚕抳迦大悲者)矩嚕羯摩作復作事業娑馱也娑馱也(尾渰明成就引後 … 濕嚩二合囉成就喩伽自在)度嚕度嚕尾演底住持遊空者摩訶引尾演底大遊空者馱羅馱羅馱連引(T1111 卷1,(잿빛)처럼 더 긺); 摩訶冐地莎怛嚩 娑摩囉 娑摩囉 紇哩那野 矩嚕矩嚕 羯哩麼 娑達野 娑達野 度嚕度嚕 尾演諦 摩訶尾演諦 陀羅陀羅 達憐(ZW0098).

[5] 원문에는 唎 아래 + 八 아래 小이 놓인 꼴이다.

[6] 콧소리벗기 冐 *mo > *ᵐbo.

[7] 콧소리벗기 娜 *na > *ⁿda.

[8] 콧소리벗기 尾 *mi > *ᵐbi.

[9] Chandra(1988, 188쪽)는 Sara, Siri, Suru, Muru를 모두 'Come, Come, Come, Come'으로 옮겼다. 마찬가지로 dhara(dhara) dhiri(dhiri) dhuru(dhuru)도 '간직하다, 지키다 따위'로 볼 수 있다. 이런 말장난(도이치. Wortspiel)은 상스끄르따를 잘 아는 브라만들이 신들의 비밀스러움(parokṣapriyāḥ iva hi devāḥ-[Aitareya-upaniṣad])을 더하려던 그들만의 또 다른 말솜씨(ῥητορικὴ τέχνη, 修辭)이다.

[10] 尾演底四十六와 莽賀尾演底四十七는 명사여야 하나, 범어에서 viyanti/-e나 mahāviyanti/-e라는 명사는 찾기 어렵다. 그래도 尾演底住持遊空者 摩訶引尾演底大遊空者(T1111)는 viyat '떠도는'이나 viyati '새'에서 나온 말임을 다음에서도 볼 수 있다: 如鳥遊空者(Buddha-avataṃsaka-sūtra '부처님의 꽃갓 같은 글', K0079/T0278 大方廣佛華嚴經).

[11] Monier-Williams(1899) 510쪽: **dharā-dhara** m. 'earth-bearer', N. of viṣṇu or kṛṣṇa, MBh.; BhP.;(ifc. f. *ā*) mountain, MBh.; R. &c.; °*rêndra* m. 'mountain-king', N. of Himâlaya.

풀이

상스	데바	द्रेश्वर चलचल मल विमल अमल मूर्ते एह्येहि लोकेस्वर राग विषं विनाशय द्वेष विषं विनाशय मोहा
	로마	-dreśvara cala cala mala-vimala-amala-mūrte ehyehi lokeśvara rāga-viṣaṃ[1] vināśaya dveṣa-viṣaṃ vināśaya mohā
	한글	(렌)드레슈바라 짤라짤라 말라 비말라 아말라 무르떼 에혜히 로께슈바라 라가 비삼 비나샤야 드베삭 비삼 비나샤야 모하
풀이		-드라님, 움직여 흔드소서, 더럽고-깨끗하며-빛나는 모습의 이여, 어서 오소서, 누리를 마음대로 하는 님이여, 좋아함의 나쁨[毒]을 사라지게 하소서, 싫어함의 나쁨을 사라지게 하소서, 어리석음으로-
오대진언	실담	(실담 문자)
	정음	：ㄴ：레·시：ᄫ·라◦자라자라◦：마라◦·미：마라◦：아：마 라◦·몰·데◦·예：혜：혜◦·로：게·시：ᄫ·라·라：아·미사 ·미·나·샤：야：ㄴ·볘사·미◦사·미·나·샤：야·모·하◦
	한자	捺嚟 引八 濕嚩囉左攞左攞 九 摩攞尾摩攞 三十 阿摩 攞母㗚諦 一 㬉[3]醯曳吼[4] 二 路計濕嚩 引 囉囉 引 誐 三尾灑[5] 尾曩 引 捨野 四 称[6]吠灑尾灑尾曩 捨野 五 模 引 賀
대장경[7]		捺嚟 二合/引 濕嚩 二合 囉 引/三十九 左攞左攞 引/四十 尾摩攞阿 上摩攞 引/四十一 畝[8]哩帝 二合/四十二 伊 上醯曳 二合 吼 入/四十三 路枳濕嚩 二合 囉 四十四 囉誐尾灑 四十五 尾曩捨野 四十六 你 吠 二合 灑尾灑 四十七 尾曩 引 捨野 四十八 慕賀 引
되짠소리 (IPA)		^{n}d[9]-l$_i$e$_i$ ɕ-ba-lā tsa-la-tsa-la ^{m}bi[10]-ma-la-ʔa-ma-la: m$_o$u-l-t$_i$e$_i$ ʔje$_i$-x-jɛi-x$_i$e$_i$ l$_u$o-kje-ɕ-ba-la la-^{n}ga[11]-^{m}bi-ṣa ^{m}bi-na:$_ŋ$-ɕja-ja ^{n}d[12]-b$_{ju}$ɐi-ṣa ^{m}bi-ṣa ^{m}bi-na:$_ŋ$-ɕja-ja muo-ɣa
요즘소리		나례 새바라 자라 자라마라 미마라 암마라몰제 예혜혜로게 새바라라아 미사미 나사야 나베 사미사미 나사야 모하

낱말

Indreśvara(< Indra + īśvara): No. m. 인드라님(하늘)[13]; 큰 하늘(Mahā-deva, Śiva)을 모시는 곳[14].

cala(< √cal- 1./6.): Pres. 2. Sg. Imp. 움직이다, 떨다, 흔들다; Adj./No. 떠는, 흔들리는(것), 바람, 향.

mala: Adj./No. 더러운(것: 가죽, 땀 따위, 먼지, 잘못, 슈드라의 아들).

vi-mala: Adj./No. 아주 깨끗한(것: m. 사마디); ***a-mala***: Adj./No. 안 더러운, 빛나는(것: m. 수정).

mūrte(< mūrti): Adj. m. Sg. Voc. 굳은, 굳힌, 꼴/모습을 갖춘.

lokeśvara(< loka + īśvara): No. m. 누리를 마음대로 하는 님[世自在[15]]; 붇다.

rāga(< √rañj-): No. m. 사랑, 열정, 좋아함[貪]; 임금, 왕자; 해[太陽], 달; 빛깔, 물감[染料].

dveṣa(< √dviṣ-): No. m. 싫음, 싫어함[瞋].

moha(< √muh-): No. m. 멍청함, 어지러움, 어리석음[癡].

viṣam(< viṣa): No. m. Sg. Acc. 따르는 이, 종; n. 나쁜 것[毒], 물; Adj. 나쁜, 해로운.

vināśaya(< vi + √naś- 1. 4. '사라지다, 잃다'): Caus. Pres. 2. Sg. Imp. 부수다, 없애다, 죽이다.

뒤풀이

---

[1] 원문에는 호격으로 되어 있지만, 문맥상 동사의 목적격이 와야 한다. Chandra(1988, 142쪽)도 한국의 신묘장구대다라니의 尾灑를 viṣaṃ으로 봤지만 그 근거를 밝히지는 못했다.

[2] 때로는 ꟻ nre처럼 보이기도 해서 안영희(2018, 218쪽)는 nre(28)로 봤다.

[3] 원문에는 曀에서 日이 目으로 보인다.

[4] 앞에 나오는 <25쪽 뒤>의 醯醯와 견줘봐라.

[5] 원문에는 灑에서 氵이 冫으로 보인다.

[6] 원문에는 示+尒로 되어 있다.

[7] F1050. 비교> 捺連二合濕嚩二合囉持復持帝王自在左擺左擺動尾麼擺引麼擺沒喋二合帝動搖離垢離垢身(阿去哩也嚩路枳帝濕嚩二合囉引 … 跛尾引多黑蛇作繩線)曀醯去/引呬(摩賀引嚩囉引賀穆佉來来大猪頭底哩二合補囉娜賀寧引)濕嚩二合羅梵言燒宮自在者(曩羅引也 … 路引羯寫)囉引誐尾灑尾曩引捨曩除滅世間瞋毒謨賀(T1111 卷1,(잿빛)처럼 더 긺); 捺利 濕嚩羅 左羅左羅 摩羅尾摩羅 阿摩羅 母喋諦 曀醯曳呬 路計濕嚩 羅羅誐 尾灑尾曩捨野 禰吠洒 尾灑尾曩捨野 謨賀(ZW0098 卷8).

[8] 원문에는 毎+人로 적혀 있는데, 畝를 잘못 새기거나 적은 듯하다.

[9] 콧소리벗기 捺 *na > *ⁿda.

[10] 콧소리벗기 尾 *mi > *ᵐbi.

[11] 콧소리벗기 誐 *ŋa > *ⁿga.

[12] 콧소리벗기 你 *ni > *ⁿdi.

[13] 捺連의 連은 隸, 嚟, 囇, 黎, 嚓, 嘯의 잘못으로 보이지만, 馱羅馱羅馱連引捺連二合濕嚩二合囉持復持帝王自在 (T1111)의 곁글 持-復持-帝王-自在는 '지키고 다시 지켜주소서 인드라 님'을 뜻해서 dhara dhara dhara-indra-īśvara로 되짤 수 있다. 그 밖에 dhara dhara dharāṇiṃ-dhareśvara(Chandra, 1979/1988; > 정각, 1996)도 내보였지만, 왜 {다라다라 다린나례 새바라}를 dhara dhara dharāṇiṃ-dhareśvara로 되짰는지 근거가 없다. 오대진언이나 대장경의 싣담 및 훈민정음과 한자 곁글 표기로는 결코 그리 되짤 수 없다.

비교> indriyeśvara(< indriya + īśvara) '몸을 마음대로 하는 님', 根自在主童子(K1262/KS16/T0293); 自在主童子(Y0035); インド リエーシュヴァラ(釈天主/自在主/根自在主)童子(梶山雄一, 2021, 13쪽).

[14] Monier-Williams(1899) 167쪽: indrêśvara m., N. of a Tīrtha; -liṅga, n., N. of Liṅga.

[15] 가여워하는 하얀 연꽃의 글(karuṇā-puṇḍarīka sūtra K0125/T0158 大乘悲分陀利經) 권6:
보기) 有世界名紫磨其佛號世自在王如來, 상스. jambur-nāma lokadhātus-tatra-lokeśvararāja-nāma tathāgato.

앞

풀이

상스	데바	चल विष विनाशय हुरुहुरु मर रुहु हरे पद्मनाभ सरसर सिरिसिरि सुरुसुरु बुद्धाबुद्धा बोधय बो
	로마	cala viṣaṃ vināśaya huru huru mara[1] huru hare padmanābha sara sara siri siri suru suru buddhyā buddhyā bodhaya bo
	한글	짤라 비샴 비나샤야 후루후루 마라 후루 하레 빠드마나바 사라사라 시리시리 수루수루 붇댜 붇댜 보다야 보
풀이		흔들린 나쁨을 없애고, 버리고, 깨부수소서, 빛(살 =비슈누)이시여, 연꽃이 배꼽에 핀 이시여, 깨닫고 깨달음으로 술술 실실 오셔서 깨닫게 해주소서! 깨-
오대진언	실담	(悉曇 三行)
	정음	자라◦미사·미◦·나·샤:야◦·호·로◦·호·로◦:마라◦ ·호·로◦·하:레◦바:ㄴ:마◦·나·바◦·사·라◦·사·라◦·시:리◦ ·시:리◦:소·로:소·로◦·몯:댜·몯:댜◦·모·다:야◦·모
	한자	左攞尾灑尾曩捨野₆虎嚕虎嚕₇摩攞 虎嚕賀黎₈鉢娜麼曩婆引₉娑囉娑囉四十悉哩 悉哩一素上嚕素嚕二沒地野沒地野(三)[2]冒馱野冒
대장경[3]		左囉引尾灑四十九 尾曩引捨野五十 護嚕護嚕五十一 麼攞護嚕五十二 賀𡃤[4]引鉢娜麼二合 曩婆去/五十三 娑囉娑囉引/五十四 悉哩悉哩五十五 素嚕素嚕五十六 沒地也二合/引沒地也 二合/引/五十七 冒引馱野冒引
되짠소리 (IPA)		ʦa-la: ^{m}bi[5]-ṣa ^{m}bi-na:$_{ŋ}$[6]-ɕja-ja ɣu$_o$-lu$_o$-ɣu$_o$-lu$_o$ ma-la ɣu$_o$-lu$_o$ ɣa-l$_i$e$_i$ pa$_t$-^{n}d[7]-ma na$_{ŋ}$- ba sa-la-sa-la sji$_ə$ɾ-li-sji$_ə$ɾ-li su$_o$-lu$_o$-su$_o$-lu$_o$ ^{m}bu$_ə$t[8]-d-ja ^{m}bu$_ə$t-d-ja ^{m}bo[9]-da-ja ^{m}bo
요즘소리		자라 미사미 나사야 호로 호로 마라 호로하레 바나마 나바 사라 사라 시리 시리 소로 소로 못자못자 모다야 모

낱말

huru(< √hṛ-): Pres. 2. Sg. Imp.[10] 갖다, 앗다; Ind. 만뜨라나 다라늬에 쓰이는 말.

mara(< √mṝ-): Pres. 2. Sg. Imp.[11] 깨뜨리다, 부수다; 죽이다.

padmanābha(< padma + nābha): No. m. Sg. Voc. 비슈누의 딴이름[12], 연꽃이 배꼽에 핀 이.

sarasara: Adj. m. Sg. Voc. 이리저리 움직이는.

sara(< √sṛ-[13] 1./3.): Pres. 2. Sg. Imp. 가다, 움직이다, 흐르다.

bodhaya(< √budh-): Caus. Pres. 2. Sg. Imp. 깨닫게 하다, 깨우다, 떠올리게 하다, 알리게 하다.

뒤풀이

[1] 오대진언 원문에는 मल mala. 비교> Chandra, Lokesh(Origin of the avalokitesvara of Potala, 1979) 10쪽: ~ huru huru mara huru ~.

[2] 마흔 셋째 마디를 나타내는 ≡이 빠졌다.

[3] F1050. 비교> 尾灑引尾曩引捨曩除滅世間癡毒戶嚕戶嚕摩羅戶嚕賀嚕速疾蓮華鬘速疾摩賀鉢納摩曩引婆引/呼/師子王蓮花者/觀自在菩薩即是覺花/亦名佛蓮花薩羅薩羅蓮花悉哩悉哩蓮花蘇嚕蘇嚕蓮花頸沒地也二合沒地野二合/所覺所冐~(T1111 卷1); 左羅 尾灑尾曩捨野 虎嚕虎嚕 摩羅虎嚕 賀梨鉢那 摩曩波 娑羅娑羅 悉哩悉哩 素嚕素嚕 沒地野 沒地野冐 ~(ZW0098 卷8).

[4] 글마다 嚕, 囉, 嚹로도 씌여 있다.

[5] 콧소리벗기 尾 *mi > *ᵐbi.

[6] 2<6쪽 뒤>의 尾曩引捨野에 따라서.

[7] 콧소리벗기 娜 *na > *ⁿda.

[8] 콧소리벗기 沒 *muₐt > *ᵐbuₐt.

[9] 콧소리벗기 冐 *mo(u) > *ᵐbo(u).

[10] kuru의 꼴에 따랐고, 원래 1. √hṛ- 1./3. '갖다, 앗다'나 2. √hṛ- 9. '성내다'에서 나온 말로 보인다. 진언을 읊던 브라만들의 말장난으로 볼 수 있다.

[11] √mṛ- 6. '죽다'나 √mṝ- 6. '깨부수다, 죽이다'에서 나온 말로 보인다. 뒤에 나오는 muru와 비교된다.

[12] Monier-Williams(1899) 584쪽: m. 'l°-naveled', N. of Viṣṇu(from whose navel sprang the lotus which contained Brahmā, the future creator).

[13] 앞의 <26쪽 앞> 뒤풀이 9를 보라. 뿌리 √sṛ-에서 나온 sara, siri, suru 따위는 우리네 말 차원에서 한국어의 꼴시늉말인 살살, 설설, 솔솔, 술술, 슬슬, 실실, 잘잘, 절절, 졸졸, 줄줄 따위와도 견줄 수 있다.

풀이

상 스	데바	धय मैत्रेय निलकण्ठ कामस्य दर्शनं प्रह्लादय मनः स्वाहा सिद्धाय स्वाहा महासिद्धाय स्वाहा सिद्धयोगेश्वराय स्वाहा
	로마	dhaya maitreya[1] nīlakaṇṭha kāmasya darśanaṃ prahlādaya manaḥ[2] svāhā siddhāya svāhā mahāsiddhāya svāhā siddha-yogeśvarāya svāhā
	한글	다야 마이뜨레야 닐라깐타 까마샤 다르샤남 쁘라흘라다야 마나흐 스바하 싇다야 스바하 마하싇다야 스바하 싇다요게슈바라야 스바하
풀이		(깨)닫게 하소서! 어진 파란 목을 가진 이여, 즐거운 생각을, 마음을 북돋게 해주소서, 이룬 이에게, 크게 이룬 이에게, 이루게 엮어주는(것의) 님에게 바치나니 잘 되게 해주소서!
오 대 진 언	실담	ꠀꠇꠤꠃꠤꠅꠎꠇꠦꠁꠐꠐ꠆ꠓꠇꠦꠇꠤ (실담 문자)
	정음	·다:야◦:미ᄃ·리:야◦·니라:간타◦가:마·샤◦·눌·샤·남◦ ㅂ·라·ㅎ라:·나:야◦·마·낙◦·ᄉ·밝·하◦·싇·다:야◦ᄉ·밝·하:마 ·하·싇·다:야◦ᄉ·밝·하◦·싇·다:유:예◦시·밝·라:야◦ᄉ·밝·하◦
	한자	馱野四昧怛哩野五顙攞建姹六迦麽寫捼捨喃七 鉢囉賀囉娜野麽引諾入八娑嚩引賀引九悉馱野五十娑嚩賀一摩 賀悉馱野二娑嚩賀三悉馱喻藝濕嚩囉野四娑嚩賀五
대 장 경 3		馱野引/五十八昧帝㖒⟨4⟩二合曳五十九顙引攞建姹勑賈反⟨5⟩/六十迦麽寫引那捼哩捨二合喃上/ 引/六十一鉢囉二合賀攞二合娜野引/六十二摩諾引/六十三娑嚩二合賀引/六十四悉馱引野六十 五娑嚩二合賀引/六十六摩賀引悉馱野六十七娑嚩二合賀引/六十八悉馱引喻儗去⟨6⟩濕嚩二合 囉野引/六十九娑嚩引賀引/七十
되짠소리 (IPA)		da-ja mai-t-l$_i$e$_i$-jɛi ni:$_{eŋ}$-la:-kan-ʈʰa ka-ma-sja-na ^{n}daɾ[7]-l-ɕja-nam p-la-ɣ-la-^{n}da[8]-ja ma-nak s-ba-ɣa: sji$_ə$t-da-ja s-ba-ɣa: ma-ɣa-sji$_ə$t-da-ja s-ba-ɣa: sji$_ə$t-da-ju-^{ŋ}gəi[9]-ɕ-ba-la-ja s-ba:-ɣa:
요즘소리		다야 매다 리야 니라간타 가말사 날사남 바라 하리 나야나막 사바하 ○　○　　○◦　●　●◦　●◦᷍　○○　　○○　　○　　○◦　●　●◦᷍　○○ 싯다야 사바하 마하 싯다야 사바하 싣다 유예 새바라야 사바하(니라) ○○　●　●◦　●◦᷍　○○　　○○　　○　　○◦᷍　●　●◦᷍　●　●◦(᷍)

낱말

maitreya(< maitrī '우정'< mitra '벗, 동무'): Adj. m. Sg. Voc. 어진, 친한; m. 어진 분[彌勒/慈氏].

nīlakaṇṭha(< nīla '파란' + kaṇṭha '목(구멍)'): No. m. Sg. 파란 목을 가진 이[10](Śiva, 靑頸, 靑項).

kāmasya(< kāma): No. m. Sg. Gen. 기쁨, 사랑, 좋아함, 즐거움.

darśanaṃ(< √dṛś- 1. + na): Adj. m. Sg. Acc. 보여주는, 아는; m. 보는 눈[觀], 철학, 생각.

prahlādaya(< pra + √hlād- 1. '기쁘다'): Caus. Pres. 2. Sg. Imp. 기쁘게 하다,(생기를) 불어넣다.

manas(< manas): No. n. Sg. Voc. 마음, 얼[精神], 생각, 뜻[意圖].

siddhayogeśvara(< siddha-yoga '이루게 엮(어주)는 것[魔術]' + īśvara): No. m. Sg. Voc. 마술을 부리는 님.

뒤풀이

[1] 원문은 maitrīya이지만, 이어지는 nīlakaṇṭha와 동격인 maitreya여야 한다.

[2] 원문은 mānaḥ지만, 올 수 있는 호격, 여격 및 대격과 달리 주격인 mānaḥ(m.)는 맞지 않다. 그와 달리 manaḥ(n.)는 호격과 대격으로 이에 맞다.

[3] F1050. 비교> 馱野(冒馱野)弭帝係我令彼有情覺悟顙羅蹇姹(曀醯引呬嚩引麼娑體二合多僧去賀穆伕上/引/來來左住師子面 … 怛他去/引蘗耽大憶念憶念也尊觀照觀察娜娜引呬銘薩嚩薩怛嚩二合/喃/與一切眾生捺囉二合捨曩)迦末寫捺羅二合捨喃鉢羅二合賀羅二合娜也摩諾娑嚩二合賀引/樂見者令見/令意歡悅悉馱也娑嚩二合賀成就福智圓滿摩賀悉馱也娑嚩二合賀大成就福德悉馱裕儗濕嚩二合羅也娑嚩二合賀成就瑜伽自在者圓滿(T1111 卷1, (잿빛)처럼 더 긺); 馱野 冒馱野 昧怛哩野 顙羅建姹迦麼寫 捺哩捨南 鉢羅賀羅那野 摩訶莎嚩賀 悉馱野 娑嚩賀 摩訶悉馱野 娑嚩賀 悉陀喩藝 濕嚩羅野 娑嚩賀(ZW0098 卷8).

[4] 글마다 嚛, 囉, 啌로도 씌여 있다.

[5] 姹勅賈反은 勅(勅) *tʰ-와 賈 *-uo/-a로 *tʰo나 *tʰa로 소리내라는 뜻이다.

[6] 儗去는 범어짜임 siddhayogeśvarāya를 볼 때, *ŋəi/ᵑgəi(五溉切, 去聲)로 소리내라는 뜻이다.

[7] 콧소리벗기/ㄹ소리되기 捺 *nat > *ⁿdaɾ.

[8] 콧소리벗기 娜 *na > *ⁿda.

[9] 콧소리벗기 儗 *ŋəi > *ᵑgəi.

[10] '파란 목을 가진 이'는 '다 볼 수 있는 님'(Avalokiteśvara, 觀自在)과 그 밑꼴인 시바(Śiva)의 딴이름이라지만, 원래 루드라(Rudra)의 딴이름이었다. 아타르바 -베다(Atharva-veda)의 빠이빨라다 모음(Paippalāda-saṃhitā)에 nīlakaṇṭha의 다른 꼴인 nīlagrīva로 다음처럼 나온다:

보기> . apaśyaṃ tvāvarohantaṃ divataḥ pṛthivīm iva | apaśyam asyantaṃ rudraṃ nīlagrīvaṃ śikhaṇḍinam || '난 그대가 하늘에서 땅으로 내려오는 것을 봤다. (창을)던지는 루드라 - 파란 목을 가지고 갓을 쓴 이 - 를 봤다'(PS 14.3.1)

아울러 시바라는 이름도 루드라의 두 가지 마음씨를 가리키는 ghora '무서운'와 śiva '어진, 친절한'의 한쪽이다.

Walter Eugene Clark(Two Lamaistic Pantheons Vol. II(1937) 219쪽 →   Nīlakaṇṭha(靑項自在菩薩)

28쪽

앞

풀이

상스	데바	नीलकण्ठाय स्वाहा वराह मुखसिंह मुखाय स्वाहा पद्माहस्ताय स्वाहा चक्रयुक्ताय/चक्रायुधाय[1] स्वाहा शङ्खशब्द निबोधनाय स्वाहा
	로마	nīlakaṇṭhāya svāhā varāha mukha siṃha mukhāya svāhā padma-hastāya svāhā cakrayuktāya/cakrāyudhāya svāhā śaṅkha śabda nibodhanāya svāhā
	한글	닐라깐타야 스바하 바라하 무카 싱하 무카야 스바하 빠드마-하스따야 스바하 짜끄라육따야/짜끄라유다야 스바하 샹카 샵다 니보다나야 스바하
풀이		파란목의 님(시바)에게 스바하! 돼지와 사자의 모습을 하신 이(비슈누)에게, 연꽃을 손에 쥔 이(비슈누)에게, 둥근 것이 묶인/둥근 것을 무기로 든 이(비슈누)에게, 소라고둥소리로 일깨우시는 분(비슈누)에게 (바치나니)잘 되게 해주소서!
오대진언	실담	[실담 범자 3행]
	정음	·니라◦:간타:야◦ᄉ·ᄫᅡ·하◦:바·라·하◦·목카◦·싱·하◦·목 카:야◦ᄉ·ᄫᅡ·하◦바:ᄂ:마◦·하ᄶᅡ:야◦ᄉ·ᄫᅡ·하◦자ᅀ·라◦·욕 ·다:야◦ᄉ·ᄫᅡ·하◦·상카◦·섭·나:녜◦·모·다·나:야◦ᄉ·ᄫᅡ·하◦
	한자	顟攞建姹野六 娑嚩賀七 嚩囉賀 目佉八 僧賀 目佉野九 娑嚩賀六十 鉢娜麼引 賀娑跢野一 娑嚩賀二 作羯囉欲馱野三 娑嚩賀四 商佉攝娜寗五 冒達曩野六 娑嚩賀七
대장경[2]		顟攞引建姹引/同上野引/七十一 娑嚩二合賀引/七十二 嚩囉引賀上穆引佉去/七十三 僧思孕反[3] 賀目佉野七十四 娑嚩二合賀引/七十五 鉢上娜麼二合賀引娑哆二合野七十六 娑嚩二合賀引/七十七 作羯囉二合庾引馱引野七十八 娑嚩二合賀引/七十九 商佉去捨入嚩娜二合顟引/八十 冐引達曩引野八十一 娑嚩二合賀引/八十二
되짠소리 (IPA)		ni$_{eŋ}$-la:-kan-t^{h}a-ja s-ba-ɣa: ba-la:-ɣa m$_j$u:k-k^h_ja: s$_j$i$_ə$ŋ-ɣa m$_j$uk-k^h_ja-ja s-ba-ɣa: pa$_t$-^{n}d[4]-ma ɣa-s-ta-ja s-ba-ɣa: tsak-k-la-ju-da-ja s-ba-ɣa: ɕjaŋ-k^h_ja-ɕja-b-^{n}da-ni:$_{eŋ}$[5] ^{m}bo[6]-da-na:$_ŋ$-ja s-ba-ɣa:
요즘소리		니라 간타야 사바하 바라하 목카싱하 목카야 사바하 바나마 하다야 사바하 ●̂ ○○ ○○ ○○ ● ●̂ ○○ ○○ ○○ ○○ 자그라 욕다야 사바하상카 섭나네 모다나야 사바하 ○○ ○○ ●●●●̂ ○○ ● ●̂ ○○

31

낱말

varāha: No. m. Sg. Voc. 수퇘지(비슈누의 나툼).

-mukhāya(< -mukha): No. n. Sg. Dat. 입, 낯, 얼굴, 으뜸, 최고; Adj. m. ~의 얼굴을 한(겹말)[7].

padmahastāya(< padma + hasta '손'): No. m. Sg. Dat. 연꽃을 손에 쥔 이(비슈누).

cakra-yuktāya(< cakra + yukta): PPP. Adj./No. m. Sg. Dat. 둥근 것이 묶인 이.

≈ **°*āyudhāya***(< °āyudha): No. m. Sg. Dat. 둥근 것을 무기로 든 이 (비슈누, 끄르슈냐)[8].

śaṅkha-śabda(< śaṅkha '소라'+ śabda '소리'): No. m. 소라고둥[法螺]의 소리.

nibodhanāya(< ni+√budh- +na): Adj. m. Sg. Dat. 일깨우는; m. 일깨우는 이, 일깨우기.

뒤풀이

---

[1] 오대진언에는 作羯囉欲馱野 *tsak-k-la-juok-da(h)-ja = cakrayuktāya '둥근 것과 이어진 이'로, 다른 글에는 cakra-āyudhāya '둥근 것을 무기로 지닌 이'를 가리키는 듯한 표기가 나온다: 作羯囉二合庾引馱引野 *tsak-k-la-ju-da:-ja(F1050); 斫訖羅二合庾馱引也 *tɕjak-k-la-ju-da:-ja(T1111). 둘은 아마 같은 대상(비슈누)을 달리 나타낸 것으로 보인다. 따라서 어느 하나는 옳고 다른 것은 틀린 것이 결코 아니다.

[2] F1050. 비교> 顙羅蹇姹引也娑嚩二合賀引/青頸嚩羅賀穆佉去/引(siṃha-mukhāya)也娑嚩二合賀引/大師子面福智圓滿(悉馱尾儞也二合馱羅引也娑嚩二合賀成就持明福智圓滿)鉢納麼二合賀娑跢二合也娑嚩二合賀蓮花手福智圓滿(訖哩二合史拏二合薩跛訖哩二合多上演女呢庚反/二合跛尾多也娑嚩二合賀黑蛇作神線福德摩賀羅矩吒馱羅引也娑嚩二合賀持大杖者/福圓滿)斫訖羅二合庾馱引也娑嚩二合賀持輪器仗者賞佉攝娜二合顙冐引馱引曩引也娑嚩二合賀法螺聲驚覺(T1111 卷1, (siṃha-mukhāya)는 빠졌고, (잿빛)처럼 훨씬 더 긺); 顙羅建姹野 娑嚩賀 嚩囉訶目佉 僧訶目佉野 娑嚩訶 鉢那摩 訶娑跢野 娑嚩訶 作羯羅 欲馱野 娑嚩訶 商伽攝那寗 冐達曩野 娑嚩訶(ZW0098 卷8).

[3] 僧思孕反은 思 *s-와 孕 *-jiəŋ으로 *sjiəŋ으로 소리내라는 뜻이다.

[4] 콧소리벗기 娜 *na > *ⁿda.

[5] 참조> 윤명구(2023) 79쪽: 謨顙嚩囉麼上聲哩唧二 ... muni-vara mārīca '가장 뛰어난 까샤빠여'(T1192).

[6] 콧소리벗기 冐 *mo > *ᵐbo.

[7] Monier-Williams(1899) 1213쪽: ***siṃha-mukha***, mfn. lion-faced '사자의 얼굴을 한'.

[8] 비슈누의 손에 들린 다섯 무기(pañcāyudha)의 하나이다. 붙타는 햇살(the disc of the sun: Monier-Williams (1899, 1224쪽))을 상징화해서 테가 톱날처럼 보인다. 이 짜끄라는 인드라의 바즈라에 견줄 수 있고, 르그베다에서도 비슈누의 상징처럼 나온다. 따라서 둥근 것을 무기로 쥔 이는 곧 비슈누를 가리키는 말이다.

다섯 무기(pañcāyudha): sudarśana-cakra '슈다르샤나라는 동그라미', pāñcajanya-śaṅkha '빤짜자냐라는 소라', kaumodakī-gada '까우모다끼라는 방망이', nandaka-khaḍga '난다까라는 칼', śāraṅga-dhanu '샤랑가라는 활'

다섯 무기가 든 목걸이

풀이

상스	데바	महालकुटाधराय स्वाहा वामस्काण्ड देश स्थित कृष्ण चिनय स्वाहा ब्यघ्रचर्म निवसनय स्वाहा नमो रत्नत्रया
	로마	mahālakuṭa-dharāya svāhā vāma-skaṇḍa-deśa-sthita-kṛṣṇājināya svāhā vyāghra-carma-nivasanāya svāhā namo ratna-trayā
	한글	마할라꾸따-다라야 스바하 바마 스깐다 데샤 스티따 끄르스낙지나야 스바하 뱌그라 짜르마 니바사나야 스바하 나모 라뜨나 뜨라야
풀이		큰 몽둥이를 든 이에게 스바하, 왼쪽 어깨 쪽에 걸친 검은 털가죽을 쓴 이에게, 범가죽을 걸친 이에게(바치나니) 잘 되게 해주소서! 값진 셋께 절하나니
오대진언	실담	्(실담 문자)
	정음	:마·하라○:구타·다·라:야○ㅅ·밧·하○:바:마○ㅅ:간타○ :니·샤○·시:테다○ㄱ:릿·나:○ㅿㅣ·나:야○ㅅ·밧·하○:먀·ㄱ·라○잘 :마○:니:바·사·니:야○ㅅ·밧·하○·나·모·라○ㄷ·나○ㄷ·라○○야
	한자	摩賀攞 矩吒七 [1]駄囉野八 娑嚩賀九 嚩麼娑建姹 伱捨 悉體跢七十 訖哩瑟拏喏曩野一 娑嚩賀二 尾野伽囉拶 㗚麼三 伱麼娑曩野四 娑嚩賀五 曩謨引囉怛曩怛囉夜
대장경 2		摩賀引攞矩吒駄引囉野八十三 娑嚩二合賀引/八十四 嚩麼娑謇二合駄八十五 祢泥以反[3]捨悉 體二合跢入/八十六 訖哩二合瑟拏二合吥茲以反[4]曩引野八十七 娑嚩二合賀引/八十八 尾野二合/ 引伽囉二合拶麼引/八十九 額嚩娑曩引野九十 娑嚩二合賀引/九十一 曩謨囉怛曩二合/九十二怛 囉二合夜
되짠소리 (IPA)		ma-ɣa:-la-kⱼu-ṭa da:-la-ja s-ba-ɣa: ba-ma s-kjɛn-da ^{n}dᵢeᵢ[5]-ɕja s-tʰiei-ta k̙-li-ṣ-ṇa-^{n}ẓi[6]-na:ŋ-ja s-ba-ɣa: ^{m}b[7]-ja:-g-la tsaɾ-ma: niₑŋ-ba-sa-na:ŋ-ja s-ba-ɣa: naŋ-mᵤo la-t-naŋ t-la-ja
요즘소리		마하라구타 다라야 사바하바마 사간타이사 시체다 가린나 이나야 사바하 ● ● ● ◔ ○ ○　 ● ● ● ◔ ● ● ● ◔　○ ○　 ○ ○ 마그라 잘마이바 사나야 사바하 나모라 다나 다라 ○ ○　● ○　◔ ○　○ ○　● ○　○ ○

낱말

mahālakuṭa-dharāya(< mahālakuṭa[8]-dhara): No. m. Sg. Dat. 큰 몽둥이(Nāga)를 든 이(비슈누).

vāma- '그른, 왼쪽의'

skandha: No. m. Sg. 어깨, 줄기나 가지, 몸; 무리, 조각;(책의)장; 더미, 뭉치[9].

deśa: No. m. 곳, 쪽; 나라, 지점, 지역.

sthita(< √sthā- 1. + -ta): PPP./Adj.(서-, 남아-, 놓여)있는.

kṛṣṇājināya(< kṛṣṇa + ajina '털 많은 살갗') No. m. Sg. Dat. 검은 털가죽을 쓴 이.

vyāghra-carma(< vyāghra '범' + carman '가죽'): No. n. 범가죽.

  -nivasanāya(< ni- + √vas- + -a- + -na[10]): PPP./Adj./No. n. Sg. Dat. ~걸친/입은(이/~것, 옷).

뒤풀이

---

[1] 예순 일곱째 마디가 앞의 <28쪽 앞>에 또 있다: 娑嚩賀七. 안영희(2018, 219쪽, 각주165)도 이를 보여준다.

[2] F1050. 비교> (摩賀引攞矩吒馱引囉野 娑嚩二合賀引)嚩麼娑蹇二合馱禰捨娑體二合/池以反多訖哩二合史拏二合爾曩引也娑嚩二合賀左肩所住被黑鹿皮願智圓滿尾也二合伽羅二合拶麼顙嚩薩曩引也娑嚩二合賀鹿皮裙者路計濕嚩二合羅也娑嚩二合賀觀自在菩薩福德圓滿薩嚩悉第濕嚩二合羅也娑嚩二合賀一切成就自在曩謨婆誐嚩帝歸命也阿哩也二合嚩路枳帝引濕嚩二合羅也聖觀自在菩薩(T1111 卷1에는 (잿빛)처럼 앞 조각은 없고, 뒷조각은 좀 다르다); 摩訶羅矩吒 馱羅野 娑嚩賀 嚩麼娑建馱 你捨悉體跢 施哩瑟拏 惹曩野 娑嚩賀 尾也伽羅 拶㗚摩你嚩 娑曩野 娑嚩訶 曩謨羅怛那 怛羅夜(ZW0098 卷8).

[3] 祢泥以反은 원래 *niei(奴禮切)이나, 泥 *ⁿd-와 以 *-ji로 이뤄진 *ⁿdji처럼 소리내라는 뜻이다. 그런데 다른 필사본(돈황) 및 되짠 자료(Chandra, 1988)와 견주면 *ⁿdiei여야 한다.

[4] 吟茲以反은 원래 *ŋja(人者切)이나, 茲 *dz-와 以 *-ji로 이뤄진 *dzji처럼 소리내라는 뜻이다.

[5] 콧소리벗기 祢 *ni > *ⁿdi.

[6] 콧소리벗기 吟 *ŋia > *ⁿzja; .

[7] 콧소리벗기 尾 *mi > *ᵐbi.

[8] mahālakuṭa-dhara는 (ādi-)gadāᵒ와 같이 '큰 몽둥이를 든 이[持大杖者(T1111)]'로 비슈누를 가리킨다 (Monier-Williams, 1899, 137쪽). 이것은 인드라(Indra)를 뜻하는 vajra-dhara(M-W., 1899, 913쪽)와도 견줘지는데, 왜냐하면 vajra도 원래 '번개나 다이아몬드'가 아닌 '몽둥이'를 뜻하기 때문이다(윤명구, 2023, 41쪽). 이들 '몽둥이'는 르그베다 때에서부터 나쁜 것(적, 악마, 질병 따위)을 물리치는 상징으로 브라만 출신 승려들이 대승불교로 끌어들였다. 또 mahālakuṭa는 '매우 좋은 분의 바탕인 것'(상스. Mañjuśrī-mūla-kalpa, K1138/ T1191 大方廣菩薩藏文殊師利根本儀軌經)에 나오는 뱀신(상스. Nāga, 티벧. དབྱིག་པ་ཆེན་པོ་ 와일. dbyig pa chen po '큰 막대기/몽둥이')의 딴이름이기도 하다. 아직 인도에서 뱀들의 임금인 셰솨(śeṣa)를 깔고 있는 비슈누에게서 mahā-lakuṭa-dhara '큰 몽둥이를 든/다루는/다스리는 이'의 뜻을 헤아릴 수 있다.

[9] 다섯 더미/쌓임(pañcaskandha, 五蘊): 모습(rūpa, 色)이 쌓여 느낌(vedanā, 受)이 되고, 또 쌓여 생각(saṃjñā, 想)이 되고, 이어서 닦기(saṃskāra, 行)를 쌓아 낱낱이 알기(vijñāna, 識)에 이른다.

[10] 옛인도-유럽말 *-to, *-no에서 물려받은 '앞서 이뤄진 짓(action)'을 나타내는 조각말(Participle)로 뒷가지 -ta나 -na가 붙는 말이다. 우리네 말 차원에서 한국말과 왜말의 -ㅆ(< -았/었-< *-a/e+(s)ta-, 과거시제선어말어미)와 -ㄴ(< 관형사형어미) 및 -(っ)た 와 -の가 대응될 수 있어 보인다.

앞

풀이

상스	데바	य नम अर्यवलोकितेश्वाराय स्वाहा
	로마	ya nama[1] āryāvalokiteśvarāya svāhā
	한글	야 나마 아랴발로끼떼슈바라야 스바하

풀이	~께, 다 볼 수 있는 오롯한 슬기에 든 거룩한 님에게 절하오니, 잘 되게 해주소서!

오대진언	실담	(실담 문자)
	정음	:야。·나·막·알·약:바·로:기:뎨·시:밝·라:야 。ㅅ·밝·하。
	한자	也六 曩莫啊引里也嚩路枳諦濕嚩囉也七娑嚩賀

대장경 2	野引/九十三 曩莫入阿去哩也二合/九十四 嚩路引枳帝濕嚩二合/引囉引野引/九十五 娑嚩二合賀引/九十六
되짠소리 (IPA)	ja: naŋ-mak ʔa:-l-ja-ba-lᵤo-kiⱼ-tᵢeᵢ ɕ-ba-la-ja s-ba-ɣa:
요즘소리	야 나막 알야 바로 기재 새바라야 사바하 。 ○ ○ ○ ○ ○ ○ ○ ○ ● ● ●ᷢ ○ ○ ᷢ○ ○

뒤풀이

[1] 참조: <24쪽 뒤>의 뒤풀이 1. 소리이음(saṃdhi): -aḥ + a-가 아닌 홀소리 > -a + ~.

[2] 비교> 앞쪽 글에서처럼 이 조각도 T1111만 꽤 다르게 적혀 있다.

~野引/九十三 曩莫入阿去哩也二合/九十四 嚩路引枳帝濕嚩二合/引 囉引/野引/九十五 娑嚩二合賀引/九十六(F1050);

~冒地薩怛嚩二合也摩訶薩怛嚩二合也勇猛者摩賀迦嚕扼迦也大悲者悉鈿覩滿怛羅二合跛娜引也真言句願成就娑嚩二合賀引/一百一十(T1111 卷1);

~野 那謨阿哩也 嚩路枳諦 濕嚩羅野 薩婆訶(止)(ZW0098 卷8).

千手千眼觀自在菩薩根本陀羅尼曰

천 개의 손과 눈으로 모두 다 보는 오롯한 슬기에 든 님의 **뿌리다라닉**가 이르길

사하스라부자-사하스라네뜨라-아발로끼떼슈바라-보디삳뜨바-물라 다라닉 이땨하
Sahasrabhuja-sahasranetra-Avalokiteśvara-Bodhisattva-Mūladhāraṇīr ityāha

풀이

상스	데바	**नमो रत्नत्रयाय नम आर्यावलोकि धारणीः**
	로마	namo ratnatrayāya nama[1] āryāvaloki
	한글	나모 라뜨나뜨라야야 나마 아랴발로끼
풀이		**값진 셋께 절합니다. 모두 다 볼(수 있는 오롯한 슬기에 든) 거룩한**
오대진언	싣담	
	정음	·나·모·라〮ᄃ·나〮ᄃ·라〮·야:야〮·나·막·알·약:바·로:기[2]
	한자	曩謨引 囉怛曩怛囉夜引也 _ 曩莫啊引里也嚩路引枳
대장경[3]		曩謨引囉怛曩二合怛囉二合夜引野 _ 娜莫阿去引哩野二合/引嚩路引枳雞以反[4]
되짠소리 (IPA)		naŋ-mo la-t- naŋ-t-la-ja:-ja na[5]-ma:k ˀa:-l-ja-ba-lᵤo-ki
요즘소리[6]		나모 라다나 다라 야야 나막 알-야 바로 기

뒤풀이

---

[1] 참조: <24쪽 뒤>의 뒤풀이 1. 소리이음(saṃdhi): -aḥ + a-가 아닌 홀소리 > -a + ~. 원문에는 नमः namaḥ이지만, 이에 따라 नम nama가 된다.

[2] 앞서 나온 <24쪽 뒤>에는 ·나·모·라〮ᄃ·나〮ᄃ·라〮·야:야〮·나·막·알·약:바·로:기로 좀 달리 적혀 있다.

[3] '번개꼭대기 요가 - 천 개의 손과 눈으로 다 볼 수 있는 오롯한 슬기에 든 분의 마음 닦는 일의 글'[K1311/ T1056 金剛頂瑜伽千手千眼觀自在菩薩修行儀軌經 卷2].

[4] 枳雞以反도 원래 *tɕje(諸氏切)와 *kje(居紙切)이나, 雞 *k-와 以 *-ⱼi로 이뤄진 *kⱼi처럼 소리내라는 뜻이다.

[5] 앞서 나온 모든 娜는 콧소리벗기(*na > *ⁿda)를 보이는 것과 대조적이다. 아마 이 글을 빈틈없고 굳센 이의 한 제자가 아닌 여러 제자가 함께 옮겨 썼기 때문에 그들의 개별적 차이가 드러난 것이 아닌가 한다.

[6] 최원허(2018)에는 일부만 나오고, 불교기록문화유산아카이브에는 중세와 현대가 섞인 듯한 소리로 나옴: https://kabc.dongguk.edu/content/view?itemId=ABC_IT&cate=bookName&depth=3&upPath=Z&dataId=ABC_IT_K1311_T_002. (金剛頂瑜伽千手千眼觀自在菩薩修行儀軌經, 卷2)

풀이

상스	데바	तेश्वाराय बोधिसत्त्वाय महासत्त्वाय महाकारुणिकाय महावीराय सहस्राक्षाय सहस्रशीर्षाय सहस्रपादा(य)
	로마	teśvarāya bodhisattvāya mahāsattvāya mahā-kāruṇikāya mahāvīrāya sahasrākṣāya sahasraśīrṣāya sahasrapādā(ya)
	한글	떼슈바라야 보디샽뜨바야 마하샬뜨바야 마하까루늬까야 마하비라야 사하스락삭야 사하스라시르삭야 사하스라빠다(야)
풀이		(모두 다 볼 수 있는)오롯한 슬기에 든 거룩한 님에게, 큰 님에게, 매우 가여워하는 님에게, 큰 사내에게, 천 개의 눈과 천 개의 머리와 천 개의 발을 가진 분에게,

오대진언

	실담	(실담 문자)
	정음	:데·시:·바·라:야·∘·모·디·∘·사ᇹ:바:야·∘·마·하·∘·사ᇹ·바:야∘ :마·하∘·가·로:니가야∘:마·하·미·라야·∘·사·하∘ ·ᄼ·락사야∘·사·하·ᄼ·라∘·시리사야∘·사·하·ᄼ·라바·나
	한자	諦濕嚩囉₍引₎也一 冒地薩怛嚩₍引₎野二 [2]摩賀₍引₎薩怛嚩野三 摩訶₍引₎[3]迦₍引₎嚕抳迦野五 摩訶尾囉野六 娑賀 娑囉乞灑野七 娑賀娑囉室哩灑野八 娑賀娑囉播那

대장경	帝濕嚩₍二合／下無撥反₎[4]囉₍引₎野二 冒₍引₎地薩怛嚩₍二合／引₎野三 摩賀₍引₎薩怛嚩₍二合／引₎野四 摩賀₍引₎迦₍引₎嚕抳₍尼貞反₎迦₍引₎野五 摩賀₍引₎尾₍引₎囉₍引₎野六 娑₍上聲諸同₎賀娑囉₍二合／引₎乞灑₍二合／引₎野七 娑賀娑囉₍二合₎室哩₍二合／引₎[5]灑₍引₎野八 娑賀娑囉₍二合₎播₍引₎娜₍引₎
되짠소리 (IPA)	t_ie_i ɕ-ba-la:-ja ^mbo[6]-di-sat-t-ba:-ja ma-ɣa:-sat-t-ba:-ja ma-ɣa:-ka:-lu$_o$-ɳi-ka-ja ma-ɣa:-^{m}bi[7]-la:-ja sa-ɣa-s-la:-k-ʂa:-ja sa-ɣa-s-la-ɕ-li:-ʂa:-ja sa-ɣa-s-la-p$_u$a-^{n}da[8]
요즘소리	데새바 라야 모디사다바 야 마하 사다바 야 마하 가 로니가 야 마하 미 라 야 사하사라 걸사 야 사하사라 시리사 야 사하사라 바 나

낱말

mahāvīrāya(< mahā+vīra[9]): No. m. Sg. Dat. 큰 사내; 비슈누, 부처님, 바르다마나(Vardhamāna[10]).

sahasrākṣāya(< sahasra + -akṣa): No. m. Sg. Dat. 천 개의 눈을 가진 이(인드라, 비슈누).

sahasraśīrṣāya(< sahasra + śīrṣa): No. m. Sg. Dat. 천 개의 머리를 가진 이(비슈누).

sahasrapādāya(< sahasra + pāda): Adj. m. Sg. Dat. 천 개의 발을 가진 이(비슈누).

뒤풀이

---

[1] 오대진언에는 **ह्व** svāra처럼 보인다.

[2] 비교: 앞의 신묘장구대다라니에서는 이곳에 마디셈표가 없고, 뒤에 摩賀₍引₎薩怛嚩野₍二₎으로 적혀 있다.

[3] 비교: 앞의 신묘장구대다라니에서는 마땅히 引이 있다: **म ह** mahā.

[4] 濕嚩₍二合/下無撥反₎은 濕과 嚩를 더하되 뒤는 $*ɕ\text{-}^mb_uat$나 $*ɕ\text{-}^mb_uar$(無撥反)으로 소리내라는 뜻이다.

[5] 알려진 범어원문 ... sahasraśīrṣāya ... 을 보면, 室哩₍二合/引₎灑₍引₎野는 아마 室₍引₎哩灑₍二合/引₎野의 잘못으로 보인다.

[6] 콧소리벗기 冒 $*mo > *^mbo$.

[7] 콧소리벗기 尾 $*mi > *^mbi$.

[8] 콧소리벗기 娜 $*na > *^nda$.

[9] 상스. **vīra**, 라띤. **vir** 및 도이치. **Wer**-wolf 모두 '사람, 사내'를 가리키지만, 그 뿌리인 상스. √**vīr**- 및 라띤. **vīs**와 **vir-tus**에서 보이듯 '힘' 또는 '힘이 센'이란 뜻도 있다. 웃인도-유럽말 $*u̯ro\text{-}s$를 스따로스찐(Сергéй Анатóльевич Стáростин, 1953~2005)은 '우리네 말' 차원에서 한국말 **오라비**(올+아비)와 이었지만, 이 보다는 **열**(< 옳, 十) 및 **여러**에서 더 큰 가능성을 엿볼 수 있다. 또 라띤. **virtus**는 헬라. **ἄρετή**와 더불어 '덕(德)'을 뜻하는데, 그리스-로마에서 덕은 원래 도덕이 아니라, '큰 것, 힘 있는 것, 사내다운 것'을 가리켰다.

참고로 한자 德도 원래 '크다(訓蒙 下, 1527)'나 '오르다, 커지다(德升也, 說文)'를 뜻했다. 이는 아마도 우리네 말 차원에서 德 $*tək$(上古)의 뿌리가 이[夷]말 $*tVk\text{-}$ > 중세. **다ᄋ-**(< $*$다ᄀ-) '쌓다', **덕, 더구-나, 더기, 턱, 언덕**; 왜. **たか**- '크-, 높다', **たけ**- '길다'와 이어지기 때문일 듯하다. 또 숫자 10을 뜻하는 말도 여러 말에서 '크다'란 뜻에서 나온 것이 알려져 있는데, 고구려말 德-頓(十-谷) $*tek$-은 한자 德과 왜. **とお** 뿐만 아니라, 우리네 말 차원에서 웃인도-유럽의 $*dék̂\text{-}m̥$(> 라띤. **dec**-em, 헬라. **δέκ-α**, 상스. **dáś**-a, 아베스따. **das**-ā, 고트. **taih**-un > 도이치. **Zeh**-n, 잉글. **te**-n 따위)과도 이어질 수 있인다.

[10] 자이나의 창시자인 마하비라의 원래 이름이다. 불교와 자이나는 일찍이 따로 나오지만, 둘은 원래 하나였을 수도 있다. 그런 언어적 흔적이 싣다르타(Siddhārtha)와 마하비라(Mahā-vīra) 및 야쇼다라(Yasodharā)/야쇼다(Yasodhā) 그리고 상가(saṅgha)나 슈라마놔(śramaṇa) 및 슈라바까(śrāvaka)이다. 특히, 붇다와 마하비라의 집안과 이어지는 Siddhārtha와 Yasodharā/Yasodhā는 가리키는 바가 크다. 붇다의 딴이름인 Siddhārtha는 마하비라의 아버지 이름이며, 아내의 이름도 Yasodharā(붇다)와 Yasodhā(마하비라)로 거의 같다. 종교사적으로 봐도 상좌부의 니까야에서 자이나를, 대승에서 상좌부를 소승이라 헐뜯는 것은 카톨릭에서 나온 개신교가 카톨릭을 헐뜯는 것과 그리 다르지 않다. 둘 사이에는 서로 원래 형태가 남아 있는데, 자이나는 더 근본주의적이고, 불교는 더 개혁적(?)으로 나아가며 서로 나뉜 듯한 느낌을 지울 수 없다.

풀이

상스	데바	य सहस्रजिह्वाय सहस्रभुजाय एहि भगवन्नार्यावलोकितेश्वर उग्र अत्युग्र महोग्र महानाद किरिकि(रि)/किलिकि(लि)
	로마	ya sahasrajihvāya sahasrabhujāya ehi bhagavann[1] āryāvalokiteśvara ugra atyugra mahogra mahānāda kiriki(ri)/kiliki(li)[2]
	한글	야 사하스라지흐바야 사하스라부자야 에히 바가반 아랴발로끼떼슈바라 우그라 아뜌그라 마하우그라 마하나다 끼리끼(리)/낄리낄(리)
풀이		천 개의 혀와 팔을 가진 분께(절합니다). 어서 오세요! 덕을 갖춘 님이여, 모두 다 볼 수 있는 오롯한 슬기에 든 님, 사납고 또 사납고 가장 사나우며, 크게 으르릉대는 이여, 번쩍이며 빛나게/기쁘고 기쁘(게)
오대진언	실담	(실담 문자)
	정음	야ᅟᆞᆞ·사·하·스·라ᅟᆞ:ᅀᅵ·ᅙ:배야ᅟᆞᆞ·사·하·스·라:보·ᅀᅡ야ᅟᆞ:예 :혜바:아·믄ᅟᆞ·알야:바·로:기:뎨·시:밝·라·오·ᅌᅳ라ᅟᆞ ·아:듀·ᅌᅳ라ᅟᆞ·마·하·오·ᅌᅳ라ᅟᆞ·마·하·나나·기·리·기
	한자	野九娑賀娑囉尒賀嚩野十娑賀娑囉步惹野十一瞖呬婆誐刔十二啊哩野嚩路枳諦濕嚩囉十三塢疙囉阿底庾疙囉四摩賀塢疙囉五摩賀曩那六枳哩枳
대장경		野九 娑賀娑囉二合爾慈以反[3]/引賀嚩二合/引野十 娑賀娑囉二合步惹自攞反/引野十一 瞖呬婆去誐刔十二 阿去/引哩野二合/引嚩路引枳准前音[4]帝濕嚩二合囉十三 鄔疙囉二合阿上底庾二合疙囉二合/十四 摩賀引隖疙囉二合/十五 摩賀引曩引那十六 枳里枳
되짠소리 (IPA)		ja sa-ɣa-s-la-^{n}zi^5:-ɣ-ba-ja sa-ɣa-s-la-bu$_o$-dza:^{6}-ja ʔ$_j$e$_i$- xji ba-^{n}ga^7-^{m}b$_{ju}$ən^8 ʔa:-l-ja-ba-l$_u$o-ki-t$_i$e$_i$ ɕ-ba-la ʔu$_o$-^{n}g^9-la ʔa-t-ju-^{n}g-la ma-ɣa:-^{n}g-la ma-ɣa:-na:$_ŋ$-^{n}da^{10} ki-li-ki
요즘소리		야 사하사라 지 하바 야 사하사라 보자 야 에혜바 가믹 알 – 야 바로 기 뎨새바라 오하라 아 디유 하라 마하 오하라 마하 나 나 기리기

낱말

sahasrajihvāya(< sahasra+jihva): No. m. Sg. Dat. 천 개의 혀를 가진 이(=sahasravadana=비슈누).

sahasrabhujāya(< sahasra+bhuja): No. m. Sg. Dat. 천 개의 팔을 가진 이(비슈누).

bhagavann(< bhaga + vat '덕/행운을 가진'): No. m. Sg. Voc. 거룩한 분; 덕을 갖춘[분, 具德/世尊].

ugra: Adj. m. Sg. Voc. 힘센, 높은, 성난; m. ~ 사람(시바, 루드라); n. 화, 성냄, 분노.

ati-: Ind.(안 바뀌는 말)/ Pref.(앞가지). 꽤, 너무, 더, 또, 매우[11].

mahānāda(= nāda): No. m. Sg. Voc. 큰(울음)소리/울음; 크게 으르릉대는(이; 시바)/(것; 북, 사자).

뒤풀이

---

[1] 오대진언 원문에는 ꡀꡊꡂꡙ bhagavaṃ이나, 소리이음에 따르면, 호격인 bhagavan+āry-는 bhagavann+āry-이다.

[2] 오대진언 원문에는 ꡃꡘꡃ(ꡘ) kiriki(ri)이나, 대장경에는 ꡃꡙꡃ(ꡙ) kiliki(li) (T1056)이다.

보라: 윤명구(2023) 31, 35쪽.

[3] 비교: <28쪽 뒤>의 뒤풀이 4(呩$_{茲以反}$). *dz_ji. 爾$_{慈以反}$은 원래 *$^ⁿ\!zje$(兒氏切)이나, 慈 *dz-와 以 *$_-ji$로 이뤄진 *dz_ji처럼 소리내라는 뜻이다.

음성적으로 인도의 j [ʤ]에는 지나의 *$^ⁿ\!z$-(兒)이 *dz-(慈)보다 더 가까울 수 있음에도 따로 그렇게 밑글을 쓴 까닭은 콧소리 *$ŋz$-(日母)의 특성 때문일 것이다. 인도나 서역에서 왔던 스승들에게는 아마도 *z-처럼 들렸으나, 지나의 제자들에게는 *ŋ-에 더 가깝게 들렸기에 억지로라도 /*dz/소리를 내라는 표시로 보인다.

실제 이와 비슷한 현상이 현대 한국말에서도 나타난다. 우리 한국사람은 못 느끼지만, 울리는 닿힘소리(b, d, g, z)가 있는 말의 외국사람들(유럽, 인도, 일본)에게는 첫소리의 ㅁ과 ㄴ이 /m/과 /n/이 아닌 /b/과 /d/로 들린다고 잘 알려져 있다. 이를 콧소리벗기(Denasalization, 去鼻音化/脫鼻音化) 현상이라고 한다.

[4] 枳$_{准前音}$란 枳를 앞의 소리(枳$_{雞以反}$)에 따른다는 뜻이다.

보라> <29쪽 앞>의 뒤풀이 4.

[5] 콧소리벗기 爾 *$ŋi$ > *$^ⁿ\!zi$.

[6] 콧소리벗기 惹 *$ŋja$ > *$^ⁿ\!zja$. 그러나 $_{自攞反/引}$에 따르면, *dz-a:로 소리내야 한다는 뜻이다.

[7] 콧소리벗기 誐 *$ŋa$ > *^ŋga.

[8] 콧소리벗기 刎 *$m_{juə}n$ > *$^m\!b_{juə}n$.

[9] 콧소리벗기 疙 *$ŋjət$ > *$^ŋgajət$.

[10] 콧소리벗기 娜 *na > *^nda.

[11] Monier-Williams(1899) 12쪽: *Ati* is often prefixed to nouns and adjectives, and rarely to verbs, in the sense excessive, extraordinary, too; exceedingly, very.

풀이

상스	데바	लि किलिकिलि मिलीमिलि मिलीमिलि चिलिचिलि चिलिचिलि नटु नटु नटु नटु ह्रस ह्रस ह्रस कुरुकुरु कु
	로마	li kilikili[1] milī-mili milī-mili cili cili cili cili[2] naṭu naṭu naṭu naṭu[3] hrasa hrasa hrasa hrasa[4] kurukuru ku
	한글	리 낄리낄리 밀리밀리 밀리밀리 찔리찔리 찔리찔리 나뚜 나뚜 나뚜 나뚜 흐라사 흐라사 흐라사 흐라사 꾸루꾸루 꾸
풀이		(기쁘)게, 늘 마주하며, 매우 매우 잘 차려입고, 몸짓 몸짓 춤도 잘 추는 분이시여, 어서 어서 내려오셔서, (누리를) 짓고 만드소서!

오대진언	실담	[실담(Siddham) 문자 3행]
	정음	·리·기·리·기·리◦미·리·미·리◦미·리·미·리◦·지 ·리·지·리◦지·리·지·리◦나:듀·나:듀◦나:듀·나 :듀◦·ㄱ·라·사·ㄱ·라·사◦·ㄱ·라·사·ㄱ·라·사◦:구·로:구·로◦:구
	한자	哩枳哩枳哩七弭哩弭哩弭哩弭哩八喞 哩喞哩喞哩喞哩九曩跓曩跓曩跓曩 跓二十訖囉娑訖囉娑訖囉娑訖囉娑一矩嚕矩嚕矩
대장경		里枳里枳里十七 弭里弭里弭里弭里十八 喞里喞里喞里喞里十九 曩跓胒魯反[5]曩跓准上 [6]曩跓曩跓二十 訖囉二合娑上聲/下同訖囉二合娑訖囉二合娑訖囉二合娑二十一 矩嚕轉舌/下同 矩嚕矩嚕矩嚕二十二
되짠소리 (IPA)		li kⱼie̯-li kⱼie̯-li mⱼie̯-li mⱼie̯-li mⱼie̯-li mⱼie̯-li ʦjĕt-li ʦjĕt-li ʦjĕt-li ʦjĕt-li naŋ-ʈuo naŋ-ʈuo naŋ-ʈuo naŋ-ʈuo ɣ-la-sa ɣ-la-sa ɣ-la-sa ɣ-la-sa kⱼuo-lu kiuo-lu kⱼuo-lu kⱼuo-lu
요즘소리		리기리기리 미리미리미리미리 지리지리지리지리 나도 나도 나도나도 하라 사 하라 사하라 사하라 사 구로구로구

낱말

milīmili(< milī-milin < √mil- 6. '만나다, 마주하다'): No. m. Sg. Voc. 늘 마주하는 이(시바).

cilicili(< √cil- 6. '옷을 입다'): Adj. m. Sg. Voc. 옷을 잘 차려입은?.

naṭu(< √naṭ- 1. '춤을 추다' = √nṛt- 4. > nṛtu): Adj. m. Sg. Voc. 춤추는, 몸짓하는; No. 춤꾼, 배우[7].

hrasa(< √hras- 1.) Pres. 2. Sg. Imp. 줄(이)다, 내려오다[8]; *hrāsa* m. 줆, 소리, 시끄러움.

kuru(< √kṛ- 8.): Pres. 2. Sg. Imp. 만들다; No. m. 누리를 만든 이(= kartṛ, 브라흐만, 비슈누, 시바).

뒤풀이

---

[1] 보라: 윤명구(2023) 35쪽. 우리말의 시늉말인 '낄낄'과 견줘질 수 있다. 앞서 <27쪽 앞>의 뒤풀이 6처럼 우리 시늉말에는 옛 인도말인 상스끄르따와 이어지는 것들이 꽤 있다. 이런 것들은 우리말에 다른 기층이 들어오면서 화석화한 더 오래된 말로 보인다. 실제 인칭대명사, 지시대명사 및 신체와 자연물을 담은 스와데시 말뭉치(Swadesh list)에서 보면, 한국말은 알타이 갈래보다 인도-유럽 갈래에 훨씬 더 가깝다.

[2] 인도-아리안 말에는 그 웃말(Urprache)에서 물려받은 *l*과 *r*이 *r*로 된 말이 많다: 웃인도-유럽 *u̯elh₁-'고르다' > 상스. *vár-a-*, 아베스따. *var-ətā*; 라띤. *vol-are*, 고트. *wil-i*, 옛교회슬라브. *vel-jǫ* 따위. 그런 *r*의 몇몇은 *l*과 *r*을 서로 오간다: *galh = garh* '나무라다, 욕하다', √*sal-* '가다, 움직이다' ≈ *sar-*(< √*sr̥-* '흐르다'), *sala* '개'= *sara*. 따라서 시늉말이나 만뜨라에서 보이는 *kilikili milīmili cilicili*를 *kirikiri mirīmiri ciriciri*로 나타내기도 한다. 아울러 *kilikili milīmili cilicili*도 다른 만뜨라처럼 자이나나 힌두의 여러 종파에서 두루 쓰이며, 비슈누를 기리는 가루다-뿌라놔(garuḍa-purāṇa) 1.38.7.1에도 *kilikili milīmili cilicili*가 그대로 나온다:
보기) **वल्गवल्ग कोटराक्षि उर्ध्वकेशि उलूकवदने** ... **किलिकिलि खिलिखिलि मिलिमिलि चिलिचिलि** '폴짝 뛰시오! 패인 눈을 지니고, 머리칼을 곧추 세운 것이여, 올빼미 얼굴을 한 것에 ... 낄리길리 킬리킬리 밀리밀리 찔리찔리'

[3] 오대진언에는 첫째는 𑖟yo로, 나머지는 𑖝tyo로 보이는데, 원래 直主切(廣韻)이나 重主切(集韻) *dju/*dʰju에서 나온 **듀**로 적었다. 그러나 대장경(K1311/T1056)에는 胝魯反를 밑에 적었다. 이런 특수한 반절표시는 방산석경(房山石經)에 들어있는 '부처님의 가르침에서 가장 위의 탈것인 숨긴 바구니의 다라니 모음'(F1071 釋敎最上乘祕密藏陀羅尼集)의 권11에도 曩跓 曩𑖝跓知故反이라고 적혀 있어 跓를 *tu₀나 *tu₀로 소리 내어야 함을 밝히고 있다. 그런데 빈틈없고 굳센 이가 쓴 '부처님께서 이르신 하나로 튼 머리를 한 님의 다라닉 글'[K1360/T1110 佛說 一髻尊陀羅尼經] 속의 '말 머리를 가진 분의 다라닉'(Hayagrīva-vidyā, 馬頭觀自在陀羅尼)에 曩柱 曩柱 *na-dju 라고 적고 있어 다시 naḍyu를 내보이고 있다.

[4] 원문에는 𑖎𑖭 krasa이나, 이런 낱말은 범어의 어떤 동사(tiṅanta)나 명사(subanta)에서도 찾기 어렵다. 그 대신 이를 적은 한자 訖을 잘 새겨보면, 절운(切韻)과 광운(廣韻)에는 보이지 않지만, 집운(集韻)에 보이는 訖의 소리와 한국말 **흘** 및 꿩뚱[粤]과 학까(客家)의 소리값에서 그 실마리를 헤아려 볼 수 있다.

廣韻	居乙切	-
集韻	居乙切 **k-jĕt**	許訖切 **x-jət**
학까	tɕʰit/kiɐp/kʰet	ŋiet⁵/hat
꿩뚱	kat¹	ŋat⁶
한국	글	흘

이는 곧 訖囉₌ꜱ娑가 *k-la-sa가 아니라, *ɣ-la-sa일 수도 있음을 내비친다. 또 많은 보기에서 그렇듯이 실담도 𑖎와 𑖐가 비슷해서 원래 무엇을 쓴지 정확히 알 수 없다. 또 설문에 나와서 절운과 광운에 안 보인다고 *x-jət(許訖切)이 없었다고 볼 수도 없다. 실제 상스끄르따에서 **krasa**는 없지만, **hrasa**는 찾을 수 있다.

[5] 跓胝魯反도 원래 *djuo(直主切)이나, 胝 *t-와 魯 *-uo로 이뤄진 *tuo처럼 소리내라는 뜻이다.

[6] 跓准上은 앞의 것(跓胝魯反)에 따른다는 뜻이다.

[7] Monier-Williams(1899) 568쪽: nr̥tú, mfn., dancing, gesticulating, ...; m. (nom. *ús*) a. dancer, an actor. 또 더 이른 때(RV)에는 Grassmann(1999, 751-752쪽: **nr̥tú**, m., ... etwa *Fürst, Held*)처럼 '우두머리, 영웅'도 뜻했다.

[8] Monier-Williams(1899) 1307쪽: **ह्रस्** cl.1 P. A1. *hrasati-*, °*te-* ... to become short or small ...; to descend from (ablative). Böhtlingk & Grosses(1855), 1672쪽: **ह्रस्, ह्रसति (शब्दे)** DHĀTŪP. 17,61. *abnehmen, sich mindern, weniger u. s. w. werden* ... **स्थानेभ्यः** *herabkommend von*.

31쪽

앞

풀이

상스	데바	रु कोरु एह्येहि महाविर बलं दद वीर्यं दद सर्वाकामं मे प्रयच्छा शीघ्रं वशं मे राष्ट्राष्ट्रं[1] सराजक कुरो स
	로마	ru kuru ehyehi mahā-vīra balaṃ-dada vīryaṃ-dada sarva-kāmaṃ me prayaccha śīghraṃ vaśaṃ me rāṣṭra-rāṣṭraṃ sarājakaṃ kuru sa-
	한글	루 꾸루 에헤히 마하비라 발랑-다다 비량-다다 사르바까맘 메 쁘라얏차 시그람 바샴 메 라스뜨라 라스뜨랑 사라자깜 꾸루 사-
풀이		하시고, 어서 오세요, 큰 분이여, 힘을 주고, 사내다운 힘을 주는 분이여, 빨리 내 모든 바람을 채워주시고, 내 뜻에 따라 나라마다 임금과 함께하게 하소서, 천-
오대진언	실담	(실담 문자)
	정음	·로:구·로。:예:혜:혜[2]。·마·하·미·라。·마:란나·나。 ·미:련나·나。·살:바가:맘명。ᄫ·라:예차。:시ᄀ:람。 :바·협[3]:명。·라짜·라쌈。·사·라:ᅀᅡ:궁:구·로·사
	한자	嚕矩嚕二 暬醯呬三 摩訶尾囉四 摩嬾娜那五 尾哩演娜那六 薩嚩迦𨁣銘鉢囉曳蹉七 試伽嚇 嚩陝銘八 囉瑟吒囉瑟鵂[4]娑囉惹兢矩嚕九 娑
대 장 경		嚕矩嚕二十二 暬醯去引呬二十三 摩賀引尾引囉二十四 麼上嬾[5]娜娜二十五 尾引哩演二合/引 娜娜二十六 薩嚩迦引𨁣引銘鉢囉二合拽蹉二十七 試引伽嚇二合/重聲呼[6]嚩陝銘二十八 囉引 瑟吒二合囉瑟鵂二合/轉舌呼[7]娑囉引惹自攞反兢矩嚕二十九 娑上
되짠소리 (IPA)		lu_o k_ju_o-lu_o ˀiei-x_je_i-x_je_i ma-ɣa:-ᵐbi[8]:-la ᵐba[9]-lan ⁿda[10]-ⁿda ᵐbi:-l-jɛn ⁿda-ⁿda saɾ-ba ka:-ma:m me[11] p-la-ja/jɛt[12]-tsʰa ɕi:-g-lam ba-ɕjɛm-me la-ʂ-ʈa la-ʂ-ʈam sa-la-dza[13]-kjəŋ k_ju_o-lu_o sa
요즘소리		로구로 에혜 혜 마하 미 라 마 난나나 미 리연 나나 살바가 맘 명바라 예차 시 가 람 바협명 라-따 라-깜[14] 사라 자 긍구로 사

낱말

balaṃ-dada: Adj. m. Sg. Voc. 힘을 주는; **vīryaṃ-dada**: Adj. m. Sg. Voc. 사내다운 힘을 주는.

sarva-kāmaṃ(< sarvakāma): Adj. m. Sg. Acc. 다 바라는, 모든 바람을 채워주는; m.(Pl) 모든 욕망.

pra-yaccha(< pra+ √yam- 1): Pres. 2. Sg. Imp. 건내다, 내밀다,(빚을)갚다;(결혼에)선물하다.

śīghraṃ(< śīghra): Adj. m. Sg. Acc. 빠른, 쏜살같은; ind. 빨리.

rāṣṭraṃ(= rāṣṭra < √rāj- 1 '다스리다' + -tra): No. m. Sg. Acc. 나라, 왕국, 고장; 사람, 겨레, 국민.

vaśaṃ(< vaśa) Adj. m. Sg. Acc. 바람[所望], 뜻[意圖], Adj. 하려는,(소유격과)~에 따르는, 온순한.

sarājakaṃ(= sa-rāja-ka = sa-rājan): Adj. m. Sg. Acc. 임금과 함께, 임금이 있는.

뒤풀이

---

1 오대진언은 raṣṭa-raṣṭam이나 '번개꼭대기 요가- 천개의 손과 눈으로 다 보는 오롯한 슬기에 든 분의 닦는 일의 글'[K1311/T1056 金剛頂瑜伽千手千眼觀自在菩薩修行儀軌經]卷2는 rāṣṭra로 적혔다.

2 비교: <25쪽 뒤> -katikrānta ehyehi ·가:디·ㄹ란:뎨ᄋ:혜:혜; <26쪽 뒤> ehyehi ·예:혜:혜.

3 陝자는 협(東. 頰 轄夾切), 합(東. 㿽 侯夾切)과 섬(東. 閃 失冉切)의 소리가 있었다. 여기서는 섬이어야 옳다.

4 원문에는 앞쪽 臽의 아래 臼가 약자인 旧로 되어 있다. 鵪은 원래 苦咸切 音嶔(海篇, 16~17세기)이나, 여기서는 /담/으로 쓰였다. 이에는 臽(臽)자의 딴 소리에서 비롯된 듯하다: 담 啗, 萏, 窞, 嚪, 蒤, 嵞, 藺.

5 싯담자에 따르면, *lam(嵐攬欖濫籃纜藍襤覽)이나 *laŋ(廊朗浪狼琅瑯螂)의 한자를 써야 했지만, 그러지 않았다. 아마도 성운학적으로 뒤에 오는 혓소리 *ⁿda(娜)에 발음상 자연스레 맞춰진 것이 아닌가 싶다.

6 重聲呼란 왜승 안넨(安然)의 싯단죠(T2702 悉曇藏, 880)나 겐쇼(玄昭?)의 싯단략끼(T2704 悉曇略記, 1094)에 따르면 숨이 든(aspirated) 소리들(kh, gh, ch, jh, ṭh, ḍh, th, dh, ph, bh)을 가리켜 보인다:

ka 迦 紀伽反, 梵音以哥字上聲稍輕呼之　kha 佉 却迦反, 梵音可. 但喉中稍重聲呼之(悉曇藏)

ca 亦然 俱皆去聲. 此字輕微呼之. 下字重聲呼之 左 藏下反 上者 上下反音近作可反 車音者 短聲語之

ccha 斷氣呼之. 字下字重聲呼之　瑳 *tsʰa 倉可反上 車 *tɕʰja 昌下反 音近倉可反 車 祖車反(悉曇略記)

하지만 대장경의 다음 여섯 보기는 꼭 그렇지만도 않은데, 인도나 서역에서 온 스승들과 달리 옛 인도 브라만들의 말(ब्राह्मण-भाषा brāhmaṇabhāṣā, 梵語)을 알지 못한 지나의 제자들이 스승의 말을 받아 쓰면서 생긴 잘못이 글로 남은 것으로 볼 수 있다. 또 하나는 세 갈래 소리(**Tenuis - T. Aspirata – Media**)의 지나말에서 인도말의 울림숨소리(**Media Aspirata**)를 제대로 알고 나타내기란 원칙적으로 불가능하다:

試引伽嚇二合/重聲呼 śīghraṃ, 涅/沒哩二合濯重聲呼/引 dṛḍho(T1056);

矩尒自以反/重聲呼帝 kujite?(F1071); 具娑重聲呼 gusa ?(T0989); 尾娑普二合陵上誐吒入/重聲呼 visphuliṅgāt(F1071)

7 <25쪽 앞>의 뒤풀이 8 및 <25쪽 뒤>의 뒤풀이 11과 달리 성모 瑟鵪(嗤)二合/轉舌呼에 대한 혀말이소리를 가리킨다. 이는 혀말이소리 瑟 *ʂjet처럼 鵪도 *kʰɐm(苦咸切)이 아닌 *ʈɐm(竹咸切)으로 소리내라는 듯하다.

8 콧소리벗기 尾 *mi > *ᵐbi.

9 콧소리벗기 麼 *ma > *ᵐba.

10 콧소리벗기 娜 *na > *ⁿda.

11 윤명구(2023) 113쪽: pañca-rūpa-megha 半者路婆銘伽(T1065).

12 윤명구(2023) 140쪽, 뒤풀이 5: 보기) kaṣāya 迦沙曳, māyādṛḍṭi 沒曳達利瑟致.

'굳센 아이(Vajrakumāra)가 이어 외는 글'(T1244 金剛童子持念經) 권1에는 ... 鉢囉二合曳延結反蹉倉呞反/九 ... 라고 써 있어서 *jɛt 또는 *jat로 볼 수도 있다.

13 보라: <30쪽 앞>의 뒤풀이 3과 6.

콧소리벗기 惹 *ɲja > *ⁿʑja. 그러나 自攞反/引에 따르면, *dz-a:로 소리내야 한다는 뜻이다.

14 땀을 잘못 쓴 듯하다.

풀이

상스	데바	हस्रभूज सहस्रवीर लोकेश्वर साधय सदा सिद्धिं मे भव वरदो भव अग्रो भव मे ॐ नमो स्तु ते भगवन्न्
	로마	(sa)hasra-bhuja sahasra-vīra lokeśvara sādhaya sadā siddhiṃ me bhava varado bhava agro[1] bhava me oṃ namo 'stu te bhagavann/bhagavaṃ[2]
	한글	하스라부자 사하스라비라 로께슈바라 사다야 사다 싣딤 메 바바 바라도 바바 아그로 바바 메 옴 나모 스뚜 떼 바가반
풀이		천 갈래 팔을 갖고, 힘센 천 사람 만큼의 누리를 마음대로 하는 님이여, 늘 내 이루려는 바를 이뤄 주시고, 뒷배가 되시고, 으뜸이 되시며, 내 편이 되소서, 옴, 거룩한 분이시여 그대에게 절해야 하나이다.

오대진언	실담	(실담 문자)
	정음	·하ᅟᅩᆞ·ᄼ·라:보·ᅀᅡᅟᅩᆞ·사·하ᅟᅩᆞ·ᄼ·라·미·라·로:계·시:ᄫᅡ·라ᅟᅩᆞ·사 ·다야ᅟᅩᆞ·사·나·싣:딤·명ᅟᅩᆞ·바·바:바·라·노·바:바ᅟᅩᆞ ·아우·로ᅟᅩᆞ·바:바·미:옴ᅟᅩᆞ·나:무·쏘:뎨ᅟᅩᆞ·바·아·믄ᅟᅩᆞ
	한자	賀娑囉步惹三十 娑賀娑囉尾囉 路髻濕嚩囉娑 駄野 娑娜悉朕銘婆嚩三嚩囉努婆嚩四 阿虞嚕婆嚩弭五唵曩謨窣堵帝婆誐刕六

대장경	賀娑囉二合步引惹准上/三十 娑賀娑囉二合尾引囉三十一 路引髻引[3]濕嚩二合囉娑去[4]引駄野三十二 娑娜引悉朕地婬反[5]銘婆去嚩三十三 嚩囉努引婆去嚩三十四 阿虞嚕引婆嚩引弭三十五 唵引曩謨引窣堵波二合帝[6]婆去誐刕三十六
되짠소리 (IPA)	γa s-la bu-^{n}ʐja[7] sa-γa-s-la ^{m}bi[8]:-la l$_{u}$o-kiei ɕ-ba-la sa:-da-ja sa-^{n}da[9]: sji$_{a}$t-d$_{j}$i$_{a}$m me ba-ba ba-la-^{n}d$_{u}$o[10] ba-ba a-^{n}g$_{j}$u$_{o}$[11]-l$_{u}$o ba-ba mji$_{e}$ ʔəm naŋ-mo s-tu$_{o}$-pa t$_{i}$ei ba-^{n}ga[12]-^{m}b$_{ju}$ən[13]
요즘소리	하사라 보 자 사하사라 미 라 로 계 새바 라사 다야 사나 싣짐 명바 바 바라노 바 바 아우로 바바 미 옴 나모 솔도파 데바 가믹

낱말

sahasra-bhuja: No./Adj. m. Sg. Voc. 천 갈래 팔을 가진(이, 비슈누, 간다르바).

sahasra-vīra: Adj. m. Sg. Voc. 천 사람/영웅에 알맞는, 많은 사람/영웅 만큼[14].

agro(< agra): Adj. m. Sg. Nom. 맨앞의, 첫째의, 으뜸의, 두두러진; n. 앞, 꼭지, 꼭대기.

sadā: Ind. 늘, 언제나, 이어서.

varado(< varada): Adj. m. Sg. Nom. 뒷배, 바라는 것을 이뤄주는, 은혜를 베푸는.

bhava(< √bhū-[15] 1.): Pres. 2. Sg. Imp. 되다, 생기다, 이다, 있다.

'stu(< astu < √as-[16] 2.): Pres. 3. Sg. Imp. 생기다, 이다, 일어나다, 있다.

namo 'stu te[17]:

인도-유럽 갈래의 말에서 <주격+여격+존재사/주격+ 존재사+여격> 꼴은 '주격은 여격의 것이다.'란 뜻이다. 이는 우리말의 <누구(에게)는 무엇이 있다>와 같다. 따라서 'namas/ namaḥ/ namo(주격) + 여격명사 + asti 및 namo 'sti + 여격명사가 완성형으로 여기서 asti가 빠진 짜임이며, '~에게 절[敬禮/敬拜]이 있다.' 또는 '~에게 고개를 숙이다.'라는 뜻을 나타낸다. 여기서 동사가 명령형(astu)이 되면, '~에게 절[敬禮/敬拜]해야 한다.'를 뜻하게 된다.

뒤풀이

---

[1] 오대진언에는 𑖀𑖐𑖲𑖨 aguru이나, 같은 이의 다른 글(K1293/T0982)에는 阿麌嚕二合이 있다.

[2] 보라: <30쪽 앞>의 뒤풀이 1. 다만 이곳처럼 텍스트의 끝마디(daṇḍa의 앞)에 오면, bhagavaṃ도 쓸 수 있다.

[3] 보라: 윤명구(2023) 198쪽. 범어의 o와 e는 긴 소리로 현대언어학의 장단이 아니라, 옛 인도-유럽말의 모라 (mora, 상스. mātrā)개념이다. o와 e는 그 웃대의 *au/eu/ou 및 *ai/ei/oi에서 나와서 음성적 질량을 보존했다.

[4] 娑의 소리는 일반적으로 *sa(平, 素何切)/(上, 蘇可切)로 알려졌지만, 증운(增修互注禮部韻略, 1223), 홍무 (洪武正韻, 1375) 및 동운(東國正韻, 1448)에는 따로 蘇箇切(去聲)이 나오듯 실제 있던 소리일 수도 있다.

[5] 朕地婬反은 혀말이소리인 *dⱼiₐm(直稔切, 上)이 아닌, *dⱼiₐm으로 소리내라는 뜻이다.

[6] 오대진언의 싯담과 한자 원문을 고려하면, 窣堵二合帝를 잘못 쓴 듯하다.

[7] 콧소리벗기 惹 *nja > *ⁿzja. 곁글도 *ⁿzja(上, 人者切)와 *ⁿzjak(入, 而灼切)에서 상성 *ⁿzja를 따르라 했다.

[8] 콧소리벗기 尾 *mi > *ᵐbi.

[9] 콧소리벗기 娜 *na > *ⁿda.

[10] 콧소리벗기 努 *nᵤo > *ⁿdᵤo.

[11] 콧소리벗기 麌 *ŋᵤo > *ⁿgᵤo.

[12] 콧소리벗기 誐 *ŋa > *ⁿga.

[13] 콧소리벗기 刎 *mⱼuən > *ᵐbⱼuən.

[14] Grassmann(1999) 1503쪽: sahasra-vīra, a., *tausend Männer* [vīra] *fassend*. '천 사람을 담는/채우는' RV 188.4: prācīnam barhir ojasā sahasravīram astṛṇan .. '동쪽으로 바르히를 힘껏 많은 영웅만큼 뿌렸는데 ..'

[15] 웃인도-유럽말 ***bʰu̯eh₂-*** '되다, 생기다'에서 나왔고, 같은 인도-유럽 갈래의 잉글. *be*, 도이치. *bin*, 라띤. *fuī*, 헬라. *φύ-o-μαι* 및 아베스따. *bavaiti* 따위가 있다. '우리네 말' 차원에서 한국말의 **피**-(< 중세. **픽**-/**프**-) 및 **-브**-와 이어진다. 또 **-ㅂ**다 또는 **-브**다 '~이게/하게 되다'도 일종의 언어화석(Sprachfossil)이라고 볼 수 있다: 보기) 기쁘다 < 깊+**브**다; 고프다 < 곯-+**ㅸ**다; 나쁘다 < 낟- '낮다[低]'+**브**다; 아프다 < 앓+**ㅸ**다

[16] 웃인도-유럽말 ***h₁es-*** '이/있다'에서 나왔고, 같은 인도-유럽 갈래의 잉글. *is*, 도이치. *is-t*, 라띤. *es-t*, 옛 헬라. *ἐσ-τί* 및 아베스따. *as-ti* 따위가 있다. 우리네 말 차원에서 한국말의 **있**-(< 중세. **잇**-, 龍歌)과 이어질 수 있다.

[17] 윤명구(2023) 63쪽: 𑖪𑖕𑖿𑖨𑖨𑖯𑖐 𑖦𑖮𑖯𑖭𑖻𑖏𑖿𑖧 𑖪𑖕𑖿𑖨𑖪𑖯𑖜 𑖪𑖫𑖽𑖎𑖨 𑖦𑖯𑖨𑖎𑖯𑖦 𑖦𑖮𑖯𑖪𑖕𑖿𑖨𑖓𑖯𑖢 𑖡𑖦𑖺𑖿𑖭𑖿𑖝𑖲𑖝𑖸 嚩日囉二合囉誐摩訶引掃引俱也二合嚩日囉二合/引嚩挐嚩商迦上囉摩引囉迦引摩摩訶嚩日囉引左波曩謨引娑都二合帝 vajra-rāga mahāsaukhya vajra-vāṇa vaśaṃkara māra-kāma mahā-vajra-cāpa namo 'stu te. '굳센 사랑이여, 매우 기쁜 이여, 굳센 화살이여, 다스리는 이여, 도깨비의 사랑이여, 큰 굳센 활이여, 그대에게 절해야 하나이다.'(T0864A)

32쪽

앞

풀이

<table>
<tr><td rowspan="3">상
스</td><td>데바</td><td>आर्यावलोकितेश्वर प्रबुद्ध्य(-स्व) प्रसीद मां बरदो मम भवाहि स्वाहा</td></tr>
<tr><td>로마</td><td>āryāvalokiteśvara prabudhya prasīda māṃ varado mama bhavāhi svāhā</td></tr>
<tr><td>한글</td><td>아랴발로끼떼슈바라 쁘라부댜 쁘라시다 맘 바라도 마마 바바히 스바하</td></tr>
<tr><td colspan="2">풀이</td><td>누리를 살피는 거룩한 님이시여, 깨어 나신 뒤, 부디 저를, 제 바람을 이뤄 주시는 분이 되소서, 잘 되게 해주소서!</td></tr>
<tr><td rowspan="3">오
대
진
언</td><td>실담</td><td>(실담 문자)</td></tr>
<tr><td>정음</td><td>·알야ᅙ:바·로:기:데ᅙ·시:ᄫᅡ라ᇢ·라·모댜ᇢ·라·시나
:맘:바ᇢ·라·노·마·마ᇢ·바:혜ᅀ·와·하¹ᅟ。</td></tr>
<tr><td>한자</td><td>啊引里也嚩路枳濕嚩囉七 髻濕嚩囉娑鉢囉沒地野鉢囉枲娜
袷八 嚩囉努摩摩九 婆嚩呬娑嚩賀四十句</td></tr>
<tr><td colspan="2">대 장 경</td><td>阿去/引哩野二合/引嚩路引枳帝引濕嚩二合囉三十七 鉢囉二合沒地野二合鉢囉二合枲引娜
袷三十八/引嚩囉努引麼麼三十九 婆去嚩引呬娑嚩二合/引賀引四十</td></tr>
<tr><td colspan="2">되짠소리
(IPA)</td><td>ʔa:-l-ja-ba-lᵤo-kiⱼ-tⱼeᵢ-ɕ-ba-la p-la-ᵐbuₐt²-d-ja p-la-si:-ⁿda³ mam ba-la-ⁿdᵤo⁴ ma-ma ba-ba:-xji s-ba-ɣa</td></tr>
<tr><td colspan="2">요즘소리</td><td>알야 바로 기데 새바 라 바라 몯디야 바라 시 나 맘 바라노 마마 바 바 혜 사바하</td></tr>
</table>

낱말

prabudhya(< pra + √budh- '깨(어나)다, 일어나다' 6.): Ger. 2.⁵ 깨다, 차리다.

prasīda(< pra + √sad-⁶ '앉다' 1.): Pres. 2. Sg. Imp. 부디⁷; 좋아지다, 자비를 베풀다, (대격)따르다; .

bhavāhi(= bhava < √bhū- 1.): Pres. 2. Sg. Imp. 되다, 생기다, 이다, 있다.

뒤풀이

---

[1] 앞에 나온 모든 곳에서 스·박·하이나, 이곳에서만 스·와·하로 적혔다. 이것는 1300여 년전 상스끄르따의 신담 व가 현대 힌디의 व [va:]처럼 소리가 나서 적은 것이 아니라, 우리말 속의 소리달라짐에 따른 표기이다: 보기) 가본디/가온디(月釋, 1459) > 가운데(현대); 셔블(龍歌) > 셔울(月印釋譜) > 서울(현대).

[2] 콧소리벗기 沒 *muₐt > *ᵐbuₐt.

[3] 콧소리벗기 娜 *na > *ⁿda.

[4] 콧소리벗기 努 *nᵤo > *ⁿdᵤo.

[5] lyabanta: ktvā-로 끝나는 말(ktvānta)의 다른 꼴(앞붙이-√뿌리-ya).

[6] 웃인도-유럽말 *sed- '앉다'에서 나온 것으로 여기며, 파르시. *nešastan* '앉다', 라띤. *sed-eō* '앉다', 옛 헬라. ἕ-ζομαι '내가 앉다', 잉글. *sit*, 도이치. *sitz-en* '앉다' 따위와 이어진다. 시킴꼴인 잉글. *set*과 도이치. *setz-en*을 생각하면, 우리네 말 차원에서 한국말 **싣**-다도 이어질 수 있어 보인다. 스따로스찐은 웃인도-유럽말 *sed-는 한국말 **땅**(< 중세. **쌿/짜**) 및 왜. した 시따 '아래'와도 이어질 수 있다고 본다. 하지만 한국말 **땅**-(< 중세. **쌿-/짜**)은 차라리 웃인도-유럽말 ***steh₂*-** '(들어)서다' 및 여기서 나온 -**스탄**(< 파르시. ستان stān '곳, 고향', 상스. **स्थान** sthāna '머무는 곳')과 더 이어져 보인다.

[7] Klaus Mylius(2005), 514쪽: **sad** (I): **sídati** 1. ... **pra~** 1. *Stimmung* heiter werden; 2. sich freuen ; 3. gnädig sein, verzeihen; 4. *Wasser* klar werden; 5. erfolgen, stattfinden, gelingen; 6. (*mit Akk*) jmdm verfallen; *Imp* bitte!.

르그베다 전공자가
쓴 범어 진언 풀이

부처님께서 이르신 - 번개꼭대기 요가-가장 숨겨진 깨닫기-
비는 대로 얻고 마술처럼 이루는 다라늬

佛說金剛頂瑜伽最勝祕密成佛隨求即得神變加持
成就陀羅尼

바즈라세카라 요가 빠라마 구햐 아비삼붇다 비꾸르비따디스돠나
싣디 다라늬

**Vajraśekhara Yoga Parama Guhya Abhisambuddha Vikurvitādhiṣṭhāna
Siddhi Dhāraṇī**

佛說金剛頂瑜伽最勝秘密成佛隨求即得神變加持成就陀羅尼

부처님께서 이르신 - 번개꼭대기 요가 - 가장 숨겨진 깨닫기 -
비는 대로 얻고 마술처럼 이루는 다라늬

바즈라셰카라 요가 빠라마 구햐 아비삼붇다 비꾸르비따디스톼나 싣디 다라늬

Vajraśekhara yoga parama guhya abhisambuddha vikurvitādhiṣṭhāna siddhi Dhāraṇī

啊嚟𡀔路枳帝爆𡀔羅鉢羅沒地野鉢羅㮕娜

알 야 싸 로 기 례°셰 라ㅇ브라 모 다ㅁ브라 셰 나

맘ㅇ싸라 노 바 마ㅁ바 셰°셔 하

𡁜𡀔羅努摩摩九婆𡀔四 婆𡀔賀甲句

佛說金剛頂瑜伽最勝祕密成佛隨

求即得神變加持成就陁羅尼菩請

稽首蓮華胎藏教　無邊清淨惣持門

普遍光明照十方　鐵圍應化三千界
如意寶印從心現　無能勝主大明王
常住如來三昧中　超證瑜伽圓覺位
毗盧遮那尊演說　金剛手捧妙明燈
流傳密語與眾生　悉地助修成熟法
五濁愚迷心覺悟　撜求無上大菩提
一常讚念此微詮　得證如來無漏智
諦想觀心月輪際　凝然不動觀本尊
所求願滿稱其心　故號隨求能自在

依敎念誦洛叉遍　能攘宿曜及災神
生生值此陀羅尼　世世獲居安樂地
見世不遭諸抂橫　火焚水溺及災殃
不被軍陣損身形　盜賊相逢自安樂
縱犯波羅十惡罪　五逆根本及七遮
聞誦隨求陀羅尼　應是諸惡皆消滅
陀羅尼力功無量　故我發心常誦持
願迴勝力施含靈　同得無為超悉地
佛說一切如來普遍光明燄鬘清淨

佛說金剛頂瑜伽最勝秘密成佛隨求即得神變加持成就陀羅尼啓請

稽首蓮花胎藏教 無邊淸淨揔持門 普遍光明照十方 燄鬐應化三千界
如意寶印從心觀 無能勝主大明王 常住如來三昧中 超證瑜伽圓覺位
毗盧遮那尊演說 金剛手捧妙明燈 流傳密語與衆生 悉地助修成熟法
五濁遇迷心覺悟 誓求無上大菩提 一常讚念比微銓 得證如來無漏智
諦想觀心月輪際 凝然不動觀本尊 所求願滿稱其心 故號隨求能自在
依敎念滿洛又遍 能攘宿曜及災神 生生値此陀羅尼 世世獲居安樂地
見世不遭諸枉橫 火焚水溺及災殃 不被軍陳損身形 盜賊相逢自安樂
縱犯波羅十惡罪 五逆根本及七遮 聞誦隨求陀羅尼 應是諸惡皆消滅
陀羅尼力功無量 故我發心常誦持* 願廻勝力施含靈 同得無為超悉地
佛說一切如來普遍光明燄鬘淸淨
熾盛思惟如意寶印心無能勝總持
大隨求大明王大陀羅尼曰

"부처님께서 이르신 - 번개꼭대기 요가 - 가장 숨겨진 깨닫기 - 비는 대로 얻고 마술처럼 이루는 다라늬가 아뢰어 바랍니다."

"연꽃이 핀 뱃속의 가르침에 고개 숙입니다."부터 "함께 지어내지 않은 으뜸의 이룸(su-siddhi)을 얻습니다."까지 마음을 닦고 이 다라늬를 외우면 생기게 되는 좋은 일을 알려주고 있다.

"부처님께서 이르신 - 뭇 그렇게 오신 분의 - 두루 빛나는 꽃갓을 쓰고, 깨끗하고 반짝이는 뜻대로 되는 구슬의 손짓-마음의 이길 수 없는 큰 비는 대로 얻는 것을 잘 아는 임금의 큰 다라늬가 이르길"로 비롯한다.

---

* 원문에는 詩로 되어 있으나, 다른 글에는 모두 持로 되어 있다.

풀이

상스	데바	(सम्यक्सं)बुद्ध भाषितं सर्वतथागत समन्त ज्वालामाला विशुद्धे स्फुरित चिन्तामणि भु(द्र)
	로마	(samyaksaṃ)[1]buddha bhāṣitaṃ[2] sarva-tathāgata[3] samanta jvālāmālā viśuddha[4]- sphurita-cintāmaṇi mu(dra)
	한글	(삼약삼)붇다 바싀땀 사르바 따타가따 사만따 즈발라말라 비슏데-스푸리따 찐따마늬 무(드라)

풀이	부처님께서 이르신, "뭇 그렇게 오신 분의 두루 빛나는 꽃갓을 쓰고, 깨끗하고, 반짝이는 뜻대로 되는 구슬의 손

오대진언	싯담	(Siddham script)
	정음	·몯·다·바:쌈◦·살·바다·타:아·다◦·삼:만·다◦ :ㅅ|:뱌 라◦:마라◦·미·슏:뎨◦·쏀[5]:리·다·:진다:마·니◦·모
	한자	沒馱婆史擔薩嚩[리]怛他孼[6]哆[리]三滿跢[리]入嚩 攞 磨邏 尾秫第娑普哩哆 震哆摩抳 母

대장경[7]	沒馱婆史擔薩嚩[리]怛他孼哆[리] 三滿跢[리]入嚩(二合)[8]攞磨邏 尾秫第 娑普(二合)哩哆 震哆摩抳 母
되짠소리 (IPA)	[m]buₐt[9]-da ba-ʂi-tam saɾ-ba: taₜ-tʰa-ŋgat[10]-ta sam-man-ta ⁿz[11]-ba-la-ma-la [m]bi[12]-dʑut-dᵢeᵢ s-pʰu-li-ta tɕin-ta-ma-ɳi mu
요즘소리 13	못다 바땀 살바 다타 아다 삼만다 아바라 마라 미슏제 보리다 진다만이 모

낱말

samyaksaṃbuddha[14](< samyañc- '오롯한, 올바른' sam- + buddha): Adj. m. Sg. 오롯이 깨달은(이).

bhāṣitam(< √bhāṣ- 1. '말하다' + -ta): PPP. m. Sg. Nom./Acc. 말한(것).

jvālāmālā(< jvālā + mālā): Adj. f. Sg. 빛나는 꽃갓/꽃다발[15].

viśuddha(< viśuddha): Adj. m.f.n. Sg. (오롯이)깨끗한; n. 깨끗한 동그라미(viśuddhi-cakra[16]).

viśuddhe(< viśuddhi): No. f. Sg. Voc. 오롯한 깨끗함.

sphurita: Adj. m. Sg. 반짝이는, 빛나는·

뒤풀이

1 F1071 釋教最上乘秘密藏陀羅尼集【卷24】에는 鉢囉二合嚩入乞叉野三合/引弭三十 三猿三沒馱婆去史擔三十一 prabhakṣāyāmi samyak-sambuddha bhāṣitam이 나와서 buddha 앞에 samyak-sam이 더 있었을 수도 있다.

2 Edgerton, Franklin: buddhist Hybrid Sanskrit Grammar and Dictionary Vol. II(1985), 375쪽. 일반적으로 √bhāṣ-의 PPP(ktānta)꼴은 seṭ- 뿌리의 bhāṣita이나, 오대진언 원문 婆史擔(二合)처럼 °bhāṣṭa라는 꼴도 있다. 하지만 CBETA(Chinese Electronic Tripiṭaka Collection)에 보이는 여섯 보기 모두 二合이 없는 꼴이다.

- 怛他引櫱多 三去穆佉婆去/引史擔三十八 tathāgata sam-mukha bhāṣitam(F1071 卷14)
- 布嘌嚩二合惹 𑖭 荅麼二合顙婆去史擔九薩怛嚩二合曩引麼 𑖩 努劒跛野+伊上南滿怛囉二合鉢囉二合婆去史擔十一 pūrvaja tmani bhāṣitam sattvanam anukampayā ina-mantra prabhāṣitam(F1071 卷15)
- 怛他引櫱多 𑖭 sam 三去 𑖦 mo 穆佉婆去/引史擔二十四 tathāgata sam-mukha bhāṣitam(F1071 卷16)
- 鉢囉二合嚩入乞叉野三合/引弭三十三猿三沒馱婆去史擔三十一(F1071 卷16)
  prabhakṣāyāmi samyak-sambuddha bhāṣitam
- 跛輸滿馱滿劒播引跛野咋咻八十八娑癹二合吒半音/八十九覩史擔 𑖗 祢去 𑖝 挽引叁去婆去嚩南上/九十(F1071 卷27)
  paśu bandha-ban(dha)kam pāpaya hūṃ hūṃ sphaṭ tuṣitaṃ devaṃ kṣaṃ bhavānām(F1071 卷14)
  위의 여섯 보기를 볼 때, 오대진언의 婆史擔 bhāṣṭaṃ은 婆史擔 bhāṣitaṃ의 잘못으로 보인다.

3 오대진언에는 सर्वातेधागता sarvātedhāgatā처럼 보이기도 한다.

4 viśuddhi로도 나온다. Hidas, Gergely: Remarks on the Use of the Dhāraṇīs and Mantras of the Mahāpratisarā-Mahāvidyārājñī(2007), 192쪽. The first dhāranṇī is called samanta-jvālā-mālā-viśuddhi-sphurita-cintāmaṇi mudrā-hṛdayāparājitā-dhāranṇī, "The Dhāraṇī Invincible by Reason of the Essence of the Wish-granting Jewel Seal that Glitters with the Purity of a Garland of Enveloping Flame".

5 普는 원래 *phuo(滂古切) 포여야 하나, 한국에서는 아마 譜 *puo(博古切)를 따라 보로 내려왔다.

6 원문에는 薩 아래 女가 있는 꼴로 보인다. 이 글자는 孼, 孽 및 𡥫 얼처럼 '시앗[妾]의 아이'를 가리킨다.

7 진언집(眞言集, 1569)에 '부처님께서 이르신 번개꼭대기 요가 – 가장 숨겨진 깨달기 – 비는 대로 얻고 마술처럼 이루는 다라닉(Mahāpratisarādhāraṇī(-sūtra), T1155 金剛頂瑜伽最勝祕密成佛隨求即得神變加持成就陀羅尼)' 속의 '두루 빛나는 꽃갓을 쓰고, 깨끗하고 반짝이는 뜻대로 되는 구슬의 손짓 – 마음의 이길 수 없는 잘 아는 임금의 큰 비는 대로 얻는 다라닉 글(K1349/T1153 普遍光明清淨熾盛如意寶印心無能勝大明王大隨求陀羅尼經) 卷1/2'에 적혀 있다. 그 제목 普遍光明清淨熾盛如意寶印心無能勝大明王大隨求陀羅尼가 범어 samanta jvālamālā viśuddha-sphurita-cintāmaṇi-mudrā hṛdaya aparājitā mahāpratisārāvidyā dhāraṇī를 옮긴 말이다.

8 (二合)은 원문에는 二合이 없다는 표시이다.

9 콧소리벗기 沒 *muₐt > *ᵐbuₐt.

10 딴꼴의 孼 소리로 갈음했으며, 콧소리벗기 孼 *ŋat > *ⁿgat.

11 콧소리벗기 入 *njəp > *ⁿzjəp.

12 콧소리벗기 尾 *mi > *ᵐbi.

13 최원허(2018)와 동국대학교 불교학술원의 불교기록유산아카이브 및 상방대광명 블로그를 참조함:
 (동국) https://kabc.dongguk.edu/content/view?dataId=ABC_IT_K1349_T_001&rt=R.

14 따로 *samyaksambuddha* 꼴로도 나온다.

15 Hildas, Gergely: A Buddhist Ritual Manual on Agriculture(2019) 139쪽. flame-garland(jvālāmālā).

16 몸 속에 있는 신비로운 동그라미(cakra).

34쪽

앞

풀이

상스	데바	(मु)द्र हृद्य अपरजिता धारणि महाप्रतिसरा महाविद्यराझी महाधारणि नमःसर्वतथागतानां नमो नमः सर्व
	로마	(mu)dra-hṛdaya-aparājitā-dhāraṇi mahāpratisarā[1] mahāvidyārājñī[2]-mahādhāraṇi namaḥ sarva-tathagatānāṃ[3] namo namaḥ sarva[4]
	한글	(무)드라 흐르다야 아빠라지따 다라늬 마하쁘라띠사라 마하비댜라즈니 마하다라늬 나막 사르바따타가따낭 나모 나막 사르바
풀이		-짓-마음(속뜻)[5]의 이길 수 없는 다라늬여, 큰 비는 대로 얻는 것(부적)과 큰 앎(진언)을 지니신 임금(♀)의 큰 다라늬여, 뭇 그렇게 오신 분(여래)들께 절하며, 절하고 절하나니, 뭇

오대진언

오대진언	실담	(실담 문자)
	정음	:ᄂ·라。ᅘ:리:나·야。:아바·라。:ᅀᅵ·다。·다·라·니。:마·하ᄫ·라。 ·디:사·라。:마·하·미:냐。·라:ᅀᅡ。 :마·하· 다·라·니 ·나·막·살·바。디[6]·타:아다·남。·나·모·나·막·살·바
	한자	捺囉[纥哩]娜野阿跛囉吟哆[引]陀囉尼摩賀鉢囉 底娑囉摩賀尾你也囉惹[引]摩賀馱囉尼 唐開元三朝灌頂國師三藏沙門不空奉詔譯 曩莫薩嚩[引]怛他[去]誐跢[引]喃[引]/一曩謨曩莫[二/入]薩嚩

대장경[7]	捺囉(二合)[纥哩](二合)娜野阿跛囉吟哆[引]陀囉尼摩賀鉢囉(二合)底娑囉摩賀尾你也(二合)囉惹[引]摩賀馱囉尼 唐開元三朝灌頂國師三藏沙門不空奉詔譯 曩莫薩嚩怛他[去引]誐跢[去引]南[引]曩莫[8]曩莫薩嚩
되짠소리 (IPA)	ⁿd[9]-la ɣ-li-ⁿda[10]-ja ʔa-pa-la-ⁿʑi[11]-ta: da-la-ɳi ma-ɣa-p-la-tⱼi-sa-la ma-ɣa-ᵐbi[12]-ⁿd[13]-ja-la-ⁿʑa[14] ma-ɣa-da-la-ɳi naŋ-mak saɾ-ba taₜ-tʰa:-ⁿga[15]-ta:-na:m naŋ-mak naŋ-mak saɾ-ba-
요즘소리	나라 하리나야 아바라 이다 다라니 마하바라 디사라 마하 미냐 라아 마하다라니 나막살바 다타아다남 나모나막 살바

낱말

aparājitā(< a '아닌'+ parājita '무찌른, 이긴'): Adj. f. Sg. 이길 수 없는, 무찌를 수 없는.

mahāpratisarā(< mahā + prati- '되-' + √sṛ '가-'): No. f. Sg. 큰 부적(을 가진 이♀, 大隨求卽得)[16].

mahāvidyārājñī(< mahāvidyā- '큰 앎' + rājñī '임금(♀)'): No. f. Sg. 큰 앎의 임금[♀, 大明王][17].

57

뒤풀이

---

[1] 오대진언에는 **𑖦𑖮𑖯𑖢𑖿𑖨𑖝𑖰𑖭𑖨** mahāpratisara로 적혀 있다.

[2] 오대진언에는 **𑖨𑖯𑖕𑖯** rājā로 적혀 있다. 원래 범어로 여임금[女王]이나 임금의 아내[王妃]를 가리키는 rājñī가 옳다. 우리말이나 지나말에는 암수를 따로 가리지 않아서 그냥 임금[王]이라고 나타낼 뿐이다.

[3] 오대진언에는 **𑖭𑖨𑖿𑖪𑖝𑖞𑖯𑖐𑖝𑖯𑖡𑖽** sarvātathagatanaṃ으로 적혀 있다.

[4] 오대진언에는 **𑖭𑖨𑖿𑖪𑖯** sarvā로 적혀 있다.

[5] 히라까와 아끼라(1997, 734쪽)는 淸淨自業智印大明 sva-karma-viśuddhi-jñāna-mudrā-hṛdaya(K1466/T0882)이라 적고 있다. 비교> Monier-Williams(1899), 1302쪽: *Hṛídaya*, n. ... true or divine knowledge, ... science.

[6] 오대진언에는 **디**로 보이나, 싯담 **𑖝**나 한자 怛는 모두 **다**임을 알려준다. 아마도 오른쪽 획이 해어진 목판에서 찍혀서인 듯하다.

[7] '두루 빛나는 꽃갓을 쓰고, 깨끗하고 반짝이는 뜻대로 되는 구슬의 손짓 - 마음의 이길 수 없는 큰 부적을 잘 아는 임금(♀)의 다라닉(samanta jvālamālā viśuddha-sphurita cintāmaṇi mudrā hṛdaya aparājitā mahāpratisārā-vidyā dhāraṇī, K1349/ T1153 普遍光明 淸淨熾盛如意寶印心無能勝大明王大隨求陀羅尼經)'.

[8] 대장경 표기인 namaḥ namaḥ 曩莫曩莫보다 오대진언 표기인 namo namaḥ 曩冒曩莫이 더 옳다.

[9] 콧소리벗기 捺 *na > ⁿda.

[10] 콧소리벗기 娜 *na > *ⁿda.

[11] 콧소리벗기 吟 *ⁿzja이지만, 속음은 아마 *ⁿzji였던 듯하다. 아울러 <28쪽 뒤>의 뒤풀이 4를 보라; 吟兹以反.

[12] 콧소리벗기 尾 *mi > *ᵐbi.

[13] 콧소리벗기 你 *ni > *ⁿdi.

[14] 콧소리벗기 惹 *ɲja > *ⁿzja.

[15] 콧소리벗기 誐 *ŋa > *ⁿga.

[16] pratisara는 '되돌아온 줄의 끝, 동그라미나 둥근 것(꽃갓, 꽃다발 따위), 기댈 것' 그리고 신을 모시는 데에 쓰는 '붉은 끈 팔찌'을 뜻했다. 또 이것은 '부적을 다는 끈'을 뜻하다 '부적'도 가리키게 됐다(Böhtlingk & Grosses, 1855, 984쪽: **प्रतिसर³**). 지나에서는 상스. pratisarati(< prati- + √sṛ-)를 隨求 '비는 대로(하다)' 또는 隨求即得 '비는 대로 바로 얻다'로 옮겼다. 또 상스. mahāpratisārā는 잉글. The Great Amulet '큰 부적을 가진 이(♀)'로도 옮겼다. mahāpratisārā는 길게 mahā-pratisārā-vidyā-rājñī '바라는 대로 돌려주는 큰 앎(진언)의 임금(♀)'라고도 부른다.

Walter Eugene Clark(Two Lamaistic Pantheons Vol. II(1937) 216쪽 →　　　Pratisarā(隨求佛母)

[17] 힌두문화에서 mahāvidyā(rājñī)는 슬기[智慧]와 앎[知識]을 맡는 락슈미(Lakṣmī)의 이름이며, 이들의 맞짝인 비슈누(Viṣṇu)를 가리켜 vidyārāja라고 했다. 이 둘을 브라만 출신 승려들이 대승불교로 끌어들였다. 지나에서는 저마다 大明王(mahāvidyā-rājñī)과 明王(Vidyārāja)이라 옮겼다. 또 vidyā는 진언의 은유적 표현이므로 상스. mahāvidyā(rājñī)는 잉글. The Great Queen of Spells '진언의 큰 임금(♀)'으로도 옮겨진다.

풀이

상스	데바	बुद्ध बोधिसत्त्व बुद्ध धर्मा सङ्घेभ्यः ऊँ बिपुल गर्धे बिपुल बिमले जयगर्धे वज्र ज्वल गर्धे गतिगहने गगन बिशो(धाने)
	로마	buddha-bodhisattva[1] buddha-dharma-saṃghebhyaḥ[2] oṃ vipula-garbhe vipula-vimale jaya-garbhe vajra jvala garbhe gati-gahane[3] gagana viśo[4](dhane)
	한글	붇다 보디샅뜨바 붇다 다르마 상게뱌흐 옴 비뿔라-가르베 비뿔라-비말라 자야-가르베 바즈라 즈발라 가르베 가띠 가하니 가가나 비쇼(다네)
풀이		깨달은 분-오롯한 슬기에 든 분-깨달은 분[5]-가르침[6]-모임[7]에게; 옴 넓은 뱃속[8]에, 크고 맑음에, 이기는 뱃속에, 번갯불 같은 뱃속에 , 가는 깊은 곳에, 하늘처럼 깨-

오대진언

	실담	(실담 문자)
	정음	·몯·다ᴼ·모·디ᴼ·사ᴗ:바·몯·다·달·마ᴼ·싱:켸·박ᴼ:옴·미 :보라ᴼ·알·베ᴼ미:보라ᴼ·미:마:례ᴼ:ㅿ:야·알·베ᴼ:바 :ㅿ·라ᴼ:ㅿ:봐라ᴼ·알·베ᴼ·아·디:아·하니ᴼ:아:아·나ᴼ·미·슈
	한자	沒馱引三冐引地薩怛嚩引四沒馱引達磨引僧契毗藥五唵六尾 補攞蘗陛七尾補攞尾麼隸八惹野蘗陛引九嚩 日囉入嚩攞蘗陛十誐底誐賀顙一誐誐曩尾戍引
대장경		沒馱冐引地薩多嚩二合三 沒馱達摩僧去聲[9]契引毗藥二合四 唵引五 尾補攞蘗陛六 尾補 攞尾麼鼻聲下同[10]黎上聲[11]七 惹子曳切[12]野蘗陛八 嚩日囉二合入嚩二合引攞蘗陛九 誐底丁 以切[13]誐賀寧十 誐誐曩尾戍引
되짠소리 (IPA)		ᵐbuₐt[14]da: ᵐboᵤ[15]-di-sat-t-ba: ᵐbuₐt-da: daɾ-ma səŋ-kʰᵢeᵢ-b-jak ʔəm ᵐbi[16]-puₒ-la ŋgaɾ[17]-bᵢeᵢ ᵐbi-puₒ-la ᵐbi-ma-lᵢeᵢ ŋʐa[18]-ja ŋgaɾ-bᵢeᵢ ba-ŋʐ[19]-la ŋʐ[20]-ba-la ŋgaɾ-bᵢeᵢ ŋga[21]-tⱼi ŋga-ɣa-niₑŋ ŋga-ŋga-naŋ ᵐbi-ɕⱼuo
요즘소리		몯다 모지 사다바 몯다 달마 싱켸뱍 옴 미보라 알베 미보라 미마례 아야 알베 바아라 아바라아 알베 아디 아하니 아아나 미슈

낱말

saṃghebhyaḥ(< saṃgha): No. m. Pl. Dat. 모음, 모임, 무리.

vipula: Adj. 큰, 넓은, 두꺼운, 긴, 많은; No. m. 받들 만한/섬길 만한 사람.

vimala: Adj. 때묻지 않은, 깨끗한, 맑은, 하얀; No. m. 무기로 외는 마법, 음력, 은박.

jaya: Adj. 물리치는, 이기는; Pres. 2. Sg. Imp. 이기다, 물리치다 .

gati: No. f. 가는 것, 감, 가기; 이름; 길, 가는 길.

gahane(< gahana): Adj. m. Sg. Loc. 깊은, 두꺼운, 알기 어려운; No. n. 깊이, 깊은 곳.
gagana: No. n. 하늘; 활석(滑石).

뒤풀이

---

¹ 오대진언에는 ꡦ buddhā bodhisatva로 적혀 있다.

² 오대진언에는 ꡦ siṃkhebhyaḥ로 적었으나, 대장경(T1153)에는 ꡦ saṃghebhyaḥ로 되어 있다. 다만 범어에서도 곳곳의 사람마다 saṅghāṇaka를 siṅghāṇaka처럼 쓰기도 했는데, 오대진언의 ꡦ siṃ-도 그런 반영인지 확실하지 않다. 그리고 契의 중고음 *kʰiei, *kʰjet, *kʰiet은 모두 안울림숨소리(voiceless aspirated, 無聲有氣音/送氣)이며, 조선전기의 계, 글, 결은 모두 안울림소리(voiceless, 無聲(無氣)음)이다. 아마도 범어를 옮길 무렵 인도의 울림숨소리(voiced aspirated)인 gʰe를 나타낼 마땅한 한자가 없어서 그나마 비슷한 안울림숨소리로 된 契를 쓴 듯하다. 실제 조선 한자음 계(癸, 季, 界, 計, 溪, 鷄, 系, 係, 戒, 械, 繼, 契, 桂, 啓, 階, 繫)의 지나 중고음은 *k- 와 *kʰ- 및 *ɣ-만 있고, 울림소리인 *g-는 없다.

³ 오대진언에는 ꡦ gāhāni로 적혀 있다. 한편 JIABS(Journal of the International Association of Buddhist Studies) Volume 35(2012/13, 134쪽)에는 *gahane*로 보고 있다. 실제로 -顟, -寧는 *-ni나 *-ne를 모두 나타낸다. 왜냐하면 되짠 중고한음이 *nien이어서 *-ni나, *-ne 모두 나타낼 수 있기 때문이다.

⁴ 오대진언에는 ꡦ viśu로 적혀 있다. 하지만 戌ᵣᵢ를 볼 때, ᵣᵢ은 결코 *-u-일 수 없고, *-o-여야 한다.

⁵ 티벧. ꡦ 와일. sangs rgyas '오롯이 깨끗한 이'.

⁶ 티벧. ꡦ 와일. chos '가르침, 참[眞理]'.

⁷ 티벧. ꡦ 와일. dge 'dun '좋은 무리, 모임'.

⁸ 중세. 빗솝: 어미 빗소배 '어미의 뱃속에'(月釋, 1459); 摩耶 빗솝 藏애 '마야의 뱃속에'(金三, 1482).

⁹ 僧은 광운에서 홍무정운까지 모두 평성으로만 나온다. 이 다라닉에는 이 밖에도 婆, 阿, 迦, 他, 茶, 詫도 원래 평성자이고, 野도 원래 상성자인데 거성으로 소리 내라고 적고 있다. 오직 三, 苫, 彈, 暜, 親만 평성과 거성이 다 있어 고를 수 있지만, 현대 음성학 및 음운론 차원에서 남다른 의미를 찾기 어렵다.

¹⁰ 麼鼻聲下同이란 麼가 콧소리를 벗은 *ᵐbʷa로 내지 말고, 원래 콧소리인 *mʷa로 내며 다음도 같다는 뜻이다.

¹¹ 黎도 광운에서 홍무정운까지 모두 평성으로만 나오는데, 상성으로 소리 내라고 적고 있다. 이 또한 현대 음성학 및 음운론 차원에서 남다른 의미를 찾기 어렵다. 다만 상성의 특징이 처음 낮다 뒤에 높아지는 소리로서 다른 자에 견줘 길다. 이를 범어 차원에서 보면, *li가 아닌, *lⱼeᵢ로 소리 내라는 말이 아닌가 한다.

¹² jaya를 옮겨적은 惹子曳切野 *tsⱼɛᵢ-ja(T1153)보다 惹子攞反野 *tsⱼa-ja(T1155)가 더 맞아 보인다. 하지만 子는 *ts-이므로 jaya에 맞지 않다. 이에 맞는 반절을 쓰자면, 惹自攞反野여야 한다.

¹³ 底는 *tiei(都禮切, 광운)으로 인데, *tⱼi(丁以-切)로 소리 내라는 뜻이다.

¹⁴ 콧소리벗기 沒 *muət > *ᵐbuət.

¹⁵ 콧소리벗기 冒 *mo > *ᵐbo.

¹⁶ 콧소리벗기 尾 *mi > *ᵐbi.

¹⁷ 콧소리벗기 蘖 *ŋat > *ⁿgaɾ.

¹⁸ 콧소리벗기 惹 *nja > *ⁿzja.

¹⁹ 콧소리벗기 日 *njet > *ⁿzjet.

²⁰ 콧소리벗기 入 *njəp > *ⁿzjəp.

²¹ 콧소리벗기 誐 *ŋa > *ⁿga.

앞

풀이

상스	데바	(बिशो-)धने सर्बपाप बिशोधने ॐ गुणवति गग(न विचा)रिणि गिरि गिरि गमरि गमरि गह गह गर्गारि गर्गारि गगरि गगरि
	로마	(viśo-)dhane[1] sarva[2]-pāpa-viśodhane oṃ guṇavati gaga(na-vicā)riṇi giri giri gamari gamari gaha gaha gargāri gargāri gagari gagari[3]
	한글	(비쇼)다네 사르바빠빠 비쇼다네 옴 구나바띠 가가(나-비짜)리늬 기리 기리 가마리 가마리 가하 가하 가르가리 가르가리 가가리 가가리
	풀이	-끗함에, 뭇 나쁜 것을 씻음에, 옴 좋은 바탕을 갖췄고 하늘을 떠돌며, 기리고 섬겨지는 이여, 깊디 깊은 곳이여, 깊이 스미소서, 가르가리여 x2, 가가리여 x2,

오대진언	실담	(실담 문자)
	정음	·다·니◦·살·바·바바◦미·슈·다·니◦ 옴◦··오·나:바·디◦ :아:아:리·니◦이:리이:리◦아:마:리◦:아·마:리◦·악 ·하·악·하◦·알:아·리◦·알:아·리◦:아:아·리◦·아:아·리◦
	한자	駄顙₂ 薩嚩播₍引₎跛尾秫₍引₎駄顙₃ 唵₍引₎虞拏嚩底₄ 誐誐哩抳₅ 儗哩儗哩₆ 誐麼哩誐麼哩₇ 誐[4] 賀虐[5]賀₈ 蘖誐₍引₎哩蘖誐₍引₎哩₉ 誐誐哩誐誐哩₍二十₎

대장경	陀寧薩嚩播₍引₎跛尾秫₍引₎陀₍去₎寧 唵₍引₎虞拏₍鼻音₎[6]嚩底₍同前₎誐誐哩抳₍尼貞反₎儗₍妍以反₎[7]哩儗哩 誐麼₍鼻音₎哩 誐麼₍如前₎哩 虐賀虐賀 蘖誐₍引₎哩蘖誐₍引₎哩 誐誐哩₍引₎誐誐哩
되짠소리 (IPA)	da-ni$_{e\eta}$ sar-ba pa:-pa ^{m}bi[8]-dzut-da-ni ʔəm $^{\eta}$g$_j$u$_o$[9]-ɳa-ba-t$_j$i $^{\eta}$ga[10]-$^{\eta}$ga-li-ɳi $^{\eta}$gi[11]-li-$^{\eta}$gi-li $^{\eta}$ga-ma-li $^{\eta}$ga-ma-li $^{\eta}$g$_j$ak[12]-ɣa-$^{\eta}$g$_j$ak-ɣa $^{\eta}$gar[13]-$^{\eta}$ga-li $^{\eta}$gar-$^{\eta}$ga-li $^{\eta}$ga-$^{\eta}$ga-li $^{\eta}$ga $^{\eta}$ga-li
요즘소리	다니 살바 바바 미슈다니 옴 오나 바디 아아리니 이리이리 아마리 아마리 아학악하 알아리 알아리 아아리 아아리

낱말

viśodhane(< viśodhana): Adj./No. m. Sg. Loc. 씻(어내)는; 씻기, 깨끗이하기[淨化], 없애기.

guṇavati(< guṇa '좋은 바탕' + vat): Adj. m. f. Sg. Loc. 좋은 바탕을 지닌.

pāpa: Adj. 나쁜, 낮은[14], 못된; No. m. 나쁜 놈; n. 나쁜 것, 불운.

vicāriṇi(< vicārin < vi- + √car- 1. '움직이다'): Adj. m. Sg. Loc. 떠도는, 바꾸는; 활동하는.

giri(< gira/-ī < 1. √gr̄- 9.): Adj. m.f. Sg. Voc. 기려지는 이(♀).

gamắri(< gamắ[15]rī ≈ gambhắrī ≈ ga(m)bhīra): Adj. 깊은; No. f. Sg. Voc. 깊은 곳, 깊이, 나무이름?[16].

gắha(< √gāh- 1.): No. m. Sg. Voc. 깊은 곳, 속, 깊이; Pres. 2. Sg. Imp. 뛰어들다, 미역감다, 빠지다.

gargắri(< gargắrī) No. f. Sg. Voc. 물단지, (의인화된)요정이름(ḍākinī ♀ ↔ ḍāka Gargara ♂)[17].

gắgari(< gắgarī) No. f. Sg. Voc. 항아리[18].

뒤풀이

<hr>

[1] 오대진언과 탕굳사본(Manuscripta Orientalia, 2019, 47쪽)에는 ᘔᘳ -dhani로 적혀 있다. 한편 대장경 (K1349/T1153)과 JIABS Volume 35(2012/13, 134쪽)에는 **viśodhane**로 본다. 또 쓰일 수 있는 顙, 寧 및 儜 모두 *-ni나 *-ne를 나타낸다. 되짠 중고한음이 *niɛŋ이어서 *-ni나, *-ne 모두 나타낼 수 있다:
보기) jvalini 支嚩去二合里寧上(T0894a 卷1), 入嚩里寧(T0924C 卷1); muni-vara 謨顙嚩囉(T1192), **nī**lakaṇṭha 顙上攞建姹十三(ZW0098); vinitode 尾儜覩提, vajrā**gni** 嚩日囉祇儜, jagamohane 惹誐謨賀儜(T1064).

[2] 오대진언에는 सर्वा sarvā이나, 대장경 및 JIABS Volume 35(2012/13, 135쪽)에는 सर्व sarva로 적혀 있다.

[3] 오대진언 및 대장경에는 誐誐哩抳 गगरिणि gagariṇi만 나오지만, 일반적인 범어에서 찾을 수 없는 꼴이다. 아마도 문학적인 말장난(literary pun)으로 gagana-vicāriṇi나 gagana-vidāriṇi에서 -na-vicā-나 -na-vidā-를 뺀 말인 듯하다. 이를 되받치는 자료가 다음처럼 보인다. JIABS Vol. 35(2012), 135쪽:
oṃ guṇavati gaganavicāriṇi gagariṇi 2 giri 2 gambhari 2 gamari 2 gaha 2 gargāri 2 gargari 2 (네빨)
oṃ guṇavati gaganavicāriṇi gaganavidāriṇi(...) 2 giri 2 gamari 2 gaha 2 gargāri 2 gamari 2 gagari 2 (동인도)
그리고 Chandra(1977, 467쪽)에는 아래처럼 나와 있기도 하다:
oṃ guṇavati gaganavicāriṇi giri giri gamari gamari gaha gaha garbhari garbhari gabhari gabhari (인도네시아)

[4] 오대진언에는 誐이나 싣담이나 훈민정음표기 ·악을 보면, 虐을 잘못 적은 것으로 보인다.

[5] 악(東韻, 1448), 악(五大, 1485)과 지나의 **joek**(廣東)이나 **ŋiok**(客家) 및 그밖에 **ぎゃく**(倭), **ngược**(越南)에 서도 모두 魚約切(唐韻/廣韻)에서 나왔음을 보여준다. 하지만 虐 **학**(<모딜 학 新增類合, 1576)과 瘧 **학**(< 고곰 ·학 訓蒙字會, 1527)은 성운학적 근거가 없다. 아마도 虐나 謔에 이끌린 듯하다.

[6] 拏鼻音도 <34쪽 뒤>의 麼鼻聲처럼 拏가 *ⁿda가 아닌 *na로 소리를 내라는 뜻이다. 실제 이어 麼鼻音도 나온다.

[7] 儗妍以反은 네 가지 소리 *ŋi(上), *ŋi(去), *ŋəi, *xəi 가운데 *ŋi/ⁿgi(魚紀切, 上聲)로만 소리내라는 뜻이다.

[8] 콧소리벗기 尾 *mi > *ᵐbi.

[9] 콧소리벗기 麌 *ŋᵤo > *ⁿgᵤo.

[10] 콧소리벗기 誐 *ŋa > *ⁿga.

[11] 콧소리벗기 儗 *ŋi > *ⁿgi. 비교: <27쪽 뒤>의 뒤풀이 5: 擬去 *ŋəi.

[12] 콧소리벗기 虐 *ŋa > *ⁿga.

[13] 콧소리벗기 蘗 *ŋat > *ⁿgaɾ.

[14] 나쁘다는 낟ᄇᆞ-(釋譜) < 낮-ᄇᆞ-로 '질이 낮아졌다'였는데, 범어 pāpa에도 그런 뜻이 있다. 옛날 조선 때는 '나쁘다'를 궂다라 했고, 善惡을 **됴쿠줌**(< 둏+궂+움, 釋譜, 9:36)이나 **됴쿠지**(< 둏궂+ㅣ, 續三綱)라 했다.

[15] ắ는 a도 ā도 될 수 있음을 나타낸다.

[16] Wisdom Library: name of a plant, Gmelina arborea.

[17] Wisdom Library: name of a Ḍākinī ... together with the Vīra (hero) named Gargara (in Tibetan Buddhism).

[18] Kavirāja, Kṛṣṇadāsa(Caitanya-caritāmṛta, Antya-līlā 12.103, 1557):
sugandhi kariyā taila **gāgarī** bhariyā '*They filled **a large earthen pot** with the aromatic oil.*'

풀이

상 스	데바	गम्भरि गम्भरि गति गति गमनि गरे गुरु गुरु गुरुणि चले अचले मुचले जये विजये सर्वाभय विगते गर्भ सं
	로마	gambhari gambhari gati gati gamani gare guru-guru-guruṇi cale acale mucale jaye vijaye sarva-bhaya-vigate garbha-saṃ-[1]
	한글	감바리 감바리 가띠 가띠 가마니 가레 구루 구루 구루늬 짤레 아짤레 무짤레 자예 비자예 사르바바야 비가떼 가르바 삼-
풀이	풀이	깊디 깊으며, 가고 가서 들어가 넘김에 높고 크며 섬길 만한 분(♀)이여, 흔들리다 가만한 무짤라에서, 물리치고 이겨 모든 두려움이 사라짐에, 뱃속을 함께-
오 대 진 언	실담	(실담 문자)
	정음	:암·바·리。:암·바·리。:아·디。:아·디。:아:마·니。:아:례。 ·오·로·오·로。·오·로·니。자·례。·아자:례。·모자:례。 :ᅀᅡ:예。·미:ᅀᅡ:예。·살·바·바:야。·미:아:데。·알·바·삼
	한자	儼婆哩儼婆去哩一 誐底誐底二 誐麼顙誐嚇三 虞嚕虞嚕四虞嚕抳左嚇五阿左嚇母左嚇六 惹曳尾惹曳七薩嚩引婆野尾誐帝八蘗婆三
대 장 경		儼婆上聲哩儼婆去聲哩二十一 誐底誐底二十二 誐麼顙誐嚇二十三 虞上聲/下同嚕虞嚕二十四 虞嚕抳尼整切[2]/二十五 佐黎二十六 阿上聲佐黎二十七 母佐黎二十八 惹曳二十九 尾惹曳三十 薩嚩婆野尾誐帝三十一 蘗婆三去聲
되짠소리 (IPA)		$^{ŋ}g_jam^3$-ba-li ^{ŋ}gam-ba-li $^{ŋ}ga^4$-t_ji ^{ŋ}ga-t_ji ^{ŋ}ga-ma- ni$_{eŋ}$ ^{ŋ}ga-l$_i$e$_i$ $^{ŋ}g_ju^5$-lu$_o$ $^{ŋ}g_j$u-lu$_o$ $^{ŋ}g_j$u-lu$_o$-ṇi tsa-l$_i$e$_i$ ^{ʔ}a-tsa-l$_i$e$_i$ mu-tsa-l$_i$e$_i$ $^{ŋ}z_ja^6$-jɛi ^{m}bi^7-$^{ŋ}z_j$a-jɛi saɾ-ba-ba-ja ^{m}bi-^{ŋ}ga-t$_i$e$_i$ ^{ŋ}gaɾ^8-ba-sam
요즘소리		암바리 암바리 아디아디 아마니 아례 오로오로 오로니 자례 아자례 모자례 아예 미아예 살바바야 미아데 알바 삼

낱말

gambhari(≈ gambhara ≈ ga(m)bhīra): Adj./No. n. Sg. Voc. 깊은, 깊이; m. 연꽃.

gati: No. f. Sg. 걸음걸이, 움직임, 나아감; 길; 행복한 것, 행복.

gamani(< gamana/-ī): Adj./No. f. Sg. Voc. 들어가는(것, 성교); ***gamāni***(< gama): Adj. n. Pl. Voc. 가는.

gare(< gara): Adj. m. Sg. Loc. 넘기는, 삼키는; No. m. 마실 것, 독극물, 삼킴.

guru(< guru): Adj./No. m. Sg. Voc. 긴, 높은, 큰(~이, 스승); °***uṇī*** No. Du. Voc.; °***ūṇi*** No. Pl. Voc.
guruṇi(< 쁘라끄르따. guruṇī = 상스. gurvī ≈ gurviṇī '애를 밴 여인'): No. f. Sg. Voc. 섬길 만한 분(♀)[9].
mucale(< 빠알. mucala ≈ 상스. muca-/muci-linda≈nicula): No. m. Sg. Loc. 무짤라나무, 뱀임금[龍王][10].
jaye(< jaya): Adj. m. Sg. Loc. 물리치는, 이기는; No. 물리침, 이김; ≈ vi°
sarva-bhaya(< sarva + bhaya): No. n. Sg. 온갖 두려움.
vigate(< vi + gata°): No. n. Sg. Loc. 새의 낢; Adj. 가버리는, 간; 죽은, 끝난.

뒤풀이

---

1 오대진언에는 gaṃbhāri gaṃbhāri gatigati gamani gale gurū gurū gurūṇi cale acale mucale jaye vijaye sarvābhaya vigate garbha saṃ 이나, 다른 글에는 gambhari 2 gati 2 gamane gare guru 2 gurune cale acale mucale jaye vijaye sarva-bhaya vigate garbha saṃ (K1349/T1153)과 gambhari 2 gati 2 gamani gare guru 2 gurune cale acale mucale jaye vijaye sarva-bhayavigate garbha saṃ (JIABS Volume 35, 134쪽) 및 gambhari-gambhari gatiga ga[ti] nigamare gubha-gubha. ibhani-ibhani cule vimale mucĕle jaya-vijaya sarva-bhaya-vigate gambha-sam-(Chandra, 1977, 467쪽)으로 적혀 있다. 여기서 gaṃbhāri(오대진언)이나, gambhari(K1349/T1153; JIABS Volume 35, 134쪽)는 범어사전에는 나오지 않으나, 하리(Hari, 비슈누)와 하라(Hara, 시바)의 관계로 본다면, gambhar-**a**와 같은 말로 볼 수도 있다.

2 원문(T1153)대로 抳尼整切이라면, 抳는 *ŋjɛŋ인데 앞서 抳尼貞反처럼 ṇi(실담.)에 맞지 않다. 억지로 尼整切에 비슷한 꼴을 찾으려 해도 없고 그나마 복수-소유격인 gurūṇām이 보이나 뜻에서 맞지 않다.

3 콧소리벗기 儼 *ŋ$_{j}$am > *^{ŋ}g$_{j}$am.

4 콧소리벗기 誐 *ŋa > *^{ŋ}ga.

5 콧소리벗기 麌 *ŋ$_{u}$o > *^{ŋ}g$_{u}$o.

6 콧소리벗기 惹 *ŋja > *^{ŋ}ʑja.

7 콧소리벗기 尾 *mi > *^{m}bi.

8 콧소리벗기 櫱 *ŋat > *^{ŋ}gaɾ.

9 Wisdom Library: Guruṇī (गुरुणी) in the Prakrit language is related to the Sanskrit word: Gurvī.

10 Rhys Davids, Thomas William: The Pali Text Society's Pali-English Dictionary(2022), 535쪽:

1. the tree Barringtonia acutangula '민물맹그로브'(Nicula*, of which it may be a dialectical distortion: *Abhp 563 nicula>*mucula> *mucala) Vin i.3; J v.405(°ketakā, Dvandva); vi.269(id.). — 2. N. of a nāga(serpent) king Vin i.3. — 3. N. of a great lake J vi.534, 535.

Monier-Williams(1899), 821쪽:

मुचिलिन्द mucilinda, m. Pterospermum Suberifolium '코르크잎 깃나무', L.; N. of a Nāga(who sheltered the Buddha from a violent storm by coiling himself round him), Lalit. ; MWB. 39 &c.; of the sacred tree protected by this Nāga(under which B° seated himself), MWB. 232; of a Cakra-vartin, L.

풀이

상스	데바	भरणि सिरि सिरि मिरि मिरि गिरि गिरि समन्ताकर्षणि सर्व शत्रु प्रमथनि रक्ष रक्ष माम सर्वसत्त्वानाञ्श्च विरिविरि
	로마	(sam-)bharaṇi siri siri miri miri giri giri samanta-ākarṣaṇi sarva-śatru pramathani rakṣa rakṣa māma sarva-sattvānāñ śca viri viri[1]
	한글	바라늬 시리시리 미리미리 기리기리 사만따-아까르삭늬 사르바-샤뜨루 쁘라마타니 락삭 락삭 마마 사르바-샬뜨바난 짜 비리비리
풀이		담은 것이여, 시리시리 미리미리 기리기리 두루 미치는 갈고리여, 모든 적을 없애는 이여, 내 벗이여, 그리고 뭇 살아있는 것들을 지키고 지켜주소서,

오대진언	실담	(싯담 문자)
	정음	:바·라·늬ㅇ:시·:리:시:리ㅇ:미:리:미:리ㅇ·기:리·기:리ㅇ ·삼:만·다ㅇ·갈사니ㅇ·살·바ㅇ·샤ᅀ·로ㅇᄫ·라ㅇ·말:타·니ㅇ·락 사·락사ㅇ:마:마·살·바ㅇ·사ᅀ·바ㅇ·난자ㅇ·미:리·미:리ㅇ
	한자	婆上囉抳九悉哩悉哩三十弭哩弭哩一岐去哩岐哩二 三滿跢去羯囉灑抳三薩嚩設咄嚕鉢囉沫他上引顙四囉 乞灑囉乞灑麼麼五薩嚩引薩怛嚩引難去左六尾哩尾哩

대장경	婆囉抳尼整切[2]/三十二悉哩悉哩三十三弭哩弭哩三十四岐哩岐哩三十五三滿跢引迦囉灑二合抳三十六 薩嚩設咄嚕二合鉢羅二合末他上聲顙三十七 囉吃灑二合囉吃灑二合麼上聲麼某甲[3]薩嚩薩多嚩二合/引難上聲/引佐三十八 尾哩尾哩三十九
되짠소리 (IPA)	ba-la-ṇi sjiₐɾ-li-sjiₐɾ-li mⱼiₑ-li-mⱼiₑ-li gⱼiₐ-li-gⱼiₐ-li sam-man-ta: ka-l-ṣa-ṇi saɾ-ba-ɕjɛt-t-luₒ p-la-mat-tʰa:-niₑŋ la-k-ṣa la-k-ṣa ma-ma saɾ-ba-sa-t-ba: na:n-tsa ᵐbi[4]-li-ᵐbi-li
요즘소리	삼바라니 시리시리 미리미리 기리기리 삼만다 갈사니 살바 샤다로바라 말타니 락사락사 마마살바 사다바아 난자 미리미리

낱말

sambharaṇi *(<*sam + √bhṛ- 1. + ana/-ī*)*: No. f. Sg. Voc. 그릇(Soma-)[5].; ***-rāṇi***: Pres. 1. Sg. Imp. 모으다.

ākarṣaṇi(< ā + karṣaṇa/-ī < √kṛṣ- 1.'끌다'): No. f. Sg. Voc. 갈고리(로 ~를 끄는 것)[鉤召].

pramathani(< pra + √math- 1./9. + -ana/-ī): No. f. Sg. Voc. 깨부수는, 무너뜨리는, 죽이는, 휘젓는.

rakṣa(< √***rakṣ***- 1.): Pres. 2. Sg. Imp. 지켜보다, 지키다.

sarva-sattvānām(< sarva-sattva): No. m. Pl. Gen. 뭇 살아있는 것들[衆生].

뒤풀이

---

[1] 오대진언에는 [देवनागरी] bha-raṇi sirisiri mirimiri kīrīkīrī saṃmantākarṣaṇi sarvā-śatrū pramarthāni rakṣa rakṣa mama sarvāsattvānāṃ ca viriviri이나 다른 글에는 [देवनागरी] bharaṇi siri 2 miri 2 giri 2 samantākarṣaṇi sarvaśatrū pramathani rakṣa rakṣa mama sarvasatvānāṃ ca viri 2(T1153)와 bharaṇi siri 2 miri 2 g(h)iri 2 samantākarṣaṇi sarvaśatrumathani viri 2(JIABS, 2012, 134-135쪽)로 적혀 있다. 아울러 옛인도말에는 *l*과 *r*이 오가므로 {***siri siri miri miri g(h)iri g(h)iri***}는 {***sili sili milī mili g(h)ili g(h)ili***}로도 나타낼 수 있었다. 만뜨라나 다라늬에서 쓰이는 말의 특성상 원래의 뜻보다는 말장난(Sprachspiel) 같은 소리가 주술적 구실을 했기 때문이기도 하다.

그런데 대장경이나 다른 필사본과의 비교에서 g(h)iri g(h)iri를 [देवनागरी] kīrīkīrī ·기:리·기:리 岐去哩岐哩로 pramathani를 [देवनागरी] pramarthāni ㅂ·라ᅀ·말:타·니 鉢囉沬他上引顙로 오대진언에 나타난 차이는 범어원문과 상관 없이 신라에서 조선의 학조까지 이어져왔던 한국 한자음의 달라져온 결과가 반영된 것이다.

[2] <35쪽 뒤>의 뒤풀이 3처럼 ṇi(싣담. [싣담])에 맞지 않다. 억지로라도 尼整切에 맞는 꼴을 찾으면, sambharaṇī의 단수-대격인 sambharaṇīm이나 단수-처소격 sambharaṇyām이 있으나 뜻에서 맞지 않다.

[3] 某甲은 '아무개'이므로 麽上聲麽某甲는 māma를 나타낸 듯하다.

Monier-Williams(1899) 810쪽: *māma* m. (fr. *mama*- literally, 'belonging to mine') dear friend, uncle (only in vocative case sg. ...). 이에 따라 māma는 단수 호격으로 '벗이여, 아저씨여'를 뜻한다.

[4] 콧소리벗기 尾 *mi > *ᵐbi.

[5] Monier-Williams(1899), 1179쪽:(*ī*) f. a partic. Soma-vessel, Kāty(āyana)Śr(auta sūtra). 지나에서는 그릇보다 그 그릇에 채워지는 것이란 뜻의 자량(資糧)이나 그 채워짐인 만족(滿足)으로 옮겼다. 이는 곧 깨달아 다 털어냄(nirvāṇa)에 이르는데 필요한 어진 뿌리(kuśala-mūla, 善根)의 마음(guṇa)을 가리키기도 한다.

풀이

<table>
<tr><td rowspan="3">상
스</td><td>데바</td><td>विगतावरण भाय नाशनि सुरि सुरि चिरि चिरि कमले विमले जये जयावहे
जयवति भगवति रत्नमकुड मा</td></tr>
<tr><td>로마</td><td>vigata-āvaraṇa bhaya nāśani suri suri ciri ciri kamale vimale jaye jayāvahe
jayavati bhagavati ratna-makuṭa mā-</td></tr>
<tr><td>한글</td><td>비가따 아바라나 바야 나샤니 수리수리 찌리찌리 까말레 비말레 자예 자야바헤
자야바띠 바가바띠 라뜨나마꾸따 마-</td></tr>
<tr><td>풀이</td><td></td><td>걸림돌이 없고, 두려움을 없애는 이(♀)시여, 수리 수리 찌리 찌리, 연꽃에서 흠없
고 이기도록 이끌어 이기는 거룩한 이(♀)시여, 멋진 갓-꽃-</td></tr>
<tr><td rowspan="3">오
대
진
언</td><td>싣담</td><td></td></tr>
<tr><td>정음</td><td>·미:아·다:바·라·나。·바:야。·나·사·니。소:리·소:리。
·지:리·지:리。·감·마·레。·미:마·레:ᅀᅡ:예。:ᅀᅡ:야:바
:혜:ᅀᅡ:야·바·디。·바·아·비·디。·라ᇙ·나:마·구타。·마</td></tr>
<tr><td>한자</td><td>尾誐跢去引嚩囉拏七婆去野曩引捨額八素哩素哩九
唧哩唧哩劍麼隷尾麼隷四十惹曳惹野引嚩
系二惹野嚩底二婆去誐嚩底三囉怛曩麼矩吒四麼</td></tr>
<tr><td>대 장 경</td><td></td><td>尾誐跢引嚩囉拏四十婆去聲野曩引捨額四十一蘇上聲哩蘇哩四十二唧哩劍麼上聲黎四十三
尾麼黎四十四惹曳四十五尾惹曳四十六惹夜引嚩奚四十七惹野嚩底四十八婆上聲誐嚩底
囉怛曩二合麼上聲矩吒麼引</td></tr>
<tr><td>되짠소리
(IPA)</td><td></td><td>$^{m}bi^{1}$-$^{n}ga^{2}$-ta: ba-la-ṇa ba-ja-na:ŋ -ɕja-ni$_{eŋ}$ su$_{o}$-li-su$_{o}$-li tɕji$_{t}$-li kj^{w}am-ma-l$_{i}$e$_{i}$ ^{m}bi-ma-l$_{i}$e$_{i}$
^{n}ʑja^{3}-jɛi ^{m}bi-^{n}ʑja-jɛi ^{n}ʑja-ja-ba-ɣ$_{i}$e$_{i}$ ^{n}ʑja-ja-ba-t$_{j}$i ba-^{ŋ}ga-ba-t$_{j}$i la-t-na$_{ŋ}$ ma:-kju-ṭa ma</td></tr>
<tr><td>요즘소리</td><td></td><td>미아다 바라나 바야 나샤니 소리소리 지리지리 감마례 미마례 아예 아야 바혜
아야 바디 바아바디 라다나 마구타 마</td></tr>
</table>

낱말

vigata(< vi + √gam- 1. '가다'): Adj. m. Sg. Voc. 가버린, 사라진, 죽은; 흩어진, 희미한.

āvaraṇa(< ā + √vṛ- 10. '감추다, 덮다, 막다, 싸다'): No. n. Sg. Voc. 걸림돌[障], 담, 덮개; 옷.

bhaya-nāśani(< nāśana/-ī < √naś- 4. '사라지다'): Adj. f. Sg. Voc. 두려움을 없애는 이(♀↔ 비슈누[4]).

jayavahe(< jaya + vaha < √vah- 1. '옮기다'): Adj. m. Sg. Loc. 이기도록 이끄는.

*jayavati(< jaya + vat-ī): Adj./No. f. Sg. Voc. 이긴/이기는(이 ♀); 하늘아씨(surāṅganā[5])의 이름.

*bhagavati(< bhagavatī): No. f. Sg. Voc. 거룩한 이(♀); 락슈미[6](Lakṣmī) 및 두르가(Durgā)의 이름.

*ratna-makuṭa(≈ ratna-mukuṭa): No. m. Sg. Voc. 멋진 갓[寶冠].

뒤풀이

---

[1] 콧소리벗기 尾 *mi > *ᵐbi.

[2] 콧소리벗기 誐 *ŋa > *ⁿga.

[3] 콧소리벗기 惹 *ɲja > *ⁿʑja.

[4] Monier-Williams(1899), 747쪽: - nāśana, mfn. removing fear; m. N. of Vishṇu.

[5] Monier-Williams(1899), 413쪽: f. (°ya-v°) N. of a Surâṅganā > 1235쪽: f. a celestial woman, Apsaras.

[6] 락슈미는 비슈누의 아내이다. 락슈미를 가리키는 딴 이름인 jayavatī와 동격인 bhaya-nāśanī '두려움을 없애는 이'의 남성형이 비슈누를 가리키는 딴 이름인 bhaya-nāśana이다. 이런 말들은 원래 힌두문화로 뒷날 브라만 출신 사제들이 대승불교로 들어오면서 가지고 온 요소의 하나이다.

풀이

상스	데바	लाधरि बहुविविध विचित्र वेषरूप धारिणि धागवति महाविद्यादेवि रक्ष रक्ष माम सर्वसत्वानाञ्श्च समन्तात्सर्व
	로마	-lā-dhāriṇi bahu-vividha-vicitra veṣa-rūpa-dhāriṇi bhagavati mahāvidyādevi rakṣa rakṣa māma sarva-sattvānāñ śca samantāt sarva
	한글	라-다리늬 바후비비다 비찌뜨라 베삭-루빠-다리늬 바가바띠 마하비댜데비 락삭 락삭 마마 사르바샅뜨바난 짜 사만딷 사르바
풀이		-갓을 쓰고, 여러 멋진 모습을 갖췄고, 거룩한 분이자 큰 앎의 여신이시여, 내 벗이여, 그리고 뭇 살아있는 것들을 지키고 지켜주소서, 어디서나 온갖
오대진언	싣담	(실담 문자)
	정음	·라·다:리◦마:호◦미·미·다◦미·지ᄃ라:배사·로◦바 ·다:리·니◦바:아:바·디:마·하◦미·냐:녜·미◦락사 ·락사◦마:마·살·바◦사ᄃ·밝◦난자·삼:만·다◦살·바
	한자	邏引馱哩五麼護尾尾馱六尾喞怛囉吠灑嚕引跛 馱哩抳七婆去誐嚩底八麼賀尾你也引襧引尾九囉乞灑 囉乞灑麼麼某甲五十薩嚩引薩怛嚩引難去左一三去滿哆薩嚩
대장경		邏引馱哩四十九 麼護尾尾馱尾喞怛囉二合/五十 吠引灑嚕引跛馱引哩抳五十一 婆上聲2誐嚩 底摩賀引尾儞也二合/引垩上聲尾五十二 囉吃灑二合囉吃灑二合麼麼某甲/五十三 薩嚩薩多嚩 二合/引難上聲佐五十四 三滿跢薩嚩怛囉二合/五十五 薩嚩
되짠소리 (IPA)		la:-da-li ^{m}ba^{3}-ɣu$_{o}$-^{m}bi^{4}-^{m}bi-da ʦjet^{5}-t-la b$_{ju}$ɐi-ṣa$_{i}$-lu$_{o}$:-p^{u}a da:-li-ɳi b^{u}a:-ŋga^{6}-b^{u}a-t$_{j}$i ma-ɣa:-^{m}bi-^{n}d^{7}-ja: ^{n}d$_{i}$e$_{i}$^{8}-^{m}bi la-k-ṣa la-k-ṣa ma-ma saɾ-ba-sat-t-ba nan:-ʦa sam-man-ta-saɾ-ba-t-la saɾ-ba
요즘소리		라 다리마호미미다미 짇다라 볘 사로 바다 리니바 아바디마하 미냐- 니 미락-사 락-사 마마 살바사다바 나 자사만다살바

낱말

māla-dhāriṇi(<māla '꽃갓' + dhāriṇī): No. f. Sg. Voc. 꽃갓을 쓴 이(♀), 암락쇠(rākṣasī)의 하나[9].

bahuvividhavicitra(< bahu-vividha- '여러' + vicitra/-ā '멋진'): Adj. f. Sg. Voc. 여러(가지) 멋진.

veṣarūpadhāriṇi(< veṣa '옷' + rūpa + dhāriṇī): No. f. Sg. Voc. 모습을 갖춘 것[化身].

mahāvidyādevi(< mahāvidyādevī = mahāvidyārājñī): No. f. Sg. Voc. 큰 앎의 여신.

samantāt(< samanta): Ind. 모든 곳에서, 어디서나, 온통, 오롯이[10].

뒤풀이

---

[1] <36쪽 앞>의 सत्त्वानां sattvānāṃ ca와 견주면, 그 소리이음(saṃdhi)이 좀 다름을 알 수 있다. 범어 문법적으로는 सत्त्वानाञ् śca sattvānāñ śca가 맞겠지만, 둘 다 가능한 소리의 이음새이다.

[2] 당(唐)의 소리가락[聲調]이 정확히 어떠했는지 알 수 없다. 다만 훈민정음 해례본(1446)과 언해본(1459)에 오르는 소리[上聲]는 和而舉 '부드러우나 들린다' 및 **처서미 놋갑고 乃終이 노푼 소리** '처음이 낮고 뒤가 높은 소리'라 했다. 이 말은 나머지 셋과 달리 처음과 끝이 다르고 길어지는 가락을 뜻한다고 볼 수 있다.

[3] 콧소리벗기 麼 *ma > *ᵐba.

[4] 콧소리벗기 尾 *mi > *ᵐbi.

[5] 광운(廣韻)에 따르면 喞은 한국한자음에도 즉과 즐이 있듯이 *tsjək(子力切)과 *tsjet(資悉切)로 나뉜다. 여기서는 뒤에 오는 怛 *t-를 생각할 때, *tsjet일 수 밖에 없다.

[6] 콧소리벗기 誐 *ŋa > *ᵑga.

[7] 콧소리벗기 儞 *ni > *ⁿdi.

[8] 콧소리벗기 涅 *nᵢeᵢ > *ⁿdᵢeᵢ.

[9] Monier-Williams(1899), 813쪽: (ī), f. N. of a Rākṣasī, Buddh.

[10] Böhtlingk & Grosses(1855), 684쪽: **समन्तात्** von —, auf —, *nach allen Seiten, allerwärts, ringsum*; Monier-Williams(1899), 1155쪽: °*tāt* or °*ta-tas*, ind. 'on all sides, around' or 'wholly, completely'.

풀이

상스	데바	त्र सर्वपाप बिशोधनी हुरु हुरु नक्षत्र मालाधारिणि रक्ष रक्ष मां मम अनाथास्यात्राण अपरायणस्य परिमोचय मे
	로마	-tra sarva-pāpa-viśodhani huru huru[1] nakṣatra-mālā-dhāriṇi rakṣa rakṣa māṃ māma anāthasya-atrāṇa-aparāyaṇasya[2] parimocaya me
	한글	-뜨라 사르바 빠빠 비쇼다니 후루 후루 낙삭뜨라-말라-다리늬 락삭 락삭 맘 마마 아나타샤뜨라나빠라야냐샤 빠리모짜야 메
풀이		늘 뭇 나쁜 것을 씻는 이여, 없애주소서, 별구슬 목걸이를 건 이여, 저를 거듭 지켜주고, 제가 섬기는 이여, 안 지켜지고 도움도 쉴 곳도 없는 저에게 내려주소서
오대진언	싣담	*(싣담 문자)*
	정음	ᄃ·라。·살·바·바바。미·슈·다·니。·호·로·호·로。·낙사。 ᄃ·라。·마·라。·다:·리·니。·락사·락사。·맘:마:마。:아·나 ·타:샤。ᄃ·라。·나。바·라:야。·나:샤바:리。·모자:야:명。
	한자	怛囉₂薩嚩播跋尾戌引馱顙₃虎嚕虎嚕諾入乞察 怛囉₄麼邏引馱引哩抳₅囉吃灑囉吃灑輅引麼麼₆阿曩 他引寫₇怛囉挐跋囉野挐寫₈跋哩謨去引左野引銘去九
대장경		怛囉二合/五十五 薩嚩播引跋尾戌引馱顙五十六 戶嚕戶嚕五十七 諾乞察二合怛囉二合麼引 邏馱引哩抳五十八 囉吃灑二合囉吃灑二合輅麼麼某甲/五十九 阿曩引他上聲寫引/六十 怛囉 二合/引挐引跋囉引耶挐寫引/六十一 跋哩謨引佐野冥引/六十二
되짠소리 (IPA)		t-la saɾ-ba pa:-pa-ᵐbi³-ɕⱼuo-da-niɛŋ ɣuₒ-luₒ-ɣuₒ-luₒ nak-k-tṣʰat-t-la ma:-la-da-li-ɳi la-k -ṣa la-k-ṣa mam ma-ma ˀa-naŋ-tha:-sja t-la:-ɳa: pa-la-ja-ɳa-sja: pa-li-mᵤo-tsa-ja-mᵢeŋ
요즘소리		다라 살바바바 미슈다니 호로호로 낙사다라 마라 다라니 락사락사 맘마마 아나 타샤 다라나 바라야 나샤 바리모자야명

낱말

sarvatra: Ind. 곳곳에서, 언제나, 늘.

viśodhani(< viśodhana/-ī): Adj./No. f. Sg. Voc. 씻(어내)는; 씻기, 깨끗이하기[淨化], 없애기.

nakṣatra-mālā:(< nakṣatra '별, 진주' + mālā) No. f. Sg. 둥근 별무리; 27개의 진주로 된 목걸이[4].

anāthasya(< a + nātha '님, 남편, 보호자; 도움'): Adj. m. Sg. Dat. 도움이 없는.

atrāṇa(< a + √trai- 1. '지키다' + -na): PPP. Adj. 안 지키는, 지키지 않는.

aparāyaṇasya(< a + parā + √i- 1./2. '가다' -ṇa): Adj. m. Sg. Dat. 기댈/쉴 곳이 없는.

parimocaya(< pari-+ √muc- 1./6.): Caus. Pres. 2. Sg. Imp. 놔주다, 건네다, 내려놓다[5].

뒤풀이

---

[1] 오대진언에는 ㅎㅎㅎㅎ hurūhurū이나, 다른 곳에는 ㅎㅎ 2 huru x2(K1349/T1153; JIABS Volume 35, 136쪽)로 적혀 있다.

[2] 오대진언에는 अनाथस्यत्राणपरायणस्य anāthasyatrāṇaparāyaṇasya이나, 길깃의 글에는 anāthasyātrāṇā parāyaṇasya(K1349/T1153; JIABS Volume 35, 136쪽)로 적혀 있다. 뜻으로는 anāthasya atrāṇa aparāyaṇasya로 나눌 수 있다.

[3] 콧소리벗기 尾 *mi > *ᵐbi.

[4] Monier-Williams(1899), 524쪽: f. star-circle, star-group, R(āmāyaṇa).; the N°s collectively, Var(āha-mihira).; a necklace of 27 pearls, ib.; a partic. ornament for an elephant's head, Kād(ambarī). (°lāya, Nom. Ā. °yate, ib.); a kind of dance, (Horace H.)W(ilson).; N(ame) of sev. wks.

[5] Klaus Mylius(2005), 373쪽: ¹**muc** <VI>: **muñcáti, mucáti** 1. befreien; ... *Kaus* **mocayati** 1. befreien; ... **pari~** 1. befreien; 2. aufgeben, verlassen.

38쪽

앞

풀이

<table>
<tr><td rowspan="3">상
스</td><td>데바</td><td>सर्व दुःखेभ्यः चण्डि चण्डि चण्डिनि बेगवति सर्व दुष्टनि वारणि शत्रूपक्ष
प्रमर्थनि विजय वाहैनि हुरु हुरु मुरु मु</td></tr>
<tr><td>로마</td><td>sarva duḥkhebhyaḥ[1] caṇḍi caṇḍi caṇḍini vegavati sarva-duṣṭa-nivāraṇi śatrupakṣa pramathani[2] vijayavāhini huru huru muru mu</td></tr>
<tr><td>한글</td><td>사르바 둥케뱌흐 짠디 짠디 짠디니 베가바띠 사르바 두스따 니바라늬 샤뜨루빡삭
쁘라마타니 비자야바히니 후루 후루 무루 무</td></tr>
<tr><td colspan="2">풀이</td><td>온갖 괴로움에서, 사납디 사납고 불타며 쏜살 같은 분이시여, 뭇 나쁜 것을 막아
주시며, 나쁜 쪽을 흔들어 이기게 해주시는 분이여, 없애시고, 거듭 깨뜨리소서,</td></tr>
<tr><td rowspan="3">오
대
진
언</td><td>싣담</td><td>(실담 문자)</td></tr>
<tr><td>정음</td><td>·살·바。·녹:켸·뺙。:잔·니:잔·니。·잔·니·니。:볘:아:바
·디。·살·바·노쌰。·니·바·라·니。·샤ᄃ·로。·박사ᄇ·라。·말
·타·니。·미:ᅀᅡ:야。·바·혜·니。·호·로·호·로。·모·로·모</td></tr>
<tr><td>한자</td><td>薩嚩耨契[引]毗藥[六十] 讚抳讚抳讚抳顙[一]吠誐嚩
底[二]薩嚩訥瑟吒[三]顙嚩囉抳[四]設咄嚕博乞灑[五]鉢囉末
他[去引]顙[六]尾惹野嚩呬顙[七]虎嚕虎嚕[八]母嚕母</td></tr>
<tr><td colspan="2">대 장 경</td><td>薩嚩耨契[引]毘藥[二合/六十三] 戰尼戰尼[六十四] 戰膩顙吠[引]誐嚩底[六十五] 薩嚩訥瑟吒[二合]顙
嚩[引]囉抳[六十六] 設咄嚕[二合]博吃叉[二合]鉢囉[二合]末他[上聲]顙[六十七] 尾惹野嚩[引]呬顙[六十八]戶
嚕戶嚕[六十九] 母嚕母</td></tr>
<tr><td colspan="2">되짠소리
(IPA)</td><td>saɾ-ba-ⁿdu[3]-kʰ$_i$e$_i$-b-jak tɕjɛn-ⁿɖi[4] tɕjɛn-ⁿɖi tɕjɛn-ⁿɖi[5]-ni$_{eŋ}$ bʲʷɐi-ⁿga[6]-bʷa-tⱼi saɾ-ba-ⁿdu$_{at}$[7]-ʂ-ʈa ni$_{eŋ}$-ba-la-ɳi ɕjɛt-t-lu$_o$ pak-k-tʂʰa p-la-ma$_t$-tʰa:-ni$_{eŋ}$ ᵐbi[8]-ⁿza[9]-ja-ba-xi-ni$_{eŋ}$ ɣu$_o$-lu$_o$ ɣu$_o$-lu$_o$ m$_ə$u-lu$_o$ m$_ə$u</td></tr>
<tr><td colspan="2">요즘소리</td><td>살바 녹켸뺙 잔니 잔니 잔니니 볘아바디 살바 노시다 니바라니 샤다로박 사바라
말타니 미아냐 바혜니 호로호로 모로모</td></tr>
</table>

낱말

vāraṇi:(< vāraṇa/-ī < √vṛ- 1./5./9.): Adj. f. Sg. Voc. 맞서는, 꺽을 수 없는(것; 코끼리) [10].

    ≈ *nivāraṇi*: Adj. f. Sg. Voc. 막는, 맞서는, 물리는.

caṇḍi:(< caṇḍa/-ī < √caṇḍ- 1./10.): Adj. f. Sg. Voc. 사나운, 성난, 열정으로 불타는(이; Śiva/Durgā)

caṇḍini:(< = caṇḍāli): No. f. Sg. Voc. 사나운, 성난(이 ♀)[11].

vegavati(< vegavatī): No. f. Sg. Voc. 쏜살 같은 이, 빠른 이(♀); 앎을 지닌 이(vidyādharī)의 딴이름.

śatrupakṣa(< śatru '적, 맞짝' + pakṣa '살깃, 어깨'): No. m. Sg. 적의 편.

vijayavāhini(< vijaya + vāhinī ≈ jayavāhinī): No. f. Sg. Voc. 이기게 이끄는, 승리를 가져다 주는.

muru(< √mṝ-): Pres. 2. Sg. Imp.[12] 깨뜨리다, 부수다, 죽이다; Ind. 만뜨라나 다라늬에 쓰이는 말.

뒤풀이

---

1 오대진언에는 [Siddham] sarvādukhebhyaḥ이나, 다른 곳에는 [Siddham] sarvaduḥkhebhyaḥ(T1153; JIABS Volume 35, 136쪽)로 적혀 있다.

2 오대진언에는 [Siddham] pramarthāni이나, 다른 곳에는 [Siddham] pramathani(T1153; JIABS Volume 35, 136쪽)로 적혀 있다. 뿐만 아니라, 末자도 많은 경우에 있어 범자 [Siddham] ma를 옮겨쓴 것으로 나타난다; [Siddham] cintāmaṇi 真多末尼, 阿末囉 毘末麗 amale vimale, [Siddham] 末度 madhu 따위.

3 콧소리벗기 耨 $*n_əu > *{}^n d_əu$.

4 콧소리벗기 尼 $*ɲi > *{}^n d_ʝi$.

5 콧소리벗기 膩 $*ɲi > *{}^n d_ʝi$.

6 콧소리벗기 誐 $*ŋa > *{}^ŋ ga$.

7 콧소리벗기 訥 $*nu_ət > *{}^n du_ət$.

8 콧소리벗기 尾 $*mi > *{}^m bi$.

9 콧소리벗기 惹 $*ɲja > *{}^n z_ʝja$.

10 Monier-Williams(1899), 944쪽: all-resisting, invincible(said of the Soma and of Indra's elephant), RV. ix, 1, 9.

11 84000 TRANSLATING THE WORDS OF THE BUDDHA: https://read.84000.co/glossary/entity-33909.html [Tibetan] 와일. **gtum mo** '사나운 아낙'.

12 kuru의 꼴에 따랐고, 원래 √mṛ- 1./6. '죽다, 죽이다'나 √mur- 6. '죽다, 죽이다'에서 나온 말로 보인다. 진언을 읊던 브라만들의 말장난으로 볼 수 있다.

풀이

상스	데바	रु चुरुचुरु अयुःपालनि सुरबर मथनि सर्व देवता पूजिते धिरिधिरि समन्तावलोकिते प्रभे प्रभे सुप्रभ विशु
	로마	ru curu curu āyuḥ-pālani suravara mathani sarva-devatā-pūjite dhīri dhīri samantāvalokite prabhe prabhe suprabha viśu-
	한글	루 쭈루 쭈루 아윺빨라니 수라바라 마타니 사르바데바따 뿌지떼 디리 디리 사만따발로끼떼 쁘라베 쁘라베 수쁘라바 비슈
	풀이	루 쭈루 쭈루, 삶을 지키며, 신들의 으뜸을 흔들고, 뭇 신들이 섬겼고, 매우 슬기로운 분이여, 두루 살피는 이(♀)여, 빛이여, 빛이여, 좋은 모습(아름다움)으로 오롯이 맑-

오대진언	실담	(실담 문자)
	정음	·로◦조·로◦조·로◦·아·욕◦바라·니◦소·라:바·라◦말 ·타·니◦:살·바·녜:바·다◦:보·ㅿ:뎨◦디:리·디·리◦삼 :만·다:바·로:기:뎨◦ㅂ·라·볘◦ㅂ·라·볘◦소ㅂ·라·바◦미·슌
	한자	嚕九祖嚕祖嚕七十阿去欲播攞顙_素囉嚩囉末 他引顙_薩嚩引禰去嚩路引布引些帝二地哩地哩四三 滿跢嚩路引枳帝五鉢囉陛鉢囉陛六素鉢囉婆引尾秫
대장경		嚕七十 祖嚕祖嚕七十一 阿去聲引¹欲播引攞顙七十二 蘇上聲囉嚩囉末陀顙七十三 薩嚩泥上聲嚩跢布引呲紫以切²帝七十四 地哩地哩七十五 三滿跢引嚩路引枳帝七十六 鉢囉二合陛鉢囉二合陛七十七 蘇鉢囉囉婆尾秫
되짠소리 (IPA)		lu_o $\widehat{ts}u_o$-lu_o $\widehat{ts}u_o$-lu_o $ʔa{:}$-ju_ok-pa${:}$-la-$ni_{eŋ}$ su${:}$-la-ba-la- ma_t-$tʰa{:}$-$ni_{eŋ}$ saɾ-ba-$^nd_ie_i{}^3$-ba-tɑ-$pu_o{:}$-dzi_e-t_ie_i di-li-di-li sam-man-ta-ba-l_uo-ki_j-t_ie_i p-la-b_ie_i p-la-b_ie_i su_o-p-la-ba-$^mbi{}^4$-dʑut
요즘소리		로 조로조로 아욕 바라니 소라바라 말타니 살바녜바다 보이뎨 디리디리 삼만다 바로기뎨 바라볘 바라볘 소바라바 미슌

낱말

curu(< √cūr- 4. '불타다'): Ind. 만뜨라나 다라니에 쓰이는 말.

pālani(< pālanī): Adj. f. Sg. Voc. 지키는, 키우는.

suravara(< sura '신(의 모습), 해' + vara '고귀한'): No. m. Sg. 신 가운데 으뜸인 분, 인드라[5].

mathani(< √math- 1./9. + -ana/-ī): No. f. Sg. Voc. 문지르는, 휘젓는, 흔드는, 깨뜨리는.

pūjite(< pūjita): Adj. m. Sg. Loc. 떠받든, 섬긴, 존경한; No. m. 모신 것, 신(神).

dhīri(< dhīra/-ī): Adj. f. Sg. Voc. 똑똑한, 슬기로운.

prabhe(< prabhā < pra- + √bhā- 4. '빛나다'): No. f. Sg. Voc. 빛, 멋진 모습; *su°* : Adj. 아름다운.

뒤풀이

---

[1] 阿는 이른 운서인 광운에서는 평성만 보이다, 뒷날 운서인 집운에는 상성도 보인다. 하지만 거성은 보이지 않는다.

[2] 布引呰紫以切帝는 아마 pūjite를 옮긴 듯한데, 呰紫以切라면 $*ts-i$로서 알맞지 않다. 오히려 呰 자체가 $*dzi\varepsilon$(集韻, 才支切)이어서 당 때에도 $*dzie$에 가까운 소리였을 수 있다.

[3] 콧소리벗기 泥 $*n_ie_i > *^nd_ie_i$.

[4] 콧소리벗기 尾 $*mi > *^mbi$.

[5] Monier-Williams(1899), 1234쪽: m. 'best among the g°', N. of Indra; *-nagara*, n. Indra's city.

풀이

<table>
<tr>
<td rowspan="3">상스</td>
<td>데바</td>
<td>द्धे सर्वपाप बिशोधनी धर धर धरणीधर धरे सुमु सुमु रुरु चले
चालय दुष्टां पूरय में आशां श्रीवपु धनञ्ज</td>
</tr>
<tr>
<td>로마</td>
<td>-ddhe sarva-pāpa viśodhani dhara dhara dharaṇī-dhara-dhare sumu sumu ru ru cale cālaya duṣṭām pūraya me āśāṃ śrī-vapu-dhanañ ja(ya)[1]</td>
</tr>
<tr>
<td>한글</td>
<td>–ㄷ데 사르바 빠빠 비쇼다니 다라 다라 다라늬 다라 다레 수무 수무 루루 짤레
짤라야 두스땀 뿌라야 메 아샹 슈리 바뿌 다난 자–</td>
</tr>
<tr>
<td colspan="2">풀이</td>
<td>은 이(♀)여, 뭇 나쁜 것을 깨끗이 하는 이여, 품고 품으소서, 땅을 받치고 받치는 이(♀)여, 잘 묶고 묶는 이(♀)시여, 두렵고 무서워 떨면 나쁜 것들을 없애고, 제 바램을 채워 주소서, 빛나는 몸을 (상으로)받아–</td>
</tr>
<tr>
<td rowspan="3">오대진언</td>
<td>싣담</td>
<td>(싣담 범자)</td>
</tr>
<tr>
<td>정음</td>
<td>:뎨◦·살·바·바◦·미·슈다·니◦·다·라·다·라◦·다·라
·니◦·다·라·다:례◦·소·모·소·모◦·로·로자:례◦·자라
야◦노:쌈◦:보·라:야◦:명·아·셤◦·시:리·바[2]:보◦·다:난:ㅅㅏ</td>
</tr>
<tr>
<td>한자</td>
<td>第七薩嚩引播跛尾戌引馱顙八馱囉馱囉馱囉
抳九馱囉馱嚇八十素母素母一嚕嚕左嚇二佐攞
野努瑟鵂三布囉野茗引阿苫去四室哩嚩補五馱難上惹</td>
</tr>
<tr>
<td colspan="2">대장경</td>
<td>第七十八 薩嚩播引跛尾戌引馱甯七十九 達囉達囉八十 達囉抳馱囉達嚇八十一 蘇上聲母蘇母八十二 嚕嚕佐黎八十三 佐引攞耶努瑟鵂二合引/八十四 布引囉野銘阿去聲引苫去聲引八十五 室哩二合引嚩補陀難惹</td>
</tr>
<tr>
<td colspan="2">되짠소리
(IPA)</td>
<td>$d_i e_i$ sar-ba-pa:-pa ^{m}bi^3-ɕ$_{ju}$o-da-ni$_{ɛŋ}$ dar-la dar-la dar-la-ɳi dar-la-dar-l$_i e_i$ su$_o$-m$_o$u-su$_o$-m$_o$u lu$_o$-lu$_o$-tsa-l$_i e_i$ tsa-la-ja ^{n}du$_o$^{4}-ṣ-ʈa:m puo-la-ja-m$_i$ɛŋ-^{ʔ}a:-ɕjɛ:m ɕ-li:-b^{u}a-pu$_o$-da-nan ^{n}ʐja^5-</td>
</tr>
<tr>
<td colspan="2">요즘소리</td>
<td>뎨 살바바바 미슈다니 다라다라 다라니 다라다레 소모소모 로로자레 자라야 노시댬 보라야 명아셤 시리바보 다난아</td>
</tr>
</table>

낱말

dhara(< √dhṛ- 1.): Pres. 2. Sg. Imp. 갖다, 나르다, 받치다, 품다.

dhare(< dhara < √dhṛ- 1.): Adj./No. m. Sg. Voc.(세상을)받치는(것, 끄르슈냐, 시바).

  dharaṇī°(< dharaṇī '땅' + dhara): Adj./No. m. Sg. Voc. 땅을 받치는(이; 비슈누, 시바[6]).

sumu(< ? su-+ mū '맨, 묶은, 엮은'): Adj. m. Sg. Voc. 잘 묶은/묶는(이/것).

ru(< √ru- 2./1. '소리내다, 울다'?): No. m. Sg. 두려움, 무서움; 다툼, 싸움;(시끄러운)소리.

cale(< cala): Adj./No. m. Sg. Loc. 미는, 움직이는, 흔드는; ~것(바람, 싹).

cālaya(< √cal- 1.): Caus. Pres. 2. Sg. Imp. 밀다; 내쫓다, 없애다; 방해하다.

pūraya(< √pṝ- 6.): Caus. Pres. 2. Sg. Imp. 채우다.

āśām(< āśā): No. f. Sg. Acc. 바람, 기대, 희망.

*śrīvapu(< śrī- '빛나는' + vapu(s) '몸') No. m. Sg. 빛나는 몸.

*dhanaṃ-jaya(< dhana '상' + √ji- 1. '이기다'): Adj. 상을 딴/받은/따낸.

뒤풀이

1 오대진언에는 𑖟𑖿𑖠𑖸 𑖭𑖨𑖿𑖪𑖳 𑖢𑖯𑖢 𑖪�v𑖭𑖲𑖠𑖡𑖰 𑖟𑖮𑖨 𑖟𑖮𑖨 𑖟𑖮𑖨𑖜𑖰 𑖟𑖮𑖨 𑖠𑖩𑖸 𑖭𑖲𑖦𑖲 𑖭𑖲𑖦𑖲 𑖨𑖳𑖨𑖳 𑖓𑖩𑖸 𑖓𑖯𑖩𑖧 𑖟𑖲𑖬𑖿𑖘𑖯𑖽 𑖢𑖲𑖨𑖧 𑖦𑖸𑖽 𑖁𑖫𑖯𑖽 𑖫𑖿𑖨𑖱𑖪𑖢𑖲 𑖟𑖮𑖡𑖽 𑖕 ddhe sarvā pāpa viśudhani dhara dhara dharaṇi dhara dhale sumu sumu rūrū cale cālaya duṣṭāṃ puraya meṃ āśāṃ śrīvapu dhanañ ja이나, 다른 곳에는 𑖟𑖿𑖠𑖸 𑖭𑖨𑖿𑖪 𑖢𑖯𑖢 𑖪𑖰𑖫�948𑖟𑖮𑖨 𑖟𑖮𑖨 𑖟𑖮𑖨𑖜𑖰 𑖟𑖮𑖨 𑖟𑖮𑖨𑖸 𑖭𑖲𑖦𑖲 𑖭𑖲𑖦𑖲 𑖨𑖳𑖨𑖳 𑖓𑖩𑖸 𑖓𑖯𑖩𑖧 𑖟𑖲𑖬𑖿𑖘𑖯 𑖢𑖲𑖨𑖧 𑖦𑖸 𑖁𑖫𑖯𑖽 𑖫𑖿𑖨𑖱𑖪𑖢𑖲 𑖟𑖮𑖡𑖽 𑖕 ddhe sarva-pāpa viśodhane dhara dhara dharaṇi dhara dhare sumu sumu ruru cale cālaya duṣṭā(-n, JIBS) pūraya me āśāṃ śrīvapu dhanaṃ ja(T1153; JIABS Volume 35, 136, 138쪽)로 적혀 있다.

2 오대진언에는 :비로 보이나, 싣담 𑖪나 한자 嚩는 모두 :바임을 알려준다. 아마도 오른쪽 획이 해어진 목판에서 찍혀서인 듯하다.

3 콧소리벗기 尾 *mi > *^{m}bi.

4 콧소리벗기 努 *nu_o > *^{n}du_o. 비교: <38쪽 앞>의 訥 ^{n}du_ət -瑟吒.

5 콧소리벗기 惹 *ṇja > *^{n}zja.

6 Monier-Williams(1899), 510쪽: mfn. bearing or sustaining the earth;m. N. of Viṣṇu or Kṛṣṇa, L.; of Śiva.

땅을 붙들고 있는 비슈누(Lord Vishnu Holding Earth)
출처: sanskrit talks
  (https://x.com/Hindu_Tradition/status/1541994683395706880)

풀이

상스	데바	य कमले क्षीणि क्षीणि वरद वरदाङ्कुशे ॐ पद्म विशुद्धे शोधय शोधय शुद्धे भर भर भिरि भिरि भुरू भुरू मङ्गल भर भर भिरिभिरि भुरू भुरू
	로마	-ya-kamale[1] kṣīṇi[2] kṣīṇi varade varada-aṅkuśe[3] oṃ padma viśuddhe[4] śodhaya śodhaya śuddhe[5] bhara bhara bhiri bhiri bhuru[6] bhuru maṅgala[7]
	한글	-야 까말라 끄싀늬 끄싀늬 바라데 바라당꾸셰 옴 빠드마비슏데 쇼다야 쇼다야 슏데 바라 바라 비리 비리 부루 부루 망갈라
풀이		-낸 연꽃에 있는 이여, 여리고 섬세하시며, 좋은 것을 주는 이여, 바램을 들어주는 갈고리를 지닌 이여, 옴 연꽃처럼 깨끗하신 분이여, 씻어주시옵고, 맑은 분이시여, 가져다 품어주소서, 좋은 것이여,
오대진언	실담	(실담 범자 3행)
	정음	:야。:감:마:례。ᄀ:시·니。ᄀ:시·니。:바·라。:녜:바·라。ᄂᆞᆼ구 :셰。:옴。바ᄂᆞᆼ·마。·미·슏:데。·슈·다:야。·슈다·야·슏:데。 ·바·라·바·라。:비리:비:리。·보·로·보·로。ᄆᆞᆼ。。아라。
	한자	野劍麼嚟(六)乞史抳乞史抳(七)嚩囉禰嚩囉能矩 勢(八)唵(九)鉢娜麼尾秫第戌馱野戌馱野秫第(去九十) 婆囉婆囉(一)鼻哩鼻哩(二)部嚕部嚕(三)憺(去)誐(去)攞
대 장 경		野劍麼(上)黎吃史(二合)抳吃史(二合)抳嚩囉泥嚩囉能(引)矩勢唵(引)鉢納麼(二合)[8]尾秫第戌[9](引) 馱野戌(引)馱野舜(入)[10]第跋囉跋囉鼻哩鼻哩步嚕步嚕憺(去)[11]誐攞
되짠소리 (IPA)		ja k$_{jw}$am-ma-l$_i$e$_i$ k-ṣi-ṇi k-ṣi-ṇi ba-la-^{n}d$_i$e$_i$[12] ba-la-nəː ŋ-k$_j$u-ɕ$_j$ɛ$_i$ ʔəm pa$_t$-^{n}d[13]-ma ^{m}bi[14]-s$_j$u$_e$t-d$_i$e$_i$ ɕ$_{ju}$o-da-ja ɕ$_{ju}$o-da-ja ɕ$_j$u$_e$t-d$_i$e$_i$ b$_u$aɾ-la b$_u$aɾ-la bi-li bi-li bu$_o$-lu$_o$ bu$_o$-lu$_o$ mə ŋ-^{n}ga[15]-la
요즘소리		야 감마레 기시니기시니 바라 녜바라 낭구셰 옴 바나마 미슏데 슈다야 슈다야 슏데 바라바라 비리비리 보로보로 마아라

낱말

kṣīṇi(< kṣīṇa/-ī): Adj./No. f. Sg. Voc. 여린, 줄어든, 잃어버린; 섬세한, 날씬한; 불쌍한.

varade(< vara '골라낸'+ -da/-ā): Adj./No. f. Sg. Voc. 좋은 것을 베푸는(이[16]♀ ↔ ♂ 아그니).

varada-aṅkuśe(< varada + aṅkuśa/-ā): Adj./No. m./n. Sg. Voc. 바람을 들어주는 갈고리를 가진(이[17]).

śodhaya(< √śudh- 4.): Caus. Pres. 2. Sg. Imp. 깨끗이 하다, 씻다; 바로잡다, 고치다.

bhara(< √bhṛ- 1.): Pres. 2. Sg. Imp. 갖다, 가져가다, 나르다, 안다, 품다.

maṅgala(< maṅgala): No. n. Sg. Voc. 좋은 것/일[吉祥], 행복.

뒤풀이

---

[1] 오대진언에는 𑖎𑖦𑖩𑖸 kaṃmale이나, 다른 곳(T1153; JIABS Volume 35, 138쪽)에는 𑖎𑖦𑖩𑖸 kamale로 적혔다.

[2] 오대진언 원문과 대장경 및 그 밖에서(T1153; JIABS Volume 35, 138쪽)는 𑖎𑖿𑖬𑖰𑖜𑖰 𑖎𑖿𑖬𑖰𑖜𑖰 kṣiṇi kṣiṇi이나, 현재 알려진 범어는 kṣīṇa이며, 이 꼴의 여성형 -ī의 부름말인 kṣīṇi로 갈음했다.

[3] 오대진언 원문과 대장경 및 그 밖에서(T1153; JIABS Volume 35, 138쪽)는 𑖪𑖨𑖟𑖯𑖽𑖎𑗜𑖬𑖸 varadāṃkuśe이다.

[4] 오대진언에는 𑖪𑖰𑖫𑖺𑖟𑖿𑖠𑖸 viśoddhe이나, 다른 곳(T1153; JIABS Volume 35, 138쪽)에는 𑖪𑖰𑖫�803𑖠𑖸 viśuddhe이다.

[5] 오대진언에는 𑖫𑖺𑖟𑖿𑖠𑖸 śoddhe이나, 다른 곳에는 𑖫�␣𑖠𑖸 śuddhe(T1153; JIABS Volume 35, 138쪽)이다.

[6] 오대진언에는 𑖥𑖲𑖨𑖱 bhurū이나, 네빨과 동인도 및 그밖에는 𑖥𑖲𑖨𑖲 bhuru(T1153; JIABS Volume 35, 139쪽)이다.

[7] 오대진언에는 𑖦𑖯𑖕𑖿𑖐𑖯𑖩 māṅgāla이나, 다른 곳에는 𑖦𑖕𑖿𑖐𑖩 maṅgala(T1153; JIABS Volume 35, 138쪽)이다.

[8] 비교: <27쪽 앞>과 <28쪽 앞>에 쓰인 鉢娜麼二合. 같은 사람이 쓴 글이 아님을 비춰준다.

[9] 같은 사람의 같은 글(K1349/T1153)의 권2와 그 밖의 많은 곳에서도 戍로도 쓰여 있다.

[10] 舜入은 *ɕjuₑn(舒閏切, 去聲)이 아니라, 입성으로 소리내라는 뜻이다. 일반적이지는 않지만, 상고한음이나 방언(閩, 粵)에서 보이는 양입대전(陽入對轉)이 속음으로 있었음을 알려주는 것인 듯하다. 이에 따르면, 양성받침 -n의 입성받침은 -t가 된다. 이런 현상은 지나말이 완전한 고립어(孤立語, isolating language)가 되기에 앞서 같은 갈래라는 이웃 티벳말처럼 교착어적인 성격(곡용 및 활용)이 있었음을 보여준다. 아울러 이런 현상은 인도-유럽 말갈래와 옛 동이(東夷) 말의 특징인 콧소리-속가지(Nasal-Infix, 鼻音-接中辭/中綴)의 발현형태일 수도 있다. 더 자세한 내용은 뒤에 오는 <54쪽 앞>의 뒤풀이 7에서 얘기하기로 한다.

[11] 懵去는 *muŋ(莫孔切, 上聲)과 *məŋ(武亘切, 去聲)에서 거성인 *məŋ으로 소리내라는 뜻이다.

[12] 콧소리벗기 泥 *nᵢeᵢ > *ⁿdᵢeᵢ.

[13] 콧소리벗기 納 *nap > *ⁿdap.

[14] 콧소리벗기 尾 *mi > *ᵐbi.

[15] 콧소리벗기 誐 *ŋa > *ⁿga.

[16] Wisdom library: Varadatārā, 티벳. 'phags ma mchog stsal sgrol ma '골라낸 것(좋은 것)을 주는 거룩한 따라'.

[17] 비교> 뒤에 오는 58쪽 앞 뒤풀이 8.

40쪽

앞

풀이

상스	데바	विशुद्धे पवित्रमुकि खड्गिणि खड्गिणि खार खार ज्वलितशिरे संमन्त प्रसरितावभासितशोद्धे ज्वाल ज्वाल सर्वा देवग(णि)
	로마	viśuddhe pavitra-mukhi khaḍgiṇi khaḍgiṇi khara khara jvalita-śire[1] samanta prasarita-avabhāsita śuddhe[2] jvala jvala deva-ga(ṇa)
	한글	비슈데 빠비뜨라무키 칻기늬 칻기늬 카라 카라 즈발리따쉬레 사만따 쁘라사리따 바바시따 슌데 즈발라 즈발라 데바가(나)

풀이	깨끗한 이시여, 깨끗한 얼굴을 한 이여, 칼을 쥔 이시여, 굳디 굳세며, 불타는 머리를 한 이시여, 두루 퍼지고 빛나는 맑은 이시여, 빛나고 빛나시여, 신의 군(대와)

오대진언	실담	(悉曇 문자)
	정음	·미·슌:데◦바·미◦ᄃ·라·목:켸:칼:이·니:칼:이·니◦카 ·라·카·라◦:ㅿ·봥:리다◦:시:레◦삼:만·다◦·ㅂ·라◦:사:리·다◦ :바바◦:시:다·슌:데◦:ㅿ·봐라◦:ㅿ·봐라·살·바:녜:바:아
	한자	尾秫第四跛尾怛囉穆企五揭倪抳揭倪抳六佉囉佉囉七入嚩里多始嚇八三滿多引鉢囉娑上哩哆引九嚇婆六悉多上秫第一百入嚩攞入嚩攞二薩嚩引禰嚩誐

대장경	尾舜入聲第九十五 跛尾怛囉二合穆棄九十六 渴社藥切[3]倪抳渴倪抳九十七 佉上聲囉佉囉九十八 入嚩二合里多始渴嚇九十九 三上聲/下同滿多鉢囉二合娑上聲哩跢引嚇婆去聲引悉多秫 第入聲/一百 入嚩二合攞入嚩二合攞一合[4]薩嚩泥上聲嚩誐
되짠소리 (IPA)	$^{m}bi^{5}$-ɕ$_{j}$u$_{e}$t-d$_{i}$e$_{i}$ pa-^{m}bi-t-la mjuk-k$^{h}_{j}$i k^{h}at-^{ŋ}gi^{6}-ŋi k^{h}at-^{ŋ}gi-ŋi k$^{h}_{j}$a-la k$^{h}_{j}$a-la ^{ŋ}z^{7}-ba-li-ta ɕi-k$^{h}_{j}$a-l$_{i}$e$_{i}$ sa:m-man-ta p-la-sa-li-ta: ba-ba:-sji$_{ə}$t-ta: ɕ$_{j}$u$_{e}$t-d$_{i}$e$_{i}$ ^{ŋ}z-ba-la ^{ŋ}z-ba-la saɾ-b$_{u}$a ^{n}d$_{i}$e$_{i}$-ba-^{ŋ}ga^{8}
요즘소리	미슌데 바미다라 목켸 칼이니 칼이니 카라카라 아바아라 시례삼만다 바라 사라 다 바바 시다 슌데 아바아라 아바아라 살바녜바아

낱말

pavitra(< √pū- 1./9. '깨끗이 하다' -i-+ -tra): No. n. Sg. 거르개; Adj. 깨끗한, 거룩한, 잘못 없는.

 °***mukhi***(< mukha/-ī '입, 부리; 얼굴'): No. f. Sg. Voc. 깨끗한 얼굴을 가진/한.

81

khaḍgini(< khaḍginī < khaḍgin): Adj. m. Sg. Loc. 칼을 쥔 (이♀)[9]; °*gin* No. m. 시바, 코뿔소.

khara: Adj. m. Sg. 굳은, 거친, 날카로운; 해로운, 다치게 하는; No. m. Sg. 당나귀,

jvalita-śire(< jvalita + śira/-ā ≈ tapur-mūrdhan): Adj./No. f. Sg. Voc. 불타는 머리를 한(이♀[10]).

jvalita-śi(kha)re(< jvalita + śi(kha)ra): No. m. Sg. Loc. 불타는 머리.

prasārita(< √śudh- 4.): Adj. m. Sg. Voc. 내놓은, 내민, 내보인, 뻗은, 퍼진.

avabhāsita(< ava + √bhās- 1. '빛나다' -i- + ta): Adj. m. Sg. 밝은, 빛나는.

deva-gaṇa(< deva + gaṇa): No. m. Sg. 신의 군대, 신의 무리[神將]

뒤풀이

---

[1] 오대진언에는 [Siddhaṃ] viśoddhe pavitramukhe khargiṇi khargi-ṇi khāra khāra jvalita śile saṃmantā이나, 다른 곳에는 [Siddhaṃ] viśuddhe pavitramukhi khargiṇi khargiṇi khāra khāra jvalita śire samanta(T1153)와 [Siddhaṃ] viśuddhe pavitramukhi khaḍgiṇi khaḍgiṇi khāra khāra jvalita-śikhare samanta(JIABS Volume 35, 138쪽)로 적혀 있다.

[2] 오대진언에는 [Siddhaṃ] śoddhe이나, 다른 곳에는 [Siddhaṃ] śuddhe(T1153; JIABS Volume 35, 138쪽)로 적혀 있다.

[3] 渴[祛藹切]은 *kʰat(苦曷切, 1. 入)과 *gjɛt(渠列切, 3. 入)에서 1성의 苦曷切인 * kʰat으로 소리내라는 뜻이다.

[4] 범어표기에서 –合이란 비논리적이며, 시간이 흐르면서 二合 및 三合이 잘못 적힌 것이다. 보기) 唵薩嚩怛他[引]誐多嚩日囉[二合]囉怛那[二合/引]耨多囉 Om sarva tathāgata vajra ratnānuttara. 다만 入嚩[二合]攞入嚩[二合]攞[合]에서 –合은 옮겨적다 불필요한 것을 기계적으로 덧붙인 것으로 보인다. 혹자 비라마(**विरम**)를 가리킨다지만, 반음(半音)이라는 겹글이 따로 있다. 이에는 다음 글도 참조할 만하다: https://www.cbeta.org/node/4980 .

[5] 콧소리벗기 尾 *mi > *ᵐbi.

[6] 콧소리벗기 儗 *ŋi > *ⁿgi.

[7] 콧소리벗기 入 *ɲjəp > *ⁿᶻjəp.

[8] 콧소리벗기 誐 *ŋa > *ⁿga.

[9] Wisdom library: ***Khaḍginī*** (**खड्गिनी**):— One of the nine Dūtī presided over by one of the nine bhaivaravas named Mudreśa (emanation of Ananta, who is the central presiding deity of Dūtīcakra), according to the Kubjikāmatatantra and the Ṣaṭsāhasrasaṃhitā.

[10] 힌두문화에서는 **아그네이(आग्नेयी** āgneyī < āgneya '아그니에 딸린')라고 불리며 그 이름에서 알 수 있듯이 불의 신인 아그니(Agni)의 딸이다. 티벳말로도 **메초**([Tibetan] Wyl. me'i phyogs '불이 머리에 있는')라 불리며, 밀교를 따라 들어간 여신이다. 그리고 jvalita-śira와 비슷한 뜻을 가진 tapur-mūrdhan(< tapus '불(타는)' + mūrdhan '머리')도 곧 아그니를 가리키는 딴이름이다.

풀이

상스	데바	ण समाकर्षणि सङ्च्यबते तरतर तारय मां नागबिलोकिते लहुलहु हुनुहुनु क्षीणि क्षीणि सर्बा ग्रहा भाक्षणि पिङ्
	로마	ṇa samā[1]-karṣaṇi satyavate tara tara tāraya māṃ nāgavilokite lahu lahu hunu hunu[2] kṣīṇi kṣīṇi[3] sarva-graha bhakṣaṇi piṅ-
	한글	나 사마-까르삭늬 사댜바떼 따라 따라 따라야 망 나가빌로끼떼 라후 라후 후뚜 후뚜 끄싁늬 끄싁늬 사르바그라하 박삭늬 뼁-
풀이		다가오는 이여, 참된 것으로 나를 건너 건너 건너게 하소서, 코끼리의 눈에서 모두 버리며 없애주소서, 여리고 섬세하며, 한번에 다 삼키는 것이여, 노-

오대진언	실담	(悉曇 script)
	정음	:나ㅇ삼:만·다[4]ㅇ갈사·니ㅇ사:댜:볘ㅇ:다·라:다·라ㅇ ·다·라:야·맘ㅇ나:아ㅇ미·로:기:뎨ㅇ라·호라·호ㅇ·호 :노·호:노ㄱ:시·니ㄱ:시·니살·바:ㅇ·라·하ㅇ박사·니ㅇ빙
	한자	拏上二三去麼多丹羯囉灑抳二薩底也嚩帝四多上囉 多囉跢囉野輅五曩引誐尾路引枳帝六攞虎攞虎七虎 努鼻[5]虎努八乞史抳乞史抳九薩嚩疙囉賀薄乞灑抳百一十冰
대 장 경		拏三上麼 迦囉灑二合抳二薩底也二合嚩帝跢囉怛囉哆引哩野輅三 曩引誐尾略枳帝四 攞護攞護五戶弩戶弩六乞史二合抳乞史二合抳七薩嚩擬囉二合賀薄乞灑二合抳八氷畢 孕切
되짠소리 (IPA)		ŋa sam-ma ka-l-ṣa-ṇi saₜ-t-ja ba-tiei ta-la taɾ-la ta:-li-ja mam naŋ-ⁿga[6]-ᵐbi[7]-lᵤo-kiⱼ-tᵢeᵢ la-ɣuₒ la-ɣuₒ ɣuₒ-nuₒ ɣuₒ-nuₒ k-ṣi-ṇi k-ṣi-ṇi saɾ-ba ⁿg[8]-la-ɣa bᵤak-kʰ-ṣa- ṇi piₐŋ
요즘소리		나 사만다 갈사니 사댜바데 다라다라 다라야맘 나아 미로기데 라호라호 호노호 노 기시니 기시니 살바 아라하 박사니 빙

낱말

samākarṣaṇi(< sam+ā + √kṛṣ- 1. -ṇa/-ī): Adj./No. f. Sg. Voc.(함께)다가오는.

satyavate(< satyavat): Adj./No. m.f. Sg. Dat. 진실한, 참된(것).

tara(< √tr̄- 1.): Pres. 2. Sg. Imp. 건너다; ***tāraya***: Caus. Pres. 2. Sg. Imp. 건너게 하다.

nāgavilokite(< nāga + vi-loki-ta/-ā): PPP./No. f./n. Sg. Voc./Loc. 코끼리처럼 본; 코끼리의 눈길[9].

sarva-graha(< sarva + graha '떠돌이별'): No. m. Sg. Voc. 한번에 (떠돌이별[行星]을) 다 삼키는 것.

bhakṣaṇi(< bhak-ṣa-ṇa/-ī < √bhaj- 1. '나누다, 갖다'): Adj./No. f. Sg. Voc. 먹는(사람).

뒤풀이

---

[1] 오대진언에는 **·삼:만다** 및 三麼多로 적혔는데, 싣담과 한자는 짝을 이루나 훈민정음표기가 맞지 않다. 빈틈없고 굳센 이(Amoghavajra, 不空金剛)의 같은 글(K1349/T1153)에 三滿跢迦囉灑二合捉와 三上麼多迦囉灑二合捉로 다른 글(T1155)에는 三滿跢引迦囉灑二合捉三十六와 三麼迦囉灑二合捉二로 적혔다. 그리고 오대진언의 해당 다라닉의 밑글인 어질고 뛰어난 이(Maitreya-bhadra, 慈賢)의 글(F1061)에는 三滿跢揭囉灑二合捉와 三麼跢揭囉灑二合捉로 적혔다. 그 밖에 길깃, 라이덴, 네빨 및 동인도의 글(JIABS Volume 35, 138~139쪽)에는 모두 samā-karṣaṇi로 적혀 있다. samanta와 samā는 뜻이 비슷하므로, 인도에서 samā로 읊던 말이 지나로 넘어와 samā나 samanta로 그때그때 달리 적힌 듯 싶다. 따라서 여기서는 원래의 모습으로 보이는 samā를 골랐다.

[2] 오대진언에는 **라·호라·호◦호:노·호:노** 및 攞虎攞虎七虎努鼻 虎努八인데, 빈틈없고 굳센 이의 같은 글(K1349/T1153)에 攞護攞護戶弩鼻聲戶弩同上로 다른 글(T1155)에는 攞護攞護滅六疑罪護弩鼻聲護弩滅七漏罪로 적혔다. 또 어질고 뛰어난 이의 글(F1061)에는 攞護攞護二十七 護弩護弩二十八로 적혔다. 다른 글(JIABS Volume 35, 138~139쪽)에는 lahu 2 hutu 2(길깃), lahu 2 tuhu 2(라이덴), hulu 2 hulu 2(네빨) 및 lahu 2 hulu 2(네빨)로 적혀 있다. 먼저, lahu라는 말은 범어에서는 찾기 어려우나 攞護攞護滅六疑罪라는 글에서 실마리를 찾을 수 있다. 그것은 √rah-에서 나온 rahu가 아닐까 싶다. 앞에서도 밝혔듯이 옛 인도말에서는 *l*과 *r*이 서로 오가곤 했다. 이어서 -u꼴도 <37쪽 뒤>의 뒤풀이 3에서 √hṛ-의 경우 처럼 kuru란 꼴에 이끌려 만들어진 것으로 볼 수도 있다. 다음, hunu도 護弩鼻聲護弩滅七漏罪라는 글에서 실마리를 찾는다면, √han-에서 나온 꼴의 kuru 유추형인 듯하다. 하지만 여기서는 아직 어느 꼴로도 정할 수 없어 그냥 오대진언 원문대로 놔뒀다.

[3] 참조: <39쪽 뒤>.

[4] 오대진언에는 **다**로 거성을 나타내는 곁점[傍點]이 보이지 않으나, 앞에 나왔던 것에 따랐다.

[5] 콧소리인 *nuo로 소리내란 뜻이다.

[6] 콧소리벗기 誐 *ŋa > *ᵑga.

[7] 콧소리벗기 尾 *mi > *ᵐbi.

[8] 콧소리벗기 擬 *ŋi > *ᵑgi.

[9] Gelongma Karma Migme Chodron(2001), 1921쪽. When one swivels one's body and, in order to look, turns one's whole body, this is "the gaze like that of the elephant"(nāgāvalokita). This is a mark of the Great Man(mahāpruṣa-lakṣaṇa). The body(kāya) and the mind(citta) are especially united; this is why, when one has something to look at, body and mind turn together. Thus when a lion has seized its prey, it is not because the latter is small that the lion is going to cool its ardor.
비교: 이 글의 <41쪽 앞>의 *nāga-vilokini*와 <48쪽 뒤>의 *nāga-vilokitāya*.

41쪽

앞

풀이

상스	데바	गलि पिङ्गलि चुमुचुमु सुमुसुमु सुबिचारे/सुबिचारे तरतर नागबिलोकिनि तारयतु मां भगवति अष्ट महाभयेभ्यः समु
	로마	gali piṅgali cumu cumu sumu sumu su-vicare/su-vicāre tara tara nāga-vilokini tārayatu māṃ bhagavati aṣṭa-mahābhayebhyaḥ samu-[1]
	한글	갈리 삥갈리 쭈무쭈무 수무수무 쭈 비짜레 따라따라 나가빌로끼늭 따라야 뚜 맘 바가바띠 아슈똬 마하바예뱌흐 사무
풀이		란 금빛이 나는 이(♀)여, 쭈무쭈무 잘 묶고 묶는 이(♀)시여, 잘 수행하는/깊이 생각하는 이(♀)시여, 건너 건너소서, 코끼리처럼 보는 이(♀)시여, 거룩한 분이(♀)시여, 또 나를 여덟 큰 두려움에서 건져 주셔야 하나이다, 큰

오대진언	실담	(실담 문자)
	정음	:아·리。·빙:아·리。·조·모·조·모。·소·모·소·모。·조·미 자:례。·다·라다·라。·나·아。·미·로:기·니。·다·라:야。 :도·맘。·바:아·바·디。·아짜:마·하。·바:예·뱍。·삼·모
	한자	蘖哩冰蘖哩一 祖母祖母二 素母素母三 祖尾 左隸四 多囉多囉五 曩誐尾路枳顙六 跢引囉野 覩鈴引七 婆去誐嚩底八 阿上瑟吒麼賀引婆上曳毗藥九 三母

대장경	誐里冰誐里九 祖母祖母十 蘇母蘇母十一 祖母佐隸十二 多囉多囉十三 曩引誐尾路枳顙跢囉野覩鈴十四 婆誐嚩底阿瑟吒二合摩賀婆曳毗藥二合/十五 三悶上聲
되짠소리 (IPA)	^{ŋ}ga^2-li pi$_ə$ŋ-^{ŋ}ga-li tsu$_o$-mu$_o$ tsu$_o$-mu$_o$ su$_o$-mu$_o$ su$_o$-mu$_o$ tsu$_o$-mu$_o$ tsa-l$_i$e$_i$ ta-la ta-la na:$_ŋ$- ^{ŋ}ga-^{m}bi^3-lo-ki-ni$_{εŋ}$ ta-la-ya tu$_o$ ma:m ba-^{ŋ}ga-ba-t$_j$i ʔa-ṣ-ṭa ma-ɣa:-ba-jɛi-b-jak sam-m$_u$ən
요즘소리	아리 빙아리 조모조모 조미자례 다라다라 나아 미로기니 다라야 도맘 바아바디 아시다마 바예뱍 삼모

낱말

piṅgali(< piṅgala/-ī): Adj./No. f. Sg. Voc. 밤빛의, 고동색의, 노란 금빛이 나는.

suvicāre(< su + vicara/-ā < √car- 1. '움직이다'): Adj./No. f. Sg. Voc. 잘 (수)행하는/움직이는(이♀)[4].

85

suvicāre(< su + vicāra/-ā <): Adj./No. f. Sg. Voc. 올바로/깊이 생각하는(이♀)[5].

tara(< √tṝ - 1.): Pres. 2. Sg. Imp. 건너다, 넘어가다; 이루다, 해내다.

   tārayatu: Caus. Pres. 3. Sg. Imp. 옮기다, 이끌다, ~에 이르게 하다; 건지다, 풀어주다.

vilokini(< vi- + lokinī): Adj. m. f. Sg. Voc. ~를 눈여겨보는(이♀);

   nāga°: 코끼리처럼 보는[如象王視[6]].

aṣṭa-mahābhayebhyaḥ(< aṣṭa-mahābhaya)No. m. Pl. Dat./Abl. 여덟 큰 두려움[7].

samudra (< sam + udra '물'): Adj./No. f. Sg. Acc. 큰 바다(여러 물이 한데 모인).

뒤풀이

---

[1] 오대진언에는 〔티벳/실담 문자〕 piṃgari cumucumu sumusumu cu vicale tara tara nāgavilokiṇi tārayatu māṃ bhāgavati aṣṭamahā bhayebhyaḥ saṃmu이나, 대장경에서는 〔티벳/실담 문자〕 piṃga cusu 2 sumu 2 cu vicare tara 2 nāgavilokini tārayatu māṃ bhagavati aṣṭamahādārūṇabhayebhyaḥ saṃmu (K1349/T1153)로 로 적혀 있다.

그리고 오대진언이나 대장경의 보이는 sumu 뒤의 싣담자 cu-가 su-처럼도 보이는데, 실제 다른 글에는 piṃgale cumu-cumu sumu-sumu su suvicare tara tara nāgavilokini tārayatu maṃ bhagavati aṣṭamahābhayebhyaḥ samu-(Manuscripta Orientalia, 2019, 59쪽)로 나와서 vicare 앞에 온 글자가 su-일 수도 있음을 보여준다.

[2] 콧소리벗기 誐 *ŋa > *ⁿga.

[3] 콧소리벗기 尾 *mi > *ᵐbi.

[4] **सुविचरे** *suvicare* (Varadai Chand, 1906, 839쪽)가 힌디에 보이나, 상스끄르따에는 찾기 어렵다. 그래도 **सुविचर** *suvicara* (Jayamanta Miśra, 2001, 63쪽)가 보이나, 아마 글자대로 'su-잘 vicar- 행하는'이라는 뜻을 나타낼 듯하다. 이는 실제 쓰이고 있는 **सुविचार** *suvicāra* '잘 헤아리는'와 이어질 수 있으며, 진언에 나오는 '섬기는 대상'과도 잘 어울려 보인다.

[5] Böhtlingk & Grosses(1855), 1129쪽: **सुविचार** 1) adj. *gut überlegend*.

   Monier-Williams(1899), 1233쪽: **su-vicāra**, m. good or deliberate consideration, W.

[6] 비교> 이 글 <40쪽 뒤>의 뒤풀이 9 (*nāgavilokite*) 및 <48쪽 뒤>의 뒤풀이 9 (*nāgavilokitāya*).

[7] Scherer, Bee (Buddhist Tantric Thealogy? The genealogy and soteriology of Tārā, 2018) 5쪽: Eight Great Dangers (aṣṭa-mahābhaya Tib. 'jigs pa chen po brgyad): lions, elephants, fire, snakes, robbery, 'violent water' (i.e. floods, drowning, shipwreck), prison, and piśācas (maneating demons).

풀이

<table>
<tr><td rowspan="4">상
스</td><td>데바</td><td>द्र सागरपार्यन्तं पाताल गगन तलं सर्वत्र समन्तेन देशबन्धेन वज्रप्राकार
वज्रपाशबन्धनेन वज्रज्वल वि</td></tr>
<tr><td>로마</td><td>-dra-sāgaraparyantaṃ[1] pātāla-gagana-talaṃ[2] sarvatra samantena deśabandhena[3] vajra-prākāra vajrapāśa-bandhanena[4] vajra-jvala vi-</td></tr>
<tr><td>한글</td><td>드라 사가라빠랸땀 빠딸라-가가나-딸랑 사르바뜨라 사만떼나 데샤반데나
바즈라-쁘라까라 바즈라빠샤 반다네나 바즈라즈발라 비</td></tr>
<tr><td>풀이</td><td>(큰)바다와 바다로 둘러싸이고 땅속-하늘 아래를 언제나 두루 한 곳에 맴으로,
번개-담[金剛墻], 번개올가미[金剛索]를 붙잡음으로, 번개불로</td></tr>
</table>

<table>
<tr><td rowspan="9">오
대
진
언</td><td rowspan="3">싇담</td><td>[싇담 문자 1행]</td></tr>
<tr><td>[싇담 문자 2행]</td></tr>
<tr><td>[싇담 문자 3행]</td></tr>
<tr><td rowspan="3">정음</td><td>:ㄴ·라ᅌ·사:아·라·바·련·담ᅌ바·다라ᅌ:아:아·나·다·람ᅌ</td></tr>
<tr><td>·살·바ᄃ·라·삼:만:데·나·니·샤ᅌ:만:데·나ᅌ:바:ᅀ·라ᅗ·라</td></tr>
<tr><td>가·라ᅌ:바:ᅀ·라ᅌ·바·샤:만·다:녜·나ᅌ:바:ᅀ·라ᅌ:ᅀ·바라ᅌ·미</td></tr>
<tr><td rowspan="3">한자</td><td>捺囉娑去誐囉二+播哩演擔引—播跢攞誐誐曩怛覽二</td></tr>
<tr><td>薩嚩怛囉三去滿帝曩二你舍滿弟曩四嚩日囉鉢囉</td></tr>
<tr><td>迦囉五嚩日囉播引捨滿馱甯曩六嚩日囉入囉攞尾</td></tr>
</table>

<table>
<tr><td rowspan="3">대 장 경</td><td>捺囉二合娑去聲引誐囉鉢哩演二合擔平聲/十六 播引跢引羅誐誐曩怛覽二合薩嚩怛囉二合/</td></tr>
<tr><td>十七三滿帝曩儞泥以切捨滿第引曩十八 嚩日囉二合/引鉢囉二合迦囉嚩日囉二合播引捨</td></tr>
<tr><td>滿彈去聲甯引曩十九 嚩日囉二合入嚩二合引羅尾</td></tr>
<tr><td>되짠소리
(IPA)</td><td colspan="2">^{n}da[5]-la sa:-^{n}ga[6]-la-pa-l-jɛn-tam pa:-ta:-la ^{n}ga-^{n}ga-naŋ t-lam saɾ-ba-t-la sam-man-t$_i$e$_i$-naŋ ^{n}di[7]-eja-^{m}ban[8]-t$_i$e$_i$-naŋ ba-^{n}z[9]-la p-la-ka:-la ba-^{n}z-la pa:-eja-^{m}ban-dan-n$_i$ɛŋ-naŋ ba-^{n}z-la ^{n}z-ba-la ^{m}bi[10]</td></tr>
<tr><td>요즘소리</td><td colspan="2">나라 사아라 바련담 바다라 아아 나다람 살바다라 삼만데나 니사 만데나 바아라
바라가라 바아라 바샤 만다녜나 바아라 아바아라 미</td></tr>
</table>

낱말

sāgara (< sāgara '바다'): No. m. Sg. (큰)바다; Adj. 바다의

  °***paryantāṃ***(< pari '두루, 둘러' + anta '가[邊], 끝'): Adj. f. Sg. Acc. 둘러싸인, 두루 퍼지는.

pātāla(< √pat- 1. '떨어지다, 날다'): No. m.n. Sg. 땅속(세상, 구멍 따위), 뱀의 세상(Nāgaloka)[11].

talaṃ(< tala): No. m. n. Sg. Acc. 아랫쪽,(손, 발)바닥.

deśa-bandha: Adj./No. n. Sg. Inst. 한 곳에 맴/이음[12].

bandhena(< bandha): Adj./No. n. Sg. Inst. (겹씨의 끝에서) 이음, 좋게 함; 품음, 아낌, 느낌[13].

vajra-prākāra: No. m. Sg. 번개/굳센 담[金剛墻].

뒤풀이

[1] 오대진언에는 स॑ग॑र॑प॑र्य॑न्तां sāgaraparyāntāṃ이나, 다른 곳에는 स॑ग॑र॑प॑र्य॑न्तां sāgaraparyantāṃ(K1349/T1153; Manuscripta Orientalia, 2019, 59쪽)로 적혀 있다.

[2] 오대진언에는 त॑रं taraṃ이나, 다른 곳에는 त॑लं talaṃ(K1349/T1153)과 त्रं traṃ(Manuscripta Orientalia, 2019, 59쪽)으로 적혔다. 그러나 pātālatala와 gaganatala가 있기에 **तलं** talaṃ이 맞을 듯하다.

[3] 오대진언에는 स॑म्ये॑र दि॑श॑म॑न्धे॑न sāṃmantena diśamandhena이나, 다른 곳에는 स॑म्ये॑र दि॑श॑ब॑न्धे॑न samantena diśabandhena(K1349/T1153) 및 स॑म्ये॑र दे॑श॑स॑म्ये॑र samantena deśasamantena(Manuscripta Orien-talia, 2019, 59쪽)로 적혀 있다. 가장 있을 만한 꼴은 स॑म्ये॑र दे॑श॑ब॑न्धे॑र samantena deśabandhena로 보인다.

[4] 오대진언에는 व॑ज्र प्र॑क॑र व॑ज्र-प॑श म॑न्धे॑न vajra prakara vajra-pāśa mandhanena이나, 다른 곳에는 व॑ज्र प्र॑क॑र प॑र्-अप॑श ब॑न्धे॑न vajra prakāra vajr-apāśa bandhanena(K1349/T1153) 및 व॑ज्र प्र॑क॑र व॑ज्र-प॑श ब॑न्धे॑न vajra prākāra vajra-pāśa bandhena(Manuscripta Orientalia, 2019, 59쪽)로 적혀 있다. 뜻에서는 bandhanena나 bandhena가 크게 다르지 않다.

[5] 콧소리벗기 捺 *na > ⁿda.

[6] 콧소리벗기 誐 *ŋa > *ⁿga.

[7] 콧소리벗기 儞 *ni > *ⁿdi.

[8] 콧소리벗기 滿 *mᵤan > *ᵐbᵤan. 滿은 man과 ban 어디로도 다 쓰였다: 三滿多 samanta, 滿馱 bandha.

[9] 콧소리벗기 日 *njet > *ⁿẓjet.

[10] 콧소리벗기 尾 *mi > *ᵐbi.

[11] Monier-Williams(1899), 533쪽: m. the world of serpents or s° demons(called Pātāla and thought to be under the erath).

[12] 빠딴잘리(Patañjali)의 요가수뜨라(Yogasūtra) 3.1:
देशबन्धश्चित्तस्य धारणा deśabandhaś cittasya dhāraṇā '마음의 한 곳에 맴이 (생각을)모으는 것이다.'

[13] Monier-Williams(1899), 720쪽: **Bandhá**, m. ... (ifc. = connected with, conducive to, MBh.); (ifc.) conceiving, cherishing, feeling.

풀이

상스	데바	शोद्धे भूरिभूरि गर्भावति गर्भा विशोधनि कुक्षि सम्पूर्णि ज्वल ज्वल चल चल ज्वलिनि प्रबर्षतु देव सांमन्तेन दिव्यो
	로마	śuddhe[1] bhūri-bhūri garbhavati[2] garbha-viśodhani kukṣi-sampūrṇi[3] jvala jvala cala cala[4] jvalani pravarṣatu deva samantena divyo[5](dakena)
	한글	슌뎨 부리부리 가르바바띠 가르바 비쇼다니 꿕싁 삼뿌라늬 즈발라 즈발라 짤라 짤라 즈발리니 쁘라바르샥뚜 데바 사만떼나 데뽀
	풀이	맑고, 매우 크게 뱃속에 애를 밴 이(♀)여, 뱃속을 깨끗이 하는 이여, 뱃속을 꽉 채운 이여, 밝게 타올라 빛나시며, 움직여 흔드소서, 빛나는 이(♀)여, 비가 내리게 하소서, 하늘이시여, 모든 빗(물로)

오대진언	실담	(실담 문자)
	정음	·슌:뎨∘·보:리·보:리∘·알·바:바·디∘·알·바∘·미·슈·다 ·니∘·국:시∘·삼:보·라·니∘:ㅿ:방라∘:ㅿ:방라∘자라자라∘ :ㅿ:방:리·니∘ㅸ·라∘·말사:도∘:녜:바∘삼:만:뎨·나∘:니:뮤
	한자	秫弟七部哩部哩八蘗婆去嚩底九蘗婆去尾戌馱 額三十銅乞史三布囉捉一入嚩攞入嚩攞二左攞左攞三 入嚩里額四鉢囉鞞灑覩禰嚩五三去滿帝曩六你弴庾
대장경		秫第二十 步哩步哩二十一 蘗婆嚩底蘗婆尾戌馱額二十二 銅[6]吃史二合三布囉捉二十三 入嚩二合羅入嚩二合羅二十四 佐羅佐羅二十五 入嚩二合里額鉢囉二合鞞灑覩泥上聲引嚩二十六 三滿帝引曩儞泥以切眇引
되짠소리 (IPA)		$\text{ɕ}_j\text{u}_e\text{t-d}_i\text{e}_i$ $\text{bu}_o\text{-li-bu}_o\text{-li}$ $^\eta\text{gaɾ}^7\text{-ba-ba-t}_j\text{i}$ $^\eta\text{gaɾ-ba}$ $^m\text{bi}^8\text{-ɕ}_{ju}\text{o-da-ni}_{\varepsilon\eta}$ $\text{k}_{ju}\text{ok-k-ṣi}$ $\text{sam-pu}_o\text{-la- ṇi}$ $^\eta\text{ʐ}^9\text{-ba-la}$ $^\eta\text{ʐ-ba-la}$ tsa-la-tsa-la $^\eta\text{ʐ-ba-li-ni}_{\varepsilon\eta}$ $\text{p-la-}^m\text{baɾ}^{10}\text{-ṣa}$ $\text{tu}_o\text{-}^n\text{di}_i^{11}\text{-ba-sam-man-t}_i\text{e}_i\text{- na}_\eta$ $^n\text{di}^{12}\text{-}^m\text{bjɛu:}^{13}$
요즘소리		슌뎨 보리보리 알바바디 알바 미슌다니 국시 삼보라니 아바아라 아바아라 자라 자라 아바아라니 바라 말사도 녜바 삼만뎨나 니뮤

낱말

bhūri: Adj. m.f.n. Sg. 많은, 넉넉한, 큰, 힘센; No. m.n. 금(金), 브라흐마, 비슈누, 시바.

garbhavati(< garbhavatī): No. f. Sg. Voc. 뱃속에 애를 밴(이).

kukṣi: No. m. f. Sg. 뱃속[子宮], 안; 칼집; 무쇠[鋼鐵].

sampūrṇī(< sam- + √pṝ- + na/-ī): Adj. f. Sg. Voc. 꽉 채운/찬, 오롯한, 이룬.

jvala(< √jval- 1.): Pres. 2. Sg. Imp. 밝게 불타다, 이글거리다, 빛나다.

cala(< √cal- 1.): Pres. 2. Sg. Imp. 움직이다, 떨다, 휘젓다, 흔들다.

pravarṣātu(< pra- + √vṛṣ- 1. '비 오다'): Pres. 3. Sg. Imp. 비내리기 시작하다, 쏟아내다, 털어내다.

deva: No. m. Sg. Voc. 하늘.

divyodakena(< divya '하늘의' + uda- '물' -ka): No. n. Sg. Inst. 빗물.

뒤풀이

[1] 오대진언에는(ᄀ) (vi)śoddhe이나, 다른 곳에는(ᄀ) (vi)śuddhe(K1349/T1153; Manuscripta Orientalia, 2019, 59쪽)로 적혀 있다.

[2] 오대진언과 대장경(K1349/T1153)에는 garbhavati이나, 다른 곳에는 bhagavati(Manuscripta Orientalia, 2019, 59쪽)로 적혀 있다.

[3] 오대진언에는 koḥkṣi sāṃpuraṇi이나, 다른 곳에는 kukṣi saṃpuraṇi(K1349/T1153)와 kukṣi sampūraṇi(Manuscripta Orientalia, 2019, 59쪽)로 적혀 있다. 그런데 이것의 밑꼴로 보이는 sampūraṇa는 중성명사인데, 그 형용사 sampūrṇa의 여성형 sampūrṇī가 있다.

[4] 혹 calācala를 잘못 적은 것이라면, cala-acala-jvalani '반짝반짝 빛나는 분이시여'란 뜻도 생각해 볼 수 있다.

[5] 오대진언에는 divyu이나, 다른 곳에는 divyo(K1349/T1153)와 devyo(Manuscripta Orientalia, 2019, 59쪽)로 적혀 있다.

[6] 대장경(K1349/T1153)에는 金+局 위에 ㇏이 붙은 글자로 적혀 있다.

[7] 콧소리벗기 蘖 *ŋat > *ᵑgaɾ.

[8] 콧소리벗기 尾 *mi > *ᵐbi.

[9] 콧소리벗기 日 *ŋjet > *ᵑʑjet.

[10] 콧소리벗기/ㄹ소리되기 韉 *mat > *ᵐbaɾ.

[11] 콧소리벗기 泥 *nᵢeᵢ > *ⁿdᵢeᵢ.

[12] 콧소리벗기 儞 *ni > *ⁿdi.

[13] 콧소리벗기 眇 *mjɛu > *ᵐbjɛu.

풀이

상스	데바	दकेन अमृत वर्षणि देवतावतारणि अधिषिञ्चतु मे सुगत वर वचन अमृत वर वपुषे रक्ष रक्ष मम सर्व स
	로마	-dakena amṛta-varṣaṇi devatā-avatāraṇi abhiṣiñcatu me[1] sugata vara vacana amṛta[2]-vara vapuṣe[3] rakṣa rakṣa mama sarva sa-
	한글	-다께나 아므르따 바르삭늬 데바따 바나라늬 아비신짜두멤 수가따 바라짜나 아므르따 바라바 뿌셰 락삭 락삭 마마 사르바 사
풀이		~로 안 죽음[不滅]을 뿌리는 하늘이 나투신 이(♀)여, 제게(축복을) 뿌려 주소서, 잘 간 이(깨달은 이)의 가장 좋은 말씀과 안 죽음에서 뽑아낸 아름다운 모습으로 저를 지켜주소서, (뭇 살아-)

오대진언	실담	(실담 문자)
	정음	:나。:계·나。:아。:ᄆ:리:다。·말사·니。:녜:바·다。:바·다·라 ·니:아:비。·션자:도:명。·소:아다。·바·라。·바자·나。:아。:ᄆ:리 다。·바·라。·바:보·새。·락사·락사。:마:마。·살·바。·사
	한자	娜計引曩七阿上密哩多上鞿灑抳八禰嚩跢嚩跢引囉 抳九阿鼻詵去左觀茗四十蘇誐多嚩囉嚩左曩一阿密哩 多嚩囉嚩補曬一囉乞灑囉乞灑麼麼三厶甲薩嚩引薩
대장경		娜計引曩二十七 阿蜜栗二合多嚩囉灑二合抳二十八 泥上聲引嚩跢嚩跢囉抳二十九 阿鼻詵 者觀銘三十 蘇上聲誐多嚩囉嚩佐上聲曩引蜜栗二合多三十一 嚩囉嚩補曬囉吃灑二合囉 吃灑二合麼麼某甲/三十二 薩嚩薩
되짠소리 (IPA)		^{n}da^4-k$_i$e$_i$-na$_ŋ$ ^{ʔ}a-m-l$_j$i$_ə$t-ta ba-l-ṣa-ŋi ^{n}d$_i$e$_i$:^{5}-ba-ta-ba-ta-la-ŋi ^{ʔ}a-bi-ṣen-tɕa-tu$_o$ m$_i$eŋ suo-^{n}ga^6-ta ba-la-ba-tsa:-na:$_ŋ$-m-l$_j$i$_ə$t-ta ba-la-ba-pu$_o$-ɕje la-k-ṣa la-k-ṣa m$_u$a-m$_u$a saɾ-ba:-saɾ
요즘소리		나계나 아마리다 말사니 녜바다 바다리니 아비션 자도명 소아다 바라바자나 아마리다 바라 바보새 락사락사 마마살바 사

낱말

divyodakena(< divya '하늘의' + uda- '물' -ka): No. n. Sg. Inst. 빗물.

varṣaṇi(< varṣaṇa/-ī): Adj./No. f. Sg. Voc. 비내리는, 뿌리는(이♀).

devatāvatāraṇi(devatā + avatāraṇa/-ī): Adj./No. f. Sg. Voc. 하늘(하느님)이 나투신(이♀).

abhisiñcatu(< abhi + √sic- 6.): Pres. 2. Sg. Imp. 물뿌리다.

sugata(< su- + gata): Adj./No. m. Sg. Voc. 잘 간 이(깨달은이, buddha).

vara-vacana (<vara- + vacana): No. n. Sg. 골라낸/으뜸의 말씀.

amṛta(< a- + √mṛ- 6./9. + ta): PPP. No. 안죽음, 안 죽는(것, m. 신-비슈누, 시바; n. 꿀술(madhu, soma)).

amṛta-vara(< amṛta + vara < 2. √vṛ- '뽑다'): Adj. 안 죽음에서 뽑은/으뜸인.

vapuṣe(< vapus): No. n. Sg. Dat. 아름다운 모습, 생김새; Ind. 아름답도록, 예쁘도록.

뒤풀이

[1] 오대진언에는 ᤛᤚᤚᤚᤚᤚ abhiṣiṃcatu meṃ이나, 다른 곳에는 ᤛᤚᤚᤚᤚᤚ abhiṣicatu me(K1349/T1153)와 ᤛᤚᤚᤚᤚᤚ abhiṣiṃcatu me(Manuscripta Orientalia, 2019, 59쪽)로 적혀 있다.

[2] 오대진언에는 ᤛᤚᤚᤚᤚᤚᤚᤚᤚ sugata vara vacana amṛta이나, 다른 곳에는 ᤛᤚᤚᤚᤚᤚᤚᤚᤚ sugata vara vacanāmṛta(K1349/T1153)와 sugatāvacanāmṛta(Manuscripta Orientalia, 2019, 59쪽)로 적혀 있다.

[3] 오대진언에는 ᤚᤚᤚ :바:보:새 vapuṣai(?)로, 다른 곳에는 ᤚᤚᤚ vapuṣe(K1349/T1153; Manuscripta Orientalia, 2019, 59쪽)로 적혀 있다.

[4] 콧소리벗기 娜 *na > ⁿda.

[5] 콧소리벗기 泥 *n_ie_i > *$^nd_ie_i$.

[6] 콧소리벗기 誐 *ŋa > *ⁿga.

43쪽

앞

풀이

상스	데바	त्त्वानाञ्च सर्वत्र सर्वदा सर्वभायेभ्यः सर्वोपद्रवेभ्यः सर्वोपसर्गेभ्यः सर्व दुष्टभाय भितस्य सर्व कलिकलह विग्रह
	로마	ttvānāñ ca sarvatra sarvadā sarva-bhayebhyaḥ[1] sarvopadravebhyaḥ sarvopasarge-bhyaḥ sarva-duṣṭa-bhaya-bhītasya sarvakali-kalaha-vigraha[2]
	한글	뜨바난 짜 사르바뜨라 사르바다 사르바바예뱌흐 사르보빠드라베뱌흐 사르보빠사르게뱌흐 사르바 두슈똬 바야 비따샤 사르바깔리 깔라하 비그라하
풀이		어디서나 언제나 뭇 살아있는 것들의 온갖 두려움, 온갖 날벼락, 온갖 탈로부터 온갖 잘못된 두려움으로 걱정하는 이의 온갖 다툼 과 싸움에서 벗어난 이여,
오대진언	실담	(실담 범자)
	정음	ᄃ·바ᅌ·난자ᅌ·살·바ᄃ·라ᅌ·살·바·나ᅌ·살·바ᅌ·바:예·뱍ᅌ·살 ·모ᅌ·바:ㄴ·라ᅌ:볘·뱍ᅌ·살·모ᅌ·바·살:예·뱍ᅌ·살·바ᅌ·노싸 ·바:야ᅌ·비다:샤ᅌ·살·바ᅌ·가:리가ᅌ·라·하ᅌ·미:ᄋ·라·하ᅌ
	한자	怛嚩引難去左四薩嚩怛囉薩嚩娜去五薩嚩引婆去曳毗藥六薩冐引跛捺囉吠毗藥七薩冐引跛薩藝毗藥八薩嚩引訥瑟吒婆去野鼻怛寫九薩嚩引迦引里迦邏引賀五十尾疙囉賀
대장경		多嚩二合難佐三十三 薩嚩怛囉二合薩嚩娜薩婆曳毗藥二合/三十四 薩冐鉢捺囉二合吠毗藥二合/三十五 薩冐跛僧霓上聲引毗藥二合/三十六 薩嚩訥瑟吒二合婆野鼻怛寫三十七 薩嚩迦去聲里迦攞賀尾蘗囉二合賀
되짠소리 (IPA)		t-ba-nan-ʦa saɾ-ba-t-la saɾ-ba-ⁿda[3] saɾ-ba-ba-jɛi-b-jak saɾ-ᵐbo[4]-pa-ⁿd[5]-la-bⱼuɐi-b-jak saɾ-ᵐbo-pa-sə-ᵑgᵢeᵢ[6]-b-jak saɾ-ba-ⁿduₐt[7]-ʂ-ʈa-ba-ja-bi-taₜ-sja saɾ-ba-ka-li-ka-la-ɣa-ᵐbi[8]-ᵑg[9]-la-ɣa
요즘소리		다바아 난자 살바다라 살바나 살바바예뱍 살모 바나라 볘뱍 살모 살바 예뱍 살바 노시다바야 비다샤 살바가리 가라하 미이라하

낱말

sarva-sattvānāñ(< sarva- + sattva): No. n. Pl. Gen. 뭇 살아있는 것.

sarvadā: Ind. 늘, 언제나(자주 sarvatra 및 sarvathā와 함께; na와 함께 '결코 ~ 아닌').

sarva-bhayebhyaḥ(< sarva-bhaya): No. n. Pl. Dat./Abl. 온갖 두려움.

sarvopadravebhyaḥ(< sarva + upadrava): No. m. Pl. Dat./Abl. 온갖 날벼락/재앙.

sarvopasargebhyaḥ(< sarva + upasarga): No. m. Pl. Dat./Abl. 온갖 어려움/탈[疾病].

sarva-duṣṭa-bhaya-bhītasya(< sarva + duṣṭa + bhaya + bhīta): Adj./No. m. Sg. Gen. 온갖 잘못된 두려움으로 걱정하는(이).

sarvakali-kalaha-vigraha(< sarva + kali + kalaha + vigraha): Adj./No. m. Sg. Voc. 온갖 다툼과 싸움에서 벗어난(이).

뒤풀이

---

[1] 오대진언에는 (devanāgarī) tvānāñca sarvātra sarvāda sarvābhayebhyaḥ이나, 다른 곳에는 (devanāgarī) tvānāṃca sarvatra sarvadā sarvabhayebhyaḥ(K1349/T1153; Manuscripta Orientalia, 2019, 59쪽)로 적혀 있다.

[2] 오대진언에는 (devanāgarī) sarva-duṣṭa-bhaya-bhitasya sarva-kāli-kalahā-vigraha이나, 다른 곳에는 (devanāgarī) sarva-duṣṭa-bhaya-bhītasya sarva-kali-kalāha-vigraha(K1349/T1153)와 (devanāgarī) sarva duṣṭa bhaya bhītebhyaḥ sarva kali kalaha vigraha(Manuscripta Orientalia, 2019, 59쪽)로 적혀 있다.

[3] 콧소리벗기 娜 *na > ⁿda.

[4] 콧소리벗기 冐 *mo >*ᵐbo. 보라: <24쪽 뒤>의 뒤풀이 7.

[5] 콧소리벗기 捺 *na > *ⁿda.

[6] 콧소리벗기 霓 *ŋiei >*ᵑgiei.

[7] 콧소리벗기 訥 *nuət > *ⁿduət.

[8] 콧소리벗기 尾 *mi > *ᵐbi.

[9] 콧소리벗기 蘖 *ŋat > *ᵑgar.

풀이

상스	데바	विवाद दुःस्वप्न दुर्दिमितामांगल्य पाप विनशनि सर्व यक्षराक्षस नाग निवारणि सरणि सरे मलमल मलवति
	로마	vivāda-duḥsvapna-durnimitta-amaṅgalya[1]-pāpa-vināśani sarva yakṣa-rākṣasa-nāga-nivāraṇi[2]-saraṇi sare mala mala malavati
	한글	비바다 두흐스밥나 두르니민따 망갈랴 빠빠 비나샤니 사르바약삭 락삭사 나가 니바라늬 사라늬 사례 말라말라 말라바띠
풀이		겨룸과 나쁜 꿈, 나쁜 낌새, 안 좋은 것, 나쁜 것을 깨뜨리는 이(♀)여, 온갖 도깨비, 귀신과 뱀을 막고 나아가시는 분이시여, 움직이시면, 더럽디 더럽고 때묻은
오대진언	실담	(싯담 범자 3행)
	정음	·미·바:나。녹·쌉·나。놀·니。미·다。믕。:아:랴。바바。 ·미·나·샤·니。살·바。약사。락사:사。나:아·니。바 ·라·니。:사·라·니。:사:례。:마라:마라。:마라:바·디。
	한자	尾嚩娜一耨娑嚩跛曩訥額二弭跢引懵誐里也播跛 尾曩捨額三薩嚩藥乞灑囉引乞灑娑四曩引誐額嚩 囉抳五娑上囉抳娑上嚟六麼攞麼攞麼攞嚩底七
대 장 경		尾引嚩娜耨薩嚩二合跛難二合/三十八 訥額弭跢瞢去聲誐羅盧遮切播引跛尾曩捨額三十九 薩嚩藥吃叉二合囉引吃灑二合/娑四十 曩誐額嚩引囉抳薩囉抳娑嚟四十一 麼攞麼攞四十二 麼攞嚩底四十三
되짠소리 (IPA)		$^{m}bi^{3}$:-ba-$^{n}da^{4}$-$^{n}du_{o}k^{5}$ s-ba-p-nan $^{n}du_{ət}^{6}$-ni$_{eŋ}$-m$_{j}$i$_{e}$-ta-mjuŋ-^{ŋ}ga^{7}-l-ja pa:-pa-mbi-na$_{ŋ}$-ɕja-ni$_{eŋ}$ sar-ba-jak-k-ṣa la:k-k-ṣa-sa na$_{ŋ}$-^{ŋ}ga-ni$_{eŋ}$ sa-la-ŋi sa-la-ŋi sa-l$_{i}$e$_{i}$ ma-la-ma-la ma-la-ba-t$_{j}$i
요즘소리		미바나 노시밥 나 놀니 미다 미이아랴 바바 마나샤니 살바약사 락사사 나아니 바라니 사라니 사례 마라마라 마라바디

낱말

vivāda: No. m. Sg. 다툼, 겨룸, 소송.

duḥsvapna (< dus + svapna): No. m. Sg. 나쁜 꿈[惡夢].

durnimitta (< dus + nimitta): No. m. Sg. 나쁜 낌새.

amaṅgalya: No. m. Sg. 안 좋은 것, 안되는 것.

vināśani (< vi- + √naś-a + na/-ī): Adj. f. Sg. Voc. 깨뜨리는, 없애는(이 ♀).

yakṣa(< √yakṣ- 1. '빠르다', 빠알. yakkha): No. m. Sg. Acc. 도깨비, 약솨, 야차(夜叉, 북방 수호신).

rākṣasa(< rakṣas '지키는 것', 빠알. rakkhasa): Adj.No. m. Sg. 귀신, 락쵀사[8], 나찰사(羅刹娑).

nivāraṇi(< ni- + √vṛ-a + na/-ī): Adj. f. Sg. Voc. 막는, 삼가는.

saraṇi(< √sṛ- + na/-ī): Adj. f. Sg. Voc.(걸어)가는, 움직이는.

sare(< sara/-ā < √sṛ-): Adj./No. f. Sg. Voc. 흐르는, 움직이는; 시내, 움직임, 폭포.

malavati(< mala '때, 먼지, 쓰레기' + vat): Adj./No. f. Sg. Loc. 더러운.

뒤풀이

[1] 오대진언에는 ⟨글자⟩ -tāmāṃgalya이나, 다른 곳에는 ⟨글자⟩ -ttāmaṃgalya(K1349/T1153)와 -ttamaṃgala(Manuscripta Orientalia, 2019, 59쪽)로 적혀 있다.

[2] 오대진언과 대장경(K1349/T1153)에는 ⟨글자⟩ nivāraṇi이나, 다른 곳에는 ⟨글자⟩ vidāraṇi(Manuscripta Orientalia, 2019, 59쪽)로 적혀 있다.

[3] 콧소리벗기 尾 *mi > *^{m}bi.

[4] 콧소리벗기 娜 *na > ^{n}da.

[5] 콧소리벗기 耨 *nₔu > *^{n}dₔu.

[6] 콧소리벗기 訥 *nuₔt > *^{n}duₔt.

[7] 콧소리벗기 誐 *ŋa > *^{ŋ}ga.

[8] 많은 곳에서 **라크샤사**라고 적기도 하는데, 이는 받침소리를 내지 못하는 왜말 **ラークシャサ**를 따라적은 것이다. 그보다는 음운론적인 **락샤사**나 음성학적인 **락쵀사**가 더 바람직한 소리적기이다.

앞

풀이

<table>
<tr><td rowspan="3">상
스</td><td>데
바</td><td>जय जय जयतु मां सर्वत्र[1] सर्वकालं सिध्यतु[2] मे इमां महाविद्यां साधय साधय
सर्वमण्डल साधनि घातय सर्व वि</td></tr>
<tr><td>로
마</td><td>jaya-jaya jayatu māṃ sarvatra[1] sarvakālaṃ sidhyatu[2] me imāṃ mahāvidyāṃ
sādhaya sādhaya sarva-maṇḍala-sādhani ghātaya[3] sarva vi-</td></tr>
<tr><td>한
글</td><td>자야 자야 자야뚜 망 사르바뜨라 사르바깔랑 시댜뚜 메 이맘 마하비댱 사다야 사다
야 사르바만달라 사다니 가따야 사르바 비</td></tr>
<tr><td colspan="2">풀이</td><td>이기고 이기소서 나를 이겨야 하나이다. 언제 어디서나 내게 이 큰 슬기를 이뤄야
하나이다, 바로잡고 고치소서, 모든 바퀴를 바로 이끄는 이여, 부수소서, 모든</td></tr>
<tr><td rowspan="4">오
대
진
언</td><td>실
담</td><td>(실담 문자)</td></tr>
<tr><td>정
음</td><td>:ᅀᅡ:야:ᅀᅡ:야:ᅀᅡ:야ᴸ도·맘ᴼ·살·바ᄃ·라ᴼ·살·바·카·람ᴼ
·신뎐:도:명ᴼ:예·맘:마·하ᴼ·미·념ᴼ·사·다:야ᴼ·사·다
:야ᴼ·살·바ᴼ·만:나라ᴼ·사·다·니ᴼ·카·다:야ᴼ·살·바·미</td></tr>
<tr><td>한
자</td><td>惹野惹野惹野覩輅引八薩嚩怛囉薩嚩迦去覽九
悉鈿覩茗六十暆輅麼賀引尾你琰引一娑去馱野娑去馱
野二薩嚩引滿拏上攞娑馱頷三伽去多上野薩嚩尾</td></tr>
<tr><td colspan="2">대 장 경</td><td>惹野惹野惹野覩輅四十四 薩嚩怛囉二合薩嚩迦引覽四十五 悉鈿覩銘暆輅摩賀尾捻偏
琰切引娑去聲引陀野娑陀野四十六 薩嚩曼拏攞娑引陀頷四十七 伽去聲多上聲野薩嚩尾</td></tr>
<tr><td colspan="2">되짠소리
(IPA)</td><td>ⁿzja[4]-ja ⁿzja-ja ⁿzja-ja mam saɾ-ba-t-la saɾ-ba-ka:-lam sjiₐt-dien-tuo mᵢeₙ mam ma-
ɣa-ᵐbi[5]-ⁿdja:m[6] sa:-da-ja sa:-da-ja saɾ-ba-mᵥen-ⁿda[7]-la sa:-da-ni ga:-ta:-ja saɾ-ba ᵐbi</td></tr>
<tr><td colspan="2">요즘소리</td><td>아야아야 아야도맘 살바다라 살바가람 싣뎨도명 예염마하 미념 사다야 사다야
살바만나라 사다니 카다야 살바 미</td></tr>
</table>

낱말

jayatu(< √ji- 1.): Pres. 3. Sg. Imp. 이기다, 얻어내다.

sarva-kālaṃ(< sarva + kāla): Ind. 언제나, 늘.

sidhyatu(< √sidh- 4.): Pres. 3. Sg. Imp. 이뤄지다, 성공하다.

sarva-maṇḍala-sādhani(< sarva-maṇḍala-sādhanī): No. f. Sg. Voc. 모든 바퀴를 바로 이끄는(이/것[8])

ghātaya(< √han- 2.): Caus. Pres. 2. Sg. Imp. 죽게 하다, 죽이다; 망가드리다, 부수다.

뒤풀이

---

1 오대진언에는 sarvā이나, 다른 곳에는 sarva(K1349/T1153;(Manuscripta Orientalia, 2019, 59쪽)로 적혀 있다.

2 오대진언에는 siddhyantu이나, 다른 곳에는 siddhyatu(K1349/T1153)와 siddhyaṃtu (Manuscripta Orientalia, 2019, 59쪽)로 적혀 있다. 아마 sidhyantu(현재 3인칭 복수 명령형)를 잘못 쓴 것이 아닌가 싶은데, 바로 앞에 나온 jayatu(현재 3인칭 단수 명령형)와 대장경의 siddhyatu꼴에 비춰보면, sidhyatu일 듯하다.

3 오대진언에는 khādaya이나, 다른 곳에는 ghotāya(K1349/T1153)와 ghātaya(Manu-scripta Orientalia, 2019, 59쪽)로 적혀 있다. 그런데 그 한자 伽去多上野는 *ga:-ta:-ja는 khādaya에는 맞지 않고, 오히려 ghātaya에 더 들어맞는다. 뒤에 이어지는 목적어 sarva-vighnaṃ '온갖 걸림돌을'과도 잘 이어져 보인다. 다만 뜻에 있어서 khādaya가 아닌 khāḍaya '나누다, 부수다'란 말이 ghātaya와 비슷하다.

4 콧소리벗기 惹 *ɲja > *ⁿȥja.

5 콧소리벗기 尾 *mi > *ᵐbi.

6 콧소리벗기 捻僞琰切引 *ɲja:m > *ⁿdja:m.

7 콧소리벗기 拏 *ɳa > *ⁿḍa.

8 Monier-Williams(1899), 1186쪽: -maṇḍala-sādhanī, f. N. of wk.

뒤

풀이

상스	데바	(वि)घ्नं जय जय सिद्धे सिद्धे सुसिद्धे सिद्ध्यासिद्ध्या बुद्ध्याबुद्ध्या पूरय पूरय पूरणि पूरणि पूरय मे आशां सर्व विद्याधिगत
	로마	ghnaṃ[1] jaya jaya siddhe siddhe susiddhe siddhyā-siddhyā buddhyā-buddhyā[2] pūraya pūraya pūraṇi pūraṇi pūraya me[3] āśāṃ sarva-vidyā-adhigata
	한글	그낭 자야 자야 싣데 싣데 수싣데 싣댜 싣댜 붇댜붇댜 뿌라야 뿌라야 뿌라니 뿌라니 뿌라야 메 아샹 사르바비댜-아디가따
	풀이	걸림돌을, 이기고 물리치소서, 이루고 이뤄 다 되면, 이루고 이룸으로, 깨닫고 깨달음으로 꽉 채우소서, 채우는 이시여, 내 바람을 채워주소서, 뭇 앎을 얻으신
오대진언	싣담	[싯담 문자]
	정음	·ㄲ[4]·나。:ᅀᅡ:야。:ᅀᅡ:야。·싣:뎨·싣:뎨。소·싣:뎨。·싣:댜·싣:댜。·몯:댜·몯:댜。·보·라:야。·보·라:야。·보라·니。·보라·니。·보라:야。·명·아·셤。·살·바·미·냐。·디:아:다。
	한자	觀曩[引][四]惹野惹野[五]悉弟悉弟蘇悉弟[六]悉地野悉地野[七]沒地野沒地野[八]布[引]囉野布囉野[九]布攞抳布攞抳[七十]布囉野茗阿[去]苫[去一]薩嚩[引]尾你也地誐多[上]
대장경		觀曩[二合引/四十八]惹野惹野[四十九]悉遞悉遞蘇[上聲]悉遞[五十]悉地野[二合]悉地野[二合/五十一]沒地野[二合]沒地野[二合/五十二]布囉野布囉野[五十三]布囉抳布囉抳[五十四]布囉野阿[引]苫[五十五]薩嚩尾儞也[二合引]地誐多
되짠소리 (IPA)		g-naŋ ⁿʑja⁵-ja ⁿʑja-ja sjiₐt-dᵢeᵢ sjiₐt-dᵢeᵢ suₒ-sjiₐt-dᵢeᵢ sjiₐt-d-ja sjiₐt-d-ja ᵐbuₐt⁶-d-ja ᵐbuₐt⁷-d-ja puₒ-la-ja puₒ-la-ja puₒ-la-ṇi puₒ-la-ṇi puₒ-la-ja ʔa:-ɕjɛm saɾ-ba ᵐbi⁸-ⁿd⁹-ja: di-ⁿga¹⁰-ta
요즘소리		긱나 아야 아야 싣데 싣데 소싣데 싣댜싣댜 몯댜몯댜 보라야 보라야 보라니 보라니 보라야 명아셤 살바미냐 디아다

낱말

vighnam(< vi- √han- 2. + -a): No. m. Sg. Acc. 부수는(이); 걸림돌, 어려움.

siddhe(< siddha): Adj./No. m. Sg. Loc. 이룬, 성공한, 잘 차린(옷, 먹거리); 이룬 이.

siddhyā(< siddhi < √sidh- + ti[11]): No. f. Sg. Inst. 이룸, 성공, 성취.

   siddhy-asiddhi: No. f. Du. 이룸과 못이룸, 잘됨과 못됨[12].

buddhyā(< buddhi < √budh- + ti): No. f. Sg. Inst. 깨달음, 슬기, 앎.

buddhy-abuddhi: No. f. Du. 깨달음과 못깨달음, 앎과 모름, 슬기로움과 어리석음[13].

pūraya(< √pṝ - 10.): Caus. Pres. 2. Sg. Imp. 채우다, 이루다.

pūraṇi(< pūraṇa/-ī): Adj./No. f. Sg. Voc. 채워주는, 이뤄주는(이).

āśāṃ(< āśā): No. f. Sg. Acc. 바람[希望], 기대, 전망; 공간, 고장[地域].

adhigata(< adhi + √gam- + ta): Adj. m. Sg. 찾은, 얻은, 살펴본, 배운, 알게된.

뒤풀이

1 오대진언과 대장경(K1349/T1153)에는 ghnā이나, 다른 곳에는 ghnaṃ(Manuscripta Orientalia, 2019, 59쪽)로 적혀 있다. 앞에 나오는 동사 를 보면, ghnaṃ이 맞아 보인다.

2 오대진언과 다른 곳(Manuscripta Orientalia, 2019, 59쪽)에는 siddhya siddhya buddhya buddhya로, 대장경(K1349/T1153)에는 siddhya x2 bu(d)dhya bodhaya로 적혀 있다. 게다가 오대진언에서 와 의 ddhya는 dhya로 보이기도 한다. 따라서 siddhyā와 buddhyā의 잘못이 아니라면, siddha와 buddha에서 나온 말(nāma-dhātu, denominative)이거나, sidhya와 bodhaya를 잘못 적은 것일 수도 있다. 이와 비슷한 것이 신묘장구대다라니에도 다음처럼 나온다: buddhyā buddhyā bodhaya '깨달음으로 깨달음으로 깨닫게 하소서!'.

따라서 이를 아래와 같이 두 가지로 생각해 볼 수 있다:

siddhy-asiddhyā buddhy-abuddhyā '이루고 못이룸으로, 깨닫고 못깨달음으로'

siddhyā siddhyā buddhyā-buddhyā '이루고 이룸으로, 깨닫고 깨달음으로'

3 오대진언에는 puraya puraya pulaṇi pulaṇi puraya meṃ이나, 다른 곳에는 pūraya x2 pūraṇi x2 puraya me(K1349/T1153)와 pūraya pūraya pūraṇi pūraṇi pūraya mī(Manuscripta Orientalia, 2019, 59쪽)로 적혀 있다.

4 오대진언에서는 에 이어 둘째로 나온 각자병서이다. 앞서 합용병서 ᄭᅵ, ᄶᅡ, ᄲᅡᆷ, ᄹᅩ, ᄲᅡᆸ, ᄲᅧ는 몇 차례 나왔다. 觀은 동국정운(卷2, 18쪽 앞)에는 거성의 끈 *gɯn으로 나오며, 중고지나음도 *gjĕn이다. 오대진언에서 현실한자음과 달리 동국정운식 끈 *gɯn에 가까운 ᄁ로 쓴 까닭은 아직 또렷하지 않았지만, ᄁ나가 *ᄁᆞᆫ나 *gɯn-na에서 겹친 ㄴ이 떨궈진 소리(haplology)임은 미뤄 볼 수 있다.

5 콧소리벗기 惹 *ŋja > *ⁿʑja.

6 콧소리벗기 沒 *muₔt > *ᵐbuₔt.

7 콧소리벗기 沒 *muₔt > *ᵐbuₔt.

8 콧소리벗기 尾 *mi > *ᵐbi.

9 콧소리벗기 儞 *ni > *ⁿdi.

10 콧소리벗기 誐 *ŋa > *ᵑga.

11 옛인도말에 나타나는 바로톨로매의 법칙(Bartholomaes Gesetz)이다. 앞에 오는 울림숨소리와 이어지는 안울림소리가 울림소리와 울림숨소리로 바뀌는 소리닮기이다: budh + ta > bu**ddh**a, sidh + ta > si**ddh**a.

12 Monier-Williams(1899), 1216쪽: **Siddhy**, ... **-asiddhi** f. du. success of misfortune, Bhag.

13 Monier-Williams(1899), 60쪽: **A-buddhi**, *is*, f. want of understanding, ignorance, stupidity; (mfn.) ignorant, stupid; (*a-buddhyā*), ind. unintentionally.

풀이

상스	데바	मूर्ते जयोत्तरि जयवति तिष्ठ तिष्ठ सांमेयमनुपालय तथागता हृदय शोद्धे व्यवलोकयतु मामष्टभिर्महादारुण
	로마	mūrte jayottari[1] jayavati[2] tiṣṭha-tiṣṭha[3] samayam anu-pālaya tathāgata hṛdaya śuddhe vyavalokayatu mām-aṣṭabhir[4] mahādāru(ṇā)
	한글	무르떼 자욭따리 자야바띠 띠슈타 띠슈타 사마얌 아누 빨라야 따타가따 흐르다야 슏데 뱌발로까야뚜 맘 아슈똬비르 마하다루(나)
풀이		꼴을 갖춰 이길 것이 뚜렷하며 이긴 이여, 서고 서소서, 약속을 지켜주소서, 그렇게 오신 분의 마음처럼 깨끗한 이여, 저를 두루 살펴야 하나이다, 여덟 큰 나무(로)

오대진언	싣담	(실담 문자 3행)
	정음	·몰:뎨◦:ㅿ아·유다·리◦:ㅿ아:야◦·바·디◦·디따·디따◦·삼 :마:야◦:마노◦·바라:야◦다·타:아·다◦·ㆆ리:나:야◦·슌 :뎨◦:먀:바:로◦:가:야:도·맘◦:아싸:비◦:마·하·나◦·로
	한자	慕嘌帝二惹喩多哩三惹野嚩底四底瑟吒底瑟吒五三去 麽野麽努播引攞野六怛他去蘗多引絞哩乃野秫 弟七弭也嚩路引迦上野覩輅引八阿瑟吒鼻麽賀娜嚕
대장경		沒引帝五十六 惹愈引多哩惹夜嚩底五十七 底瑟吒二合底瑟吒二合/五十八 三麽野麽拏播引攞野5五十九 怛他去聲蘗多絞哩二合乃野舜入聲第弭也二合嚩路引迦野輅引/六十 阿瑟吒二合鼻摩賀娜嚕
되짠소리 (IPA)		$mu_ə{:}r^6\text{-}t_ie_i\ {}^n\!z_{\!}ja^7\text{-}juo\text{-}ta\text{-}li\ {}^n\!z_{\!}ja\text{-}ja\text{-}ba\text{-}t_j i\ t_j i\text{-}ṣ\text{-}ṭa\ t_j i\text{-}ṣ\text{-}ṭa\ sam\text{-}ma\text{-}ja\ ma\text{-}ṇa\ pa{:}\text{-}la\text{-}ja\ ta_t\text{-}t^ha\text{-}{}^ŋgat^8\text{-}ta\ ɣ\text{-}li\text{-}{}^nдɒ^9\text{-}ja\ ɕ_ju_et\text{-}d_ie_i\ m\text{-}ja\text{-}ba\text{-}l_uo\text{-}ka\text{-}ja\ ma{:}m\ ^ʔa\text{-}ṣ\text{-}ṭa\text{-}bi\ ma\text{-}ɣa{:}\text{-}{}^nda^{10}\text{-}lu_o$
요즘소리		몰뎨아유다리 아야바디 디시다 삼마야 마노바라야 다타아다 히리나야 슌뎨 먀바로 가야도맘 아시다비 마하나 로

낱말

mūrte(< mūrta): Adj./No. m. Sg. Voc. 굳은, 꼴/모습/몸을 갖춘; 실제의.

jayottari(< jayottara/-ī < jaya + uttara): Adj./No. f. Sg. Voc. 이길 것이 뚜렷한.

tiṣṭha(< √sthā- 1.): Pres. 3. Sg. Imp. 서다, 맞서다, 일어서다.

samayam (< samaya < sam- √i- 1. '가다'): No. m. Sg. Acc. 함께 감, 서로 알게 됨, 약속.
anu-pālaya(< anu + √pāl- 10./Den.): Pres. 3. Sg. Imp. 지켜보다, 지키다, 막다.
vyavalokayatu(< vi + ava + √lok- 1.): Caus. Pres. 3. Sg. Imp. 둘러보다.
aṣṭabhiḥ(< aṣṭan): Adj./No. m.n. Pl. Inst. 여덟.
mahādāruṇā(< mahā + dāru[11] '나무'): No. n. Sg. Inst. 큰 나무; 개잎갈나무(Pinus/Cedrus deodara).

뒤풀이

---

1 오대진언에는 burte jayotari이나, 다른 곳에는 mūrtte jayottari(K1349/T1153)와 mūrte jayottari(Manuscripta Orientalia, 2019, 59쪽)로 적혀 있다.

2 오대진언에는 **जयावति** jayāvati이나, 다른 곳에는 jayavati(K1349/T1153; Manuscripta Orientalia, 2019, 59쪽)로 적혀 있다.

3 오대진언과 대장경(K1349/T1153)에는 tiṣṭa-tiṣṭa 이나, 다른 곳에는 tiṣṭha-tiṣṭha(Manuscripta Orientalia, 2019, 59쪽)로 적혀 있다.

4 오대진언을 비롯하여 대장경(K1349/T1153)과 탕굳사본(Manuscripta Orientalia, 2019, 59쪽)에 모두 aṣṭabhi로 적혀 있다. 하지만 소리이음(saṃdhi)을 생각해도 aṣṭabhir여야 한다.

5 samayam anu-pālaya를 나타낸 것으로 拏는 努의 잘못으로 보이는데, 다음 보기에서 이를 미뤄볼 수 있다:
굳센 슬기(Vajra-bodhi)
三摩耶麼努播羅耶(T0932, T1087)
빈틈없고 굳센 이(Amoghavajra)
三麼也麼努播攞也 x2(T1069), 三摩也平麼努播羅去也平(T1086), 三麼也麼努播攞也(T1122),
三麼也麼努播攞也(T1132), 三麼野麼努播引攞野后妣敬愛(T1155), 三麼耶麼努播引攞耶二合/二(T1171)

6 오대진언에서 앞서 나온 모든 沒은 콧소리벗기(*mu$_{ə}$t > *^{m}bu$_{ə}$t)를 보여줬으나, 이번만은 콧소리를 지켰다.

7 콧소리벗기 惹 *ɲja > *^{ɲ}ʑja.

8 콧소리벗기 孽 *ŋat > *^{ŋ}gat.

9 콧소리벗기 乃 *nɒi > *^{n}dɒi. 그밖에 乃의 속음에 *nɒ/^{n}dɒ도 있었던 듯하다. 이는 신라의 향찰 乃 ᄂᆞ[nə](< 去乃尼叱古 *가ᄂᆞ닏고?(祭亡妹歌))와 왜의 히라가나 の(< 乃의 초서) 및 가따까나 ノ/乃(< 乃의 줄임꼴)에서 엿볼 수 있다. 그 밖에 고전범어의 시작인 빠니니(Pāṇini)의 여덟 가지 읽을 것(aṣṭādhyāyī, 8.4.68)에는 **अ अ इति** a a iti라고 했는데, a는 **विवृत** vivṛta '열린'가 아닌, **संवृत** saṃvṛta '닫힌' a라고 풀었다. 이는 현대음성학의 [ə]나[ɵ]에 가까울 듯하다. 그래도 소릿값(phone)인 [a], [ɑ], [ɐ], [ə], [ʌ]는 거의 다 낱소리(phoneme)인 /a/의 딴소리(allophone)이자 낱글자(grapheme)인 {ㅏ}, {a}, {**अ**}, {ㅣ} 따위로 나타낼 뿐이다.

10 콧소리벗기 娜 *na > * ^{n}da.

11 나무를 뜻하는 유라시아의 공통어휘(**d^{w}irV)이다:
보기) 상스. ***dāru***, 아베스타. ***dāuru***, 히타이트. ***taru***, 옛헬라. ***δόρυ***, 잉글. ***tree/tar***, 도이치. ***Teer***, 러시아. **дерево**;
만주-에벵키. **tur**-ga '버팀대'; 한. **도리**, **돌**-보 > 왜. **つり**-ぎ; 지나. **株** ***trju**-g.

풀이

상스	데바	ण भये सरसर प्रसर प्रसर सर्वावरण विशोधनि समन्ता कार मण्डल विशुद्धे विगते विगते विगत मल वि
	로마	ṇa bhaye sara sara prasara prasara sarva-āvaraṇa[1] viśodhani samanta-ākara-maṇḍala viśuddhe[2] vigate vigate vigata mala vi
	한글	냐 바예 사라 사라 쁘라사라 쁘라사라 사르바 아바르냐 비쇼다니 사만따 아까라 만달라 비슌데 비가떼 비가떼 비가따 말라 비
풀이		-로 두려움에 여기저기 나타나소서, 뭇 걸림돌을 씻는 이여, 온갖 모습의 무리가 깨끗이 되고, 사라져 없어지면, 사라진 더러움으로 깨-

오대진언	실담	(실담 문자)
	정음	·나。:바:예。:사·라:사·라。ㅸ·라:사·라。ㅸ·라:사·라。·살·바。 :바·라:나。·미·슈·다·니。·삼:만·다。·가·라。:만·나라。 ·미·슌:뎨。·미:아:뎨。·미:아:뎨。·미:아:다。:마라。·미
	한자	拏婆上曳九娑囉娑囉八十鉢囉娑囉鉢囉娑囉一薩嚩 嚩囉拏上尾戌馱顙二三去滿跢引迦去囉滿拏攞 尾秫弟二尾誐帝尾誐帝四尾誐多上麼攞尾

대장경	拏婆裳六十一 薩囉薩囉六十二 鉢囉二合薩囉鉢囉二合薩囉六十三 薩嚩引嚩囉拏尾戌引陀顙六十四 三滿跢迦引囉曼拏上聲攞尾舜入聲第六十五 尾誐帝尾誐帝六十六 尾誐多麼攞尾
되짠소리 (IPA)	ŋa ba-ʑjaŋ saɾ-la saɾ-la p-la-saɾ-la p-la-saɾ-la saɾ-ba ba-la-ŋa ᵐbi[3]-ɕⱼuo-da-niɛŋ sam-man-ta ka:-la mᵥɐn-ⁿda^4-la ᵐbi-ɕⱼuₑt-dᵢeᵢ ᵐbi-ŋga^5-ta ma-la-ᵐbi
요즘소리	나바예 사라사라 바라사라 바라사라살바바라나 미슈다니 삼만다 가라 만나라 미슌뎨 미아뎨 미아뎨 미아다 마라 미

낱말

prasara(< pra- + √sṛ- 1./3.): Pres. 2. Sg. Imp. 앞으로 나오다, 퍼지다, 나타나다, 시작하다.

āvaraṇa(< ā + √vṛ- 10. '감추다, 덮다, 막다'): No. n. Sg. Voc. 걸림돌[障], 담, 덮개; 옷.

ākara(< ā + √kṛ- 10. '만들다'): No. m. Sg. 꼴, 모습, 드러남, 얼굴모습.

vigate(< vi + gata°): No. n. Sg. Loc. 새의 낢; Adj. 가버리는, 간; 죽은, 끝난.

mala(< √mal(I)- 1.): Pres. 2. Sg. Imp. 쥐다, 갖다.

mala: No. n.(원래)더러운 것(가죽, 땀 따위), 먼지, 잘못, 슈드라의 아들; Adj. 더러운, 안 믿는.

뒤풀이

1 오대진언에는 𑖤𑖲𑖨𑖿𑖝𑖸 𑖕𑖧𑖺𑖝𑖨𑖰 burte jayotari이나, 다른 곳에는 𑖦𑖳𑖨𑖿𑖙𑖸 𑖕𑖧𑖺𑖝𑖿𑖝𑖨𑖰 mūrtte jayottari(K1349/T1153)와 𑖦𑖳𑖨𑖿𑖝𑖸 𑖕𑖧𑖺𑖝𑖿𑖝𑖨𑖰 mūrte jayottari(Manuscripta Orientalia, 2019, 59쪽)로 적혀 있다.

2 오대진언에는 𑖪𑚶𑖫𑖺𑖠𑖞𑖰 𑖭𑖾𑖦𑖿𑖦𑖡𑖿𑖝𑖯𑖎𑖯𑖨 𑖦𑖜𑖿𑖚𑖩 𑖪𑖰𑖫𑖺𑖟𑖿𑖠𑖸 viśodhani sāṃmantākāra maṇḍala viśoddhe이나, 다른 곳에는 𑖪𑖰𑖫𑖺𑖠𑖡𑖸 𑖭𑖦𑖡𑖿𑖝𑖯𑖎𑖨 𑖦𑖜𑖿𑖚𑖩 𑖪𑖰𑖫𑖲𑖟𑖿𑖠𑖸 viśodhane samantākara maṇḍala viśuddhe(K1349/T1153)와 𑖪𑖰𑖫𑖺𑖠𑖡𑖰 𑖭𑖦𑖡𑖿𑖝𑖯𑖎𑖨 𑖦𑖜𑖿𑖚𑖩 𑖪𑖰𑖫𑖲𑖟𑖿𑖠𑖸 viśodhani samantākara maṇḍala viśuddhe(Manuscripta Orientalia, 2019, 59쪽)로 적혀 있다.

3 콧소리벗기 尾 *mi > *ᵐbi.

4 콧소리벗기 拏 *ṇa > *ⁿḍa. 다만 拏上(鼻)이라는 표기는 콧소리벗기와는 무관해 보인다. 왜냐하면 앞서 나온 글에서 本拏哩迦 puṇḍarīka(윤명구, 2023, 93쪽)와 曼拏攞 maṇḍala (<44쪽 앞>) 말고 다 ṇa이기 때문이다.

5 콧소리벗기 誐 *ṅa > *ᵑga.

풀이

상스	데바	शोधनि क्षीणि क्षीणि सर्ब पाप बिशुद्धे मल विगते तेजावति वज्रावति त्रैलोक्या घिष्ठिते स्वाहा सर्ब तथागत मूर्द्धाभि(षिक्त)
	로마	śodhani kṣīṇi-kṣīṇi sarva-pāpa viśuddhe[1] mala vigate tejavati vajravati trailokya-adhiṣṭhite[2] svāhā sarva-tathāgata-mūrdhnā-abhi-[3]
	한글	쇼다니 끄싁늬 끄싁늬 사르바빠빠 비슌데 말라 비가떼 떼자바띠 바즈라바띠 뜨라일로꺄디스틱떼 스바하 사르바 따타가따 무릍다-아비-
풀이		-끗해진 이여, 여리고 섬세하며, 뭇 나쁜 것을 씻어 더러움이 없는 이여, 불 같고 번개 같은 이여, 세 누리에 계신 이(♀)여 잘 되게 하소서, 그렇게 오신 분의 머리에 물을
오대진언	실담	(실담 문자)
	정음	·슈·다·니。ㄱ:시·니。ㄱ:시·니。·살·바·바바。·미·슌:데。:마라。·미:아:데。:데:ᅀᅡ·바·디。:바:ㅿ·라。·바·디。ㄷ:래로:갸。·디:씨:데。ㅅ·바·하。·살·바。다·타:아·다。·모·다·나。:비
	한자	戌引馱顙五乞史抳乞史抳六薩嚩引播跋尾秡弟七麼攞尾誐帝八帝惹嚩底九嚩日囉嚩底十入怛賴路枳也地瑟恥帝引娑嚩賀引一薩嚩引怛他去誐多上沒馱引曩鼻
대장경		戌引陀顙六十七 乞史二合抳乞史二合抳六十八 薩嚩播引跋尾舜入聲第六十九 麼攞尾蘗帝七十 帝惹子攞切⁴嚩底嚩日囉二合嚩底怛嚩二合路引枳野二合地瑟恥二合帝娑嚩二合引賀引七十一 薩嚩怛他引蘗多沒馱毘
되짠소리 (IPA)		ε_{ju}o-da-ni$_{\varepsilon\eta}$ k-ṣi-ṇi k-ṣi-ṇi saɾ-ba pa:-pa-^{m}bi[5]-ε_{ju}o-da-ni$_{\varepsilon\eta}$ ^{m}bi-ε_ju$_e$t-d$_i$e$_i$ ma-la ^{m}bi-$^\eta$gat[6]-t$_i$e$_i$ t$_i$e$_i$-dza-ba-ti ba-$^\eta$ʐ[7]-la-ba-ti t-lai-l$_u$o-k-ja di-ṣ-tʰi-t$_i$e$_i$ s-ba:-ɣa: saɾ-ba ta$_t$-tʰa-$^\eta$gat[8]-ta mu$_ə$ɾ-da-bi-
요즘소리		슈다니 기시니 기시니 살바바바 미슌데 마라 미아뎨 뎨아바디 바이라 바디 디리로갸 디시티톄 사바아하 살바다타 아다 모다나 비

낱말

trailokya(< tri + lokya): No. n. Sg. 세 누리[三世].

**(*a*)*dhiṣṭhite*(< adhi + √sthā- 1. + -ta/-ā): PPP. f. Sg. Voc. 꽂힌, 박힌, 자리한, 말미암은.

tejavati(< tejavat = tejovat < tejaḥ -vat): Adj. f. Sg. Voc. 불같은, 날카로운, 따가운, 밝은.

mūrdhnā(< mūrdhan): No. m. Sg. Inst. 머리, 해골; 꼭대기, 맨앞; *mūrddha*(= mūrdhan = śiras)

abhiṣikte(< abhi + √sic- '붓다, 뿌리다' 6. + ta/-ā): PPP. f. Sg. Voc. 부은, 뿌린.

뒤풀이

---

[1] 오대진언에는 kṣiṇi kṣiṇi sarvā pāpa viśoddhe이나, 다른 곳에는 kṣiṇi kṣiṇi sarva-pāpa viśuddhe(K1349/T1153; Manuscripta Orientalia, 2019, 59쪽)로 적혀 있다.

[2] 오대진언에는 trailokyadhiṣṭite, 대장경에는 trailokyādhiṣṭite(K1349/T1153)처럼보이며, 탕군사본(Manuscripta Orientalia, 2019, 59쪽)에는 trailokyādhiṣṭhite로 적혀 있다.

[3] 오대진언에는 mudhānabhi이나, 다른 곳에는 mūrdhnābhi(K1349/T1153)와 mūrddhābhi(Manuscripta Orientalia, 2019, 59쪽)로 적혀 있다.

[4] 보라: <30쪽 앞>의 惹自攞反/引野와 <34쪽 앞>의 jaya를 옮겨적은 惹子曳切野 *tsjɛi-ja. 따라서 惹自攞反野이 바른 반절로 보인다.

[5] 콧소리벗기 尾 *mi > *ᵐbi.

[6] 콧소리벗기 蘖 *ŋat > *ᵑgaɾ.

[7] 콧소리벗기 日 *ŋjet > *ᵑʐjet.

[8] 딴꼴의 孽 소리로 갈음했으며, 콧소리벗기 孽 *ŋat > *ᵑgat.

풀이

상 스	데바	षिक्ते स्वाहा सर्वबोधिसत्त्वाभिषिक्ते स्वाहा सर्वदेवताभिषिक्ते स्वाहा सर्वा तथागत हृदय धिष्ठित हृदये स्वाहा सर्वा त
	로마	ṣikte svāhā sarva-bodhisattva-abhiṣikte[1] svāhā sarva devatā-abhiṣikte[2] svāhā sarva-tathāgata-hṛdaya-adhiṣṭhita[3] hṛdaye svāhā sarva ta
	한글	식떼 스바하 사르바 보디샅뜨바 아비식떼 스바하 사르바 데바따 아비식떼 스바하 사르바 따타가따 흐르다야 아디스틱따 흐르다에 스바하 따
풀이		부은 이(♀)여, 스바하, 뭇 오롯한 슬기에 든 님께서 물 부은 이여, 스바하, 뭇 하늘의 님들께서 물 부은 이여, 스바하, 뭇 그렇게 오신 분들의 마음이 들어있는 마음에, 잘 되게 하소서, 뭇 그-

오 대 진 언	실담	(실담 문자)
	정음	·식:데ㅇㅅ·뱌·하ㅇ 살바모디ㅇ사ᄃ 뱌ㅇ 비식데ㅇㅅ·뱌·하ㅇ ·살·뱌ㅇ:녜:뱌·다ㅇ:비·식:데ㅇㅅ·뱌·하ㅇ·살·뱌ㅇ다·타:아 :다ㅇ·ㅎ·리:나·야ㅇ·디:찌다ㅇ·ㅎ:리·나:예ㅇㅅ·뱌·하ㅇ·살·뱌ㅇ다
	한자	色訖帝娑嚩賀 引二 薩嚩冒地薩怛嚩鼻色訖帝娑嚩賀 引三 薩嚩禰嚩哆鼻色訖帝娑嚩 引 賀 引四 薩嚩怛他蘗多 上 紇哩娜夜地瑟恥多紇哩乃曳娑嚩賀 引五 薩嚩 引 怛
대 장 경		色訖帝 二合 娑嚩賀 引/七十二 薩嚩冐地薩多嚩 二合 毘色訖帝 二合 娑嚩 二合引 賀 引/七十三 薩嚩泥 上聲 嚩跢毘色訖帝 二合 娑嚩 二合引 賀 引/七十四 薩嚩怛他 去聲引 誐多紇哩 二合 乃夜地瑟恥 二合 多紇哩 二合 乃曳 引 娑嚩 二合引 賀 引/七十五 薩嚩怛
되짠소리 (IPA)		ṣjək-k-tᵢeᵢ s-ba-ɣa: saɾ-ba ᵐbo[4]-di-sat-t-ba bi-ṣjək-k-tᵢeᵢ s-ba:-ɣa: saɾ-ba ⁿdᵢeᵢ[5]-ba bi-ṣjək-k-tᵢeᵢ s-ba:-ɣa: saɾ-ba taₜ-tʰa-ⁿgat[6]-ta ɣ-li-ⁿdɒ[7]-ja di-ṣ-tʰi-ta ɣ-li-ⁿdɒ-jɛᵢ s-ba:-ɣa: saɾ-ba ta-
요즘소리		시기기데 사바하 살바모디 사다바하 비시기데 사바하 살바녜바다 비시기데 사바하 살바다타아다 히리나야 디시티다 히리나예 사바하 살바다

낱말

devatā: No. f. Sg. 하늘(하느님), 신(성), 신의 모습; Ind. 거룩하게, 신성으로, 신과 함께.

abhiṣikte(< abhi + √sic- '붓다, 뿌리다' 6. + ta/-ā): PPP. f. Sg. Voc. 부은, 뿌린.

adhiṣṭhita(< adbhi + √sthā- 1. '서다' -i- + ta): PPP. m. Sg. 꽂혀 있는, 들어 있는, 자리한.

뒤풀이

1 오대진언에는 sarvā bodhisatvābhiṣikte이나, 다른 곳에는 sarva bodhisatvābhiṣikte(K1349/T1153; Manuscripta Orientalia, 2019, 59쪽)로 적혀 있다.

2 오대진언에는 sarvā devatābhiṣikte이나, 다른 곳에는 sarva devatābhiṣikte(K1349/T1153; 탕군사본 Manuscripta Orientalia, 2019, 60쪽)로 적혀 있다.

3 오대진언에는 sarvā tathāgata hṛdayadhiṣtita이나, 다른 곳에는 sarvā tathāgata hṛdayadhiṣtita(K1349/T1153)와 sarvā tathāgata hṛdaya-dhiṣṭhita(Manuscripta Orientalia, 2019, 60쪽)로 적혀 있다.

4 콧소리벗기 冒 *mo >* ᵐbo.

5 콧소리벗기 泥 *nᵢeᵢ > *ⁿdᵢeᵢ.

6 딴꼴의 孽 소리로 갈음했으며, 콧소리벗기 孽 *ŋat > *ⁿgat.

7 콧소리벗기 乃 *nɒi > *ⁿdɒi.

풀이

상스	데바	थागत समय सिध्ये स्वाहा इन्द्रे इन्द्रवति इन्द्र व्यवलोकिते स्वाहा ब्रह्मे ब्रह्म द्युक्षिते स्वाहा विष्णु नमस्कृते स्वाहा महेश्व
	로마	thāgata-samaya[1] siddhe svāhā indre indravati indra-vyavalokite[2] svāhā brahme brahma adhyuṣite svāhā viṣṇu-namas-kṛte[3] svāhā maheśva
	한글	타가따 사마야 실데 스바하 인드레 인드라바띠 인드라 뱌발로끼떼 스바하 브라흐메 브라흐마 디식떼 스바하 비스누 나마흐 스끄르떼 스바하 마헤슈바
풀이		렇게 오신 분의 다짐[誓]을 이룬 이에게 잘 되게 하소서, 인드라께 인드라 같은 이여, 인드라가 두루 살피는 이에게 잘 되게 하소서, 브라흐마께 브라흐마가 자리한 이여 스바하, 비슈누 섬김에 잘 되게 하소서, 큰 분-

오대진언	실담	(실담 문자)
	정음	·타:아·다。·삼:마:야。·실:데。ㅅ·밝·하。인:ㄴ:레。·인:ㄴ·라:바 ·디。·인:ㄴ·라:먀:바·로。:기:데。ㅅ·밝·하。:ᄝ·라·ㅎ:명。·ᄝ·라·ㅎ:마。·뉵 :시:데。ㅅ·밝·하。밋·노·나·막。·ᄯ리:데。ㅅ·밝·하。:마:혜。·시:밝[5]
	한자	他去蘗跢三麼野悉弟娑嚩引賀引六 印捺嚦印捺囉嚩 底印捺囉弭也嚩路枳帝娑嚩賀引七沒囉賀銘沒囉賀麼你庾 乞史帝娑嚩賀引八尾瑟努曩莫塞訖哩帝引娑嚩引賀引九麼系濕嚩
대장경		他引誐多三麼野悉第娑嚩二合引賀引)(七十六 印捺嚦二合印捺攞二合嚩底印捺囉二合弭 也二合嚩路引枳帝娑嚩引合引賀引/七十七 沒囉二合憾銘二合波囉二合憾麼二合底庾二合史 帝娑嚩二合引賀引/七十八 尾瑟弩二合曩莫塞訖哩三合帝娑嚩二合引賀引/七十九 摩係濕嚩 二合
되짠소리 (IPA)		t^ha-^{n}gat[6]-ta sam-ma-ja sji$_ə$t-d$_i$e$_i$ s-ba:-γa: ʔi$_ə$n-^{n}d[7]-l$_i$e$_i$ ʔi$_ə$n-^{n}d[8]-la-m-ja-ba-l$_u$o-ki$_j$-t$_i$e$_i$ s-ba:-γa: ^{m}b[9]-la-γ-m$_i$e$_\eta$ p-la-γ-ma t-ju-ṣi-t$_i$e$_i$ s-ba:-γa: ^{m}bi[10]-ṣ-nu$_o$ na$_\eta$-mak s-k-li-t$_i$e$_i$ s-ba:-γa: ma-k$_i$e$_i$-ɕ-ba
요즘소리		타아다 삼마야 실데 사바하 이니레 인니라 바디 인니라 먀바로 기데 사바하 미라히명 뉵시데 사바하 밋노나막 까리데 사바하 마헤비아

낱말

vyavalokite(< vy +ava + √lok- 1./10. '보다' -i- + ta/-ā): PPP. f. Sg. Voc. 두루 살핀(이).

brahma (<√bṛh- 1.[11]): No. n. Sg. 브라흐마[梵].

adhyuṣite(< adhi +√vas- 10. '살다' -i- + ta/-ā): Adj. f. Sg. Voc. 산[住居], 자리한; **-e** Ind. 새벽에.

namas-kṛte(< namas + √kṛ- 8. '하다' + ti): Adj. f. Sg. Voc. 섬김, 절하기[敬拜].

maheśvara(< mahā + īśvara): No. m. Sg. 거룩한 분, 큰 님, 신; 인드라, 시바.

뒤풀이

[1] 오대진언에는 𑖝𑖯𑖐𑖝𑖯 𑖭𑖰𑖦𑖧 thāgatā saṃmaya이나, 다른 곳에는 𑖝𑖯𑖐𑖝 𑖭𑖦𑖧 thāgata samaya(K1349/T1153; Manuscripta Orientalia, 2019, 60쪽)로 적혀 있다.

[2] 오대진언에는 𑖂𑖡𑖿𑖟𑖿𑖨𑖸 inre īnravati īndra myavalokite이나, 다른 곳에는 𑖂𑖡𑖿𑖟𑖿𑖨𑖸 indre indravati indra vyavalokite(K1349/T1153; Manuscripta Orientalia, 2019, 59쪽)로 적혀 있다.

[3] 오대진언에는 𑖤𑖿𑖨𑖮𑖿𑖦𑖸 brahmeṃ brahma dyukṣite svāhā viṣṇo namaḥ이나, 다른 곳에는 𑖤𑖿𑖨𑖮𑖿𑖦𑖸 brahme brahya adhyuṣite svāhā viṣṇī namaḥ(K1349/T1153)와 𑖤𑖿𑖨𑖮𑖿𑖦𑖸 brahme brahma dyuṣite svāhā viṣṇu namas(Manuscripta Orientalia, 2019, 59쪽)로 적혀 있다.

[4] 원문의 𑖂𑖡𑖿𑖟𑖿𑖨𑖸에서 𑖨, 𑖨, 𑖨는 정음 ·인:ㄴ:례˚·인:ㄴ·라˚:바·디˚·인:ㄴ·라나 한자 印捺囄印捺囉嚩底印捺囉에서 볼 수 있듯이 **-ndre**, **-ndra** 및 **-ndra**이겠지만, **-nre**, **-nra** 및 **-nra**처럼 보이기도 한다. 그래서 안 영희(2018, 225쪽)는 **-nre**, **-nra** 및 **-nra**로 봤다. 내 눈에는 앞의 둘은 **-nre**, **-nra**와 비슷하나, 뒤의 하나는 **-nra**처럼 보인다.

[5] 원문의 ·시·바는 앞서 나온 글에는 모두 ·시:**바**로 적혀 있듯이 상성을 나타내는 점 하나가 지워진 듯하다.

[6] 딴꼴의 孽 소리로 갈음했으며, 콧소리벗기 孽 *ŋat > *ᵑgat.

[7] 콧소리벗기 捺 *na > *ⁿda.

[8] 콧소리벗기 捺 *na > *ⁿda.

[9] 콧소리벗기 沒 *muₐt > *ᵐbuₐt.

[10] 콧소리벗기 尾 *mi > *ᵐbi.

[11] 보라> Glaubhaft *$b^h re\hat{g}^h$(Manfred Mayrhofer, 1996, 236-238쪽). 학문적으로 그 말밑이 확정되지 않았지만, 인도 안에서는 √bṛh- 1 '불다, 붓다, 커지다'에서 나왔다고 보고 있다. 이에 따르면 웃인도-유럽말 *$b^h re\hat{g}$-나 *$b^h er\hat{g}^h$-에서 나왔을 수도 있는데, 이 뿌리는 조심스럽게 '우리네 말' 차원에서 한국말 **볼록**, **불룩**, **보름**-달 및 **불**-다, **부르**-다도 이어질 수 있어 보인다.

풀이

상스	데바	रमन्दित पुजिताये स्वाहा वज्रधर वज्रपाणि मलवीर्याधिष्ठिते स्वाहा धृतरा ष्ट्रय स्वाहा विरू ढकय स्वाहा विरू पक्ष
	로마	ra-vandita-pūjitāye[1] svāhā vajra-dhara vajra-pāṇi-balavirya-adhiṣṭhite[2] svāhā dhṛta-rāṣṭrāya svāhā virūḍhakāya svāhā virūpākṣa[3]-(ya)
	한글	라 반디따 뿌지따예 스바하 바즈라-다라 바즈라-빠늬 발라비야 아디스틱떼 스바하 드르따-라스뜨라야 스바하 비루닥까야 스바하 비루빡삭
풀이		-을 기리고 섬긴 이(♀)에게, 번개를 갖고 번개를 휘두르며 힘과 씩씩함이 있는 이에게, 나라를 쥔 이에게, 커진 이에게 잘 되게 하소서, 여러 눈을 가진 이(에게)
오대진언	실담	[실담(Siddham) 범자 3행]
	정음	·라◦:만·니다◦:보:ㅿㅣ·다:예◦ㅅ·뱌·하◦:바:ㅿ·라◦·다·라◦:바 :ㅿ·라◦·바·니◦:마라·미:랴◦·디:쎄:뎨◦ㅅ·뱌·하◦ㄷ:리:다·라◦ ㅼ·라:야◦ㅅ·뱌·하◦·미·로◦·다가:야◦ㅅ·뱌·하◦·미·로◦·박사
	한자	囉滿你多布尔跢引曳娑嚩引賀引二百嚩日囉馱囉嚩 日囉播捉麼攞尾哩也地瑟恥帝娑嚩引賀引一地呬多上囉 瑟吒囉野娑嚩引賀引二尾嚕茶迦野娑嚩引賀引三尾嚕播引乞灑
대장경		囉滿儞多上聲布爾而呬切,下同跢曳娑嚩二合引賀引/八十 嚩日囉二合陀囉嚩日囉二合播捉 麼攞尾引哩野二合地瑟恥二合帝娑嚩二合引賀引/八十一 地呬二合多囉引瑟吒囉二合[4]野薩 嚩二合引賀引/八十二 尾嚕引茶去聲迦引野薩嚩嚩二合引賀引/八十三 尾嚕播引吃灑二合
되짠소리 (IPA)		la-ᵐban[5]-ⁿdi:[6]-ta pu₀-ⁿzi[7]:-ta-jɛi s-ba:-ɣa: ba-ⁿz[8]-la da-la ba-ⁿz-la pa-ṇi ᵐba[9]-la-ᵐbi[10]-l-ja-di-ṣ-tʰi-tᵢeᵢ s-ba:-ɣa: d-ljo-ta la:-ṣ-ṭ-la-ja s-ba:-ɣa: ᵐbi-lu₀-ḍa-ka:-ja s-ba:-ɣa: ᵐbi-lu₀-pa:-k-ṣa
요즘소리		라 만니다 보이다예 사바하 바이라 다라 바이라 바니마라 미랴 디시티테 사바하 다라다라 시다라야 사바하 미로다가야 사바하 미로박사

낱말

vandita(< √vand- 1. '기리다' -i- + ta/-ā): No. f. Sg. Voc. 기린, 노래한, 축하한.

pūjitāye(=pūjitāyai < pūjita < √pūj- 1./10. + -i- + ta/-ā): PPP. f. Sg. Voc. 떠받든, 모신, 섬긴.

balavirya(< bala + virya): No. m. Sg. 힘과 씩씩함/사내다움/영웅심.

dhṛta-rāṣṭrāya(< dhṛta '가진, 쥔' + rāṣṭra '나라, 영역'): No. m. Sg. Dat. 나라를 쥔 이[持國天王[11]].

virūḍhakāya(< vi- √ruh- 1.-ta- + -ka; Paḷ. virūḷhaka): No. m. Sg. Dat. 자란, 커진 이[增長天王[12]].

virūpākṣāya(< virūpa '여러' + ākṣa '눈'): No. m. Sg. Dat. 여러 눈을 가진 이[廣目天王[13]].

뒤풀이

---

[1] 오대진언에는 𑀫𑀦𑁆𑀦𑀺𑀢 mannita pujitāye이나, 다른 곳에는 𑀯𑀦𑁆𑀫𑀺𑀢 vanmita pūjitāye(K1349/T1153)와 𑀯𑀦𑁆𑀤𑀺𑀢 vandita pūjitāye(Manuscripta Orientalia, 2019, 60쪽)로 적혀 있다.

[2] 오대진언에는 𑀫𑀮𑀯𑀻𑀭𑁆𑀬 mala-viryadhiṣṭite이나, 다른 곳에는 𑀯𑀮𑀯𑀻𑀭𑁆𑀬 valavīryādhiṣṭite(K1349/T1153)와 𑀫𑀮𑀬 malaya-adhiṣṭhite(Manuscripta Orientalia, 2019, 60쪽)로 적혀 있다.

[3] 오대진언에는 𑀥𑀺𑀢 dhṛta-rāṣṭraya svāhā virūḍhakaya svāhā virūpaḥkṣa이나, 다른 곳에는 𑀥𑀺𑀢 dhṛte rāṣṭrāya svāhā virūḍhakāya svāhā virūpākṣā(K1349/T1153)와 𑀥𑀺𑀢 dhṛta-rāṣṭrāya svāhā virūḍhakāya svāhā virūpākṣā(Manuscripta Orientalia, 2019, 60쪽)로 적혀 있다.

[4] 三合이어야 한다.

[5] 콧소리벗기 滿 *muan > *mbuan.

[6] 콧소리벗기 儞 *ni > *ndi.

[7] 콧소리벗기 爾 *ṇi > *ṇzi.

[8] 콧소리벗기 日 * njet > *nzjet.

[9] 콧소리벗기 麼 *ma > *mba.

[10] 콧소리벗기 尾 *mi > *mbi.

[11] 상스. dhṛ-ta '가진, 쥔' + rāṣṭra '나라'로 지나에서는 持國으로 옮겼다: 持國天王(K1293/T0982).

[12] 상스. √ruh- '자라다, 트다, 크다'로 지나에서는 增長으로 옮겼다: 增長天王(K1293/T0982). 그밖에 '막 싹튼 낟알(Monier-Williams 1899, 984쪽: **vi-°rūḍhaka** mn. grain that has begun to sprout,)'도 뜻함.

[13] 상스. virūpa '여러 모습' + ākṣa '눈'으로 지나에서는 廣目으로 옮겼다: 廣目天王(K1293/T0982).

48쪽

앞

풀이

상스	데바	य स्वाहा वैश्रमणाय स्वाहा चतुर्महाराज नमस्कृताय स्वाहा यमाय स्वाहा यम पूजित नमस्कृताय स्वाहा वरुणाय स्वा
	로마	ya svāhā vaiśramaṇāya[1] svāhā caturmahārāja-namas-kṛtāya[2] svāhā yamāya svāhā yama-pūjita-namas-kṛtāya svāhā varuṇāya[3] svā
	한글	야 스바하 바이슈라마놔야 스바하 짜뚜르마하라자 나마스 끄르따야 스바하 야마야 스바하 야마뿌지따나마스끄르따야 스바하 바루놔야 스바(하)
풀이		낱낱이 듣는 이에게, 네 큰 임금을 섬기는 이에게, 야마에게, 야마가 섬기는 이에 게 잘 되게 하소서, 물의 님에게 잘 되게 (해주소서)

오대진언	실담	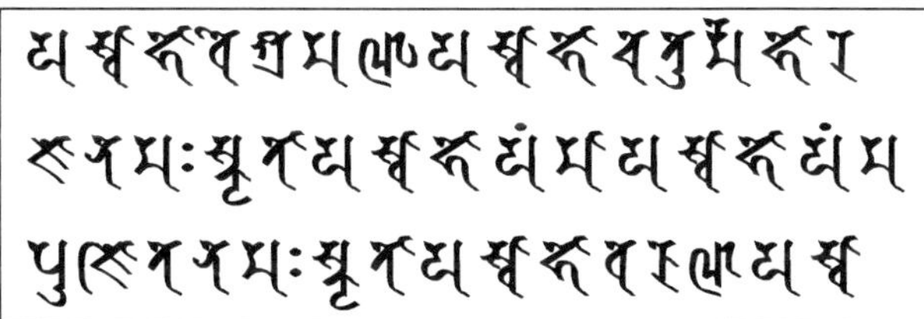 (실담 문자)
	정음	:야ᅟᅀᆞ·밝·하:베·시·라ᄋᆞ·마·나:야ᅟᅀᆞ·밝·하ᄋᆞ자·돌:마·하ᄋᆞ·라 :사·나·막ᄋᆞ·ᄭᅵ리·다:야ᅟᅀᆞ·밝·하:염·마:야ᅟᅀᆞ·밝·하:염·마ᄋᆞ :보:ᄭᅵ 다ᄋᆞ·나·막ᄋᆞ·ᄭᅵ리·다:야ᅟᅀᆞ·밝·하:바·로:나:야ᅟᅀᆞ·밝
	한자	野娑嚩引賀引四吠室囉麽拏野娑嚩引賀引五拶咄麽賀囉 惹曩莫塞訖哩跢引野娑嚩嚩賀六琰麽野娑嚩賀七琰麽 布嗟哆曩莫塞訖哩跢野娑嚩嚩賀八嚩嚕拏上引野娑嚩嚩

대장경	野薩嚩二合引賀引八十四 吠武每切引室囉二合摩拏引野薩嚩二合引賀引拶咄摩賀引囉惹 曩莫塞訖哩二合多野薩嚩二合引賀引八十五 焰麽引野薩嚩二合引賀引八十六 焰麽引布引 爾多曩莫塞訖哩三合跢野薩嚩二合引賀引八十七 嚩嚕引拏引野薩嚩嚩二合引
되짠소리 (IPA)	ja s-ba:-ɣa: bⱼuɐi-ɕ-la-ma-ɳa:-ja s-ba:-ɣa: ʦuat-tuₐr-ma-ɣa:-la-ⁿzja[4] naɳ-mak s-k-li-ta-ja s-ba:-ɣa: jæm-ma:-ja s-ba:-ɣa: jæm-ma:-puₒ:-ⁿzi[5]-ta naɳ-mak s-k-li-ta-ja ba-luₒ:- ɳa:-ja s-ba:
요즘소리	야 사바하 볘시라 마나야 사바하 자돌 마하라아나막 식리다야 사바하 염마야 사 바하 염마보이다 나막 식리다야 사바하 바로나야 사바

낱말

vaiśramaṇāya(< vaiśravaṇa = vaiśrav[6]aṇa < vi- √śru- 1): No. m. Sg. Dat. 낱낱이 듣는 이[多聞天王[7]].

namaḥ-skṛtāya(< namas-kṛta < namas + √(s)kṛ- 8. + -ta = -ti): PPP. m. Sg. Dat. 섬기는, 절하는(이).

yama-pūjita[8](< yama + √pūj- 1./10. '섬기다' -i- + ta): PPP. 야마가 섬기는(이).

varuṇāya(< varuṇa < √vṛ- 1. '덮다'): No. m. Sg. Dat. 바루냐(세상을 덮는 것, 물의 님[水神, 水天]).

뒤풀이

[1] 오대진언에는 veśramaṇaya이나, 다른 곳에는 vaiśramaṇāya(K1349/T1153; Manuscripta Orientalia, 2019, 60쪽)로 적혀 있다.

[2] 오대진언과 대장경(K1349/T1153)에는 caturmahārāja-namaḥ-skṛtāya이나, 탕군사본에는 caturmahārāja-namas-kṛtāya(Manuscripta Orientalia, 2019, 60쪽)로 적혀 있다. 이런 namaḥ-skṛta와 namas-kṛta 두 꼴 및 namaḥ-kṛta 어느 하나도 틀린 것은 아니고, 있을 수 있다.

[3] 오대진언에는 yaṃmaya svāhā yaṃmā-pūjita namaḥ-skṛtāya svāhā varuṇaya이나, 다른 곳에는 yaṃmāya svāhā yaṃma-pūjita namaḥ-skṛtāya svāhā varuṇāya(K1349/T1153)와 yamāya svāhā yamā-pujita namas-kṛtāya svāhā varuṇāya(탕군사본 Manuscripta Orientalia, 2019, 60쪽)로 적혀 있다.

[4] 콧소리벗기 惹 *ɲja > *ⁿzⱼa.

[5] 콧소리벗기 爾 *ɲi > *ⁿzi.

[6] 옛인도말에 보이는 특징에는 *l*과 *r*이 오가는 현상 말고도 *b*와 *v* 및 *m*까지 오가는 것이 있다. 이런 현상은 부분적(b와 v)으로 아직 힌디말까지도 이어진다.

[7] 상스. vi- '낱낱이' + √śru- 1. '듣다'로 지나에서는 多聞으로 옮겼다: 多聞天王(K1293/T0982).

[8] jama-pūjita로도 나오는데, jama-는 yama-의 속화된 꼴이다: 보기) jamaja = yamaja '쌍둥이로 태어난', jamaśva = yamaśva '야마의 개', jemana = yemana '먹기, 먹음, 먹거리'. 이것은 라띤말의 I[i:]가 프랑스말에서 ji[ʒi]나 잉글말에서 jay[dʒeɪ]로 된 것과 비슷하다.

풀이

상스	데바	हा मारुताय स्वाहा महामारुताय स्वाहा अग्नये स्वाहा नागविलोकिताय स्वाहा देवगणेभ्यः स्वाहा नागगणेभ्यः स्वाहा यःक्ष
	로마	hā mārutāya[1] svāhā mahāmarūtāya[2] svāhā agnaye svāhā nāgavilokitāya[3] svāhā deva-gaṇebhyaḥ svāhā nāga-gaṇebhyaḥ[4] svāhā yakṣa[5]
	한글	하 마루따야 스바하 마하마루따야 스바하 아그나예 스바하 나가빌로끼따야 스바하 데바가네뱌흐 스바하 나가가네뱌흐 스바하 약삭
풀이		(잘 되게)해주소서, 바람의 님(마루따)에게, 큰 바람의 님(마하마루따)에게, 불의 님(아그니)에게 바치나이다, 코끼리처럼 보신 님에게 바치나이다, 하늘의 무리에, 뱀의 무리에게 바치나이다, 도깨비-

오대진언	싣담	(실담 문자)
	정음	·하ᵒ·마·로·다:야ᵒᄉ·밝·하ᵒ:마·하ᵒ:마·로·다:야ᵒᄉ·밝·하ᵒ :아:ᵒ·나:예ᵒᄉ·밝·하ᵒ·나:아·미·로ᵒ:기·다:야ᵒᄉ·밝·하ᵒ:녜 :바:아ᵒ:녜·뱍ᵒᄉ·밝·하ᵒ·나:아:아ᵒ:녜·뱍ᵒᄉ·밝·하ᵒ·약사
	한자	賀引九麼嚕跢野娑嚩引賀引十麼賀麼嚕跢野娑嚩賀引一 阿疙曩曳娑嚩引賀引二曩誐尾路枳跢引野娑嚩賀三引禰 嚩誐妳毗藥娑嚩賀四引曩誐誐妳毗藥娑嚩賀五引藥乞灑

대장경	賀引/八十八 麼嚕哆野薩嚩二合引賀引/八十九 摩賀麼嚕跢野薩嚩二合引賀引/九十 阿㖿曩二合曳引薩嚩二合引賀引/九十一 曩誐尾路枳跢野薩嚩二合引賀引/九十二 泥上聲引嚩誐嬭引毗藥二合薩嚩二合引賀引/九十三 曩引誐誐嬭引毗藥二合薩嚩二合引賀引/九十四 藥乞灑二合
되짠소리 (IPA)	ɣa: ma-lu$_o$-ta s-ba:-ɣa: ma-ɣa:-ma-lu$_o$-ta-ja s-ba:-ɣa: ˀa-ɣ-na$_ŋ$-jɛi s-ba:-ɣa: na$_ŋ$-^{ŋ}ga[6]-^{m}bi[7]-l$_u$o-ki-ta-ja s-ba:-ɣa: ^{n}d$_i$e$_i$[8]-ba-^{ŋ}ga-ŋai-b-jak s-ba:-ɣa: na$_ŋ$-^{ŋ}ga-^{ŋ}ga-ŋai-b-jak s-ba:-ɣa: jak-k-ṣa
요즘소리	하 마로다야 사바하 마하 마로다야 사바하 아이나예 사바하 나아미로 기다야 사바하 녜바아 녜뱍 사바하 나아아 녜뱍 사바하 약사

낱말

mārutāya(< māruta = maruta = marut): No. m. Sg. Dat. 마루따(바람의 님[風神]).

agnaye(< agni): No. m. Sg. Dat. 아그니(불의 님[火神]).

nāgavilokitāya(< nāgavilokita = nāgavalokita): PPP.Adj. m. Sg. Dat. 코끼리처럼 보는[如象王視[9]].

deva-gaṇebhyaḥ(< deva-gaṇa): No. m. Pl. Dat./Abl. 하늘의 무리[天衆].

nāga-gaṇebhyaḥ(< nāga-gaṇa): No. m. Pl. Dat./Abl. 뱀의 무리[龍[10]衆].

뒤풀이

---

[1] 오대진언에는 마루타야 marūtāya svāhā mahāmarūtāya이나, 다른 곳에는 marūtāya svāhā mahāmarūtāya(K1349/T1153)와 marūtāya svāhā mahāmā-rūtāya(Manuscripta Orientalia, 2019, 60쪽)로 적혀 있다.

[2] 오대진언에는 marūtāya이나, 다른 곳에는 marutāya(K1349/T1153)와 mārūtāya (Manusc-ripta Orientalia, 2019, 60쪽)로 적혀 있다.

[3] 오대진언에는 nāgavilokitāya이나, 다른 곳에는 nāgavilokiteya(K1349/T1153)와 nāgavilokitāya(Manusc-ripta Orientalia, 2019, 60쪽)로 적혀 있다.

[4] 오대진언과 탕굳사본(Manuscripta Orientalia, 2019, 60쪽)에는 nāgagadebhyaḥ이나, 다른 곳에는 nagagaṇebhyaḥ(K1349/T1153)로 적혀 있다. 다만 오대진언의 훈민정음과 한자 표기 :아ᅌᅩ:녜 誐娥는 앞에는 로 뒤에는 로 되어 있어서 뒤의 것도 를 잘못 적은 듯하다.

[5] 오대진언에는 yaḥkṣa이나, 다른 곳에는 yakṣa(K1349/T115; 탕굳사본 Manuscripta Orientalia, 2019, 60쪽 3)로 적혀 있다.

[6] 콧소리벗기 誐 *ŋa > *ⁿga.

[7] 콧소리벗기 尾 *mi > *ᵐbi.

[8] 콧소리벗기 泥 *nᵢeᵢ > *ⁿdᵢeᵢ.

[9] 큰 넘어선 앞선 슬기를 가리킴(Mahāprajñā-pāramitopadeśa, K0549/T1509 大智度論) 卷34. 如象王視者, 若欲迴身觀時, 擧身俱轉. 大人相者, 身心專一; 是故若有所觀, 身心俱迴.

Gelongma Karma Migme Chödrön 되옮김(2001) 1921쪽: When one swivels one's body and, in order to look, turns one's whole body, this is "the gaze like that of the elephant"(nāgāvalokita) 및 그 뒤풀이 257.

비교: 이 글 <40쪽 뒤>의 ***nāga-vilokite*** 및 <41쪽 앞>의 ***nāga-vilokini***.

[10] 보라> 윤명구(2023) 25쪽. 인도의 나가(nāga < PIE. *(s)nēg- '뱀' > Eng. *s-nake*, s-mobile)를 지나에서는 龍으로 옮겼다.

앞

풀이

상스	데바	गणेभ्यः स्वाहा राक्षसगणेभ्यः स्वाहा गन्धर्वागणेभ्यः स्वाहा असुलगणेभ्यः स्वाहा गरुणगणेभ्यः स्वाहा किंनरगणेभ्यः स्वाहा
상스	로마	gaṇebhyaḥ svāhā rākṣasa-gaṇebhyaḥ svāhā gandharva-gaṇebhyaḥ svāhā[1] asura-gaṇebhyaḥ svāhā garuḍa-gaṇebhyaḥ svāhā[2] kiṃnara-gaṇebhyaḥ svāhā[3]
상스	한글	가네뱌흐 스바하 락삭사가네뱌흐 스바하 간다르바가네뱌흐 스바하 아수라가네뱌흐 스바하 가루다가네뱌흐 스바하 낑나라가네뱌흐 스바하
	풀이	-무리에게, 귀신 무리에게, 하늘의 노래꾼 무리에게, 신이 아닌 것 무리에게, 다 삼키는 것 무리에게, 무슨 사람인 것 무리에게 잘 되게 하소서

오대진언	실담	(실담 문자)
오대진언	정음	:아ㅇ·녜·뱍ㅇㅅ·봐·하ㅇ·락사사:아ㅇ·녜·뱍ㅇㅅ·봐·하ㅇ:안·달·바:아ㅇ·녜·뱍ㅇㅅ·봐·하ㅇ:아소라:아ㅇ·녜·뱍ㅇㅅ·봐·하ㅇ:아:로·나:아ㅇ·녜·뱍ㅇㅅ·봐·하ㅇ:긴·나·라:아ㅇ·녜·뱍ㅇㅅ·봐·하ㅇ
오대진언	한자	誐妳毗藥娑嚩賀六囉乞灑娑誐妳毗藥娑嚩賀七巘達嚩誐妳毗藥娑嚩賀八阿蘇羅誐妳毗藥娑嚩賀九誐嚕拏誐妳毗藥娑嚩賀二十緊曩囉誐妳毗藥娑嚩賀一

대장경	誐嬭引毘藥二合薩嚩二合引賀引/九十五　囉引乞灑二合娑誐嬭引毘藥二合薩嚩二合引賀引/九十六　彦闥嚩誐嬭毘藥二合娑嚩二合引賀引/九十七　阿蘇囉誐嬭毘藥二合薩嚩二合引賀引/九十八　誐嚕拏誐嬭毘藥二合薩嚩二合引賀引/九十九　緊捺囉誐嬭毘藥二合薩嚩二合引賀引/二百
되짠소리 (IPA)	$^{\eta}$ga[4]-ṇai-b-jak s-ba:-ɣa: la-k-ṣa-sa-$^{\eta}$ga-ṇai-b-jak s-ba:-ɣa: $^{\eta}$gʲan[5]-tʰar-ba-$^{\eta}$ga-ṇai-b-jak s-ba:-ɣa: ʔa-su₀-la-$^{\eta}$ga-ṇai-b-jak s-ba:-ɣa: $^{\eta}$ga-lu₀-ṇa-$^{\eta}$ga-ṇai-b-jak s-ba:-ɣa: kʲiₐn-nar-la-$^{\eta}$ga-ṇai-b-jak s-ba:-ɣa:
요즘소리	아 녜뱍 사바하 안달바아 녜뱍 사바하 아로나아 녜뱍 사바하 아소라하 녜뱍 사바하 아로나아 녜뱍 사바하 긴나라아 녜뱍 사바하

낱말

rākṣasa-gaṇebhyaḥ(< rākṣasa-gaṇa): No. m. Pl. Dat./Acc. 나쁜 귀신/락솨사[羅刹] 무리.

gandharva-gaṇebhyaḥ(< gandharva-gaṇa): No. m. Pl. Dat. 하늘의 노래꾼/간다르바 무리[6].

asura-gaṇebhyaḥ(< a-sura '신이 아닌[7]' + -gaṇa): No. m. Pl. Dat. 신이 아닌 것, 아수라의 무리.

garuḍa-gaṇebhyaḥ(< garuḍa-gaṇa): No. m. Pl. Dat. 다 삼키는 것[8]/가루돠의 무리.

kiṃnara-gaṇebhyaḥ(< kim + nara +-gaṇa): No. m. Pl. Dat./Abl. '무슨 사람인 것[9]/낀나라의 무리.

뒤풀이

[1] 오대진언에는 ⟨범자⟩ -gadebhyaḥ svāhā rakṣasa-gadebhyaḥ svāhā gandharvāgadebhyaḥ svāhā이나, 다른 곳에는 ⟨범자⟩ -gaṇebhyaḥ svāhā rākṣasa-gaṇebhyaḥ svāhā gandharvagaṇebhyaḥ svāhā(K1349/T1153; Manuscripta Orientalia, 2019, 60쪽)로 적혀 있다.

[2] 오대진언에는 ⟨범자⟩ asulagaṇebhyaḥ svāhā garūṇagaṇebhyaḥ svāhā이나, 다른 곳에는 ⟨범자⟩ asura-gaṇebhyaḥ svāhā garuḍa-gaṇebhyaḥ svāhā(K1349/T1153)로 적혀 있다. 탕굳사본(Manuscripta Orientalia, 2019, 60쪽)도 거의 같으리라 보지만, garūya-gaðebhyaɪo로 적은 것은 아마도 전산작업상의 잘못으로 보인다.

[3] 오대진언에는 ⟨범자⟩ kinnara-gadebhyaḥ svāhā이나, 다른 곳에는 ⟨범자⟩ kindara-gaṇe-bhyaḥ svāhā(K1349/T1153)와 ⟨범자⟩ kinnara-gaṇebhyaḥ svāhā(Manusc-ripta Orientalia, 2019, 60쪽)로 적혀 있다.

[4] 콧소리벗기 誐 *ŋa > *ⁿga.

[5] 콧소리벗기 彦 *ŋian > *ⁿgian.

[6] Monier-Williams(1899), 346쪽: ... the gandharvas are the celestial musicians or heavenly singers.

Manfred Mayrhofer(1992), 462쪽: ... Mi., ni., pā. *gandhabba-*, pkt. *gandhavva-* m. 'Gandharva', *gandhavva-* n. 'Gesang' ... Iir., vgl. jav. *gannərəβa-* m. name eines mythischen Wesen, ...; vgl. Mh. šughni *žindūrv* m., *žindīrv* f. Werwolf, Werwölfin(*gandarba-, *°bī-) ...

간다르바는 하늘의 노랫꾼으로 하나가 아니라, 여럿을 가리키는 말이기도 했다.

Dowson, John(A classical Dictionary of Hindu Mythology and Religion, History and Literature, 1879) 105쪽. "The Atharva-veda speaks of the 6333 Gandharvas."

[7] 글자 그대로 이를 옮긴 지나의 非天이나 티벹의 ⟨티벹문자⟩ 와일. lha.ma.yin 모두 '신이 아닌'을 뜻한다.

[8] 지나의 食吐悲苦聲 '먹고 슬프고 쓴 소리를 내뱉는'도 비슷한 뜻을 나타낸다.

[9] 지나의 人非人 '사람인 듯 아닌 듯'이나 티벹의 ⟨티벹문자⟩ 와일. mi'am ci '무슨 사람'도 비슷한 뜻을 나타낸다.

뒤

풀이

상스	데바	महुरगगणेभ्यः स्वाहा मनुष्यगणेभ्यः स्वाहा अमनुष्यगणेभ्यः स्वाहा सर्व ग्रहेभ्यः स्वाहा सर्वभूतेभ्यः स्वाहा परेतेभ्यः स्वाहा पिशाचेभ्यः
	로마	mahoraga-gaṇebhyaḥ svāhā manuṣy(a-gaṇ)ebhyaḥ svāhā amanuṣy(a-gaṇ)ebhyaḥ svāhā[1] sarva-grahebhyaḥ svāhā sarva-bhūtebhyaḥ svāhā[2] pretebhyaḥ svāhā piśācebhyaḥ[3]
	한글	마호라가가녜뱌흐 스바하 마누샤가녜뱌흐 스바하 아마누샤가녜뱌흐 스바하 사르바그라헤뱌흐 스바하 사르바부떼뱌흐 스바하 쁘레떼뱌흐 스바하 삐샤쩨뱌흐
풀이		가슴으로 가는 큰 것(뱀) 무리에게, 사람 무리, 사람이 아닌 것[非人]의 무리, 한번에 다 삼키는 것들, 뭇 산 것들, 앞서 간 이들에게 잘되게 하소서, 사람의 살을 발라 먹는 것들에게

오대진언	실담	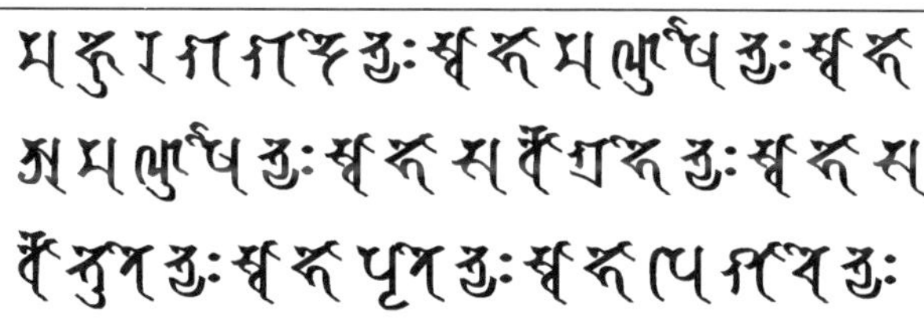
	정음	:마·호·라◦:아:아◦:녜·뱍◦ᄉ·바·하◦:마·노:새·뱍◦ᄉ·바·하◦ :아:마·노◦새·뱍◦ᄉ·바·하◦·살·바:ᄋ·라◦:혜·뱍◦ᄉ·바·하◦·살 ·바◦:보:뎨·뱍◦ᄉ·바·하◦ᄇ:리뎨·뱍◦ᄉ·바·하◦비·샤:졔·뱍◦
	한자	麼護囉誐誐妳毗藥娑嚩賀二 麼努曬毗藥娑嚩賀三 阿麼努曬毗藥娑嚩賀四薩嚩疙囉系毗藥娑嚩賀五薩 嚩引部帝毗藥娑嚩賀六必哩帝毗藥娑嚩賀七比舍祭毗藥

대장경	摩護引囉誐孋毘藥二合薩嚩二合引賀引/一 麼努曬毘藥二合薩嚩二合引賀引/二 阿麼努曬毘藥二合薩嚩二合引賀引/三 薩嚩蘖囉二合係毘藥二合薩嚩二合引賀引/四 薩嚩步帝毘藥二合薩嚩二合引賀引/五 必哩帝毘藥二合薩嚩二合引賀引/六 比捨引際毘藥二合
되짠소리 (IPA)	ma-ɣ$_{u}$o-la-ᵑga[4]-ɳai-b-jak s-ba:-ɣa: ma-nu$_{o}$-ʂje-ᵑga-ɳai-b-jak s-ba:-ɣa: ˀa-ma-nu$_{o}$-ʂai-ᵑga-ɳai-b-jak s-ba:-ɣa: saɾ-ba-ᵑg[5]-la-k$_{i}$e$_{i}$-b-jak s-ba:-ɣa: saɾ-ba-bu$_{o}$-t$_{i}$e$_{i}$-b-jak s-ba:-ɣa: p$_{j}$i$_{ə}$t-t$_{i}$e$_{i}$-b-jak s-ba:-ɣa: b$_{j}$i-ɕja:-ʦjɛi-b-jak
요즘소리	마호라 아아네뱍 사바하 마호새뱍 사바하 살바 이라 혜뱍 사바하 살바 보데뱍 사바하 비리데뱍 사바하 비샤뎨뱍

낱말

mahoraga-gaṇebhyaḥ(< maha + ura(s)-ga '가슴으로 가는[6]' + -°): No. m. Pl. Dat. 큰 뱀, 마호라가.

manuṣy(a-gaṇ)ebhyaḥ(< manuṣya- + -°): No. m. Sg. Dat. 사람의 무리; ***amanuṣya***° 사람이 아닌 것~.

sarva-bhūtebhyaḥ(< sarva-bhūta): PPP./No. m. Pl. Dat./Abl. 뭇 산 것들[衆生].

pretebhyaḥ(< preta < pra- √i- 1./2. -ta): PPP./No. m. Pl. Dat./Abl. 먼저 간, 앞서 간/죽은(이); 넋[靈魂].

piśācebhyaḥ(< piśāca < √piś- 6.): No. m. Pl. Dat./Abl. 사람의 살을 발라 먹는 것[7], 삐샤짜.

뒤풀이

---

[1] 오대진언에는 𑖩𑖲𑖨𑖐𑖐𑖟𑖊𑖿𑖧𑖾 mahuragagadebhyaḥ svāhā maṇuṣaibhyaḥ svāhā amaṇuṣaibhyaḥ svāhā이나, 다른 곳에는 𑖦𑖮𑖺𑖨𑖐 mahoraga-gaṇebhyaḥ svāhā manuṣyebhyaḥ svāhā amanuṣyebhyaḥ svāhā(K1349/T1153)와 𑖦𑖮𑖺𑖨𑖐 mahoragagaṇebhyaḥ svāhā manuṣyagaṇebhyaḥ svāhā amanuṣyagaṇe-bhyaḥ svāhā(Manuscripta Orientalia, 2019, 60쪽)로 적혀 있다.

[2] 오대진언에는 𑖭𑖨𑖿𑖪 sarvā-grahebhyaḥ svāhā sarvā bhutebhyaḥ svāhā이나, 다른 곳에는 𑖭𑖨𑖿𑖪 sarvagrahebhyaḥ svāhā sarvanakṣatrebhyaḥ svāhā sarva-bhutebhyaḥ svāhā(K1349/T1153)와 𑖭𑖨𑖿𑖪 sarva-gahebhyaḥ svāhā sarvabhūte-bhyaḥ svāhā(Manuscripta Orientalia, 2019, 60쪽)로 적혀 있다.

[3] 오대진언에는 𑖢𑖿𑖨𑖿𑖝 pṛtebhyaḥ svāhā piśācebhyaḥ이나, 다른 곳에는 𑖢𑖿𑖨𑖸𑖝 prete-bhyaḥ svāhā piśācebhyaḥ(K1349/T1153)로 적혀 있다. 탕쿤사본(Manusc-ripta Orientalia, 2019, 60쪽)에는 𑖝𑖿𑖨𑖰 trisandhya-carāṇāṃ svāhā velā-carāṇāṃ처럼 전혀 딴 글이 있다.

[4] 콧소리벗기 誐 *ŋa > *ᵑga.

[5] 콧소리벗기 蘖 *ŋat > *ᵑgaɾ.

[6] 글자 그대로 이를 옮긴 지나의 大胸腹行이나 티벤의 ལྟོ་འཕྱེ་ཆེན་པོ་ 와일. **lto 'phye chen po** '배로 기는 큰 것'을 뜻한다.

[7] 마음모음의 으뜸인 달빛 등불 글(Samādhirāja(candrapradīpa)sūtra K0181/T0639 月燈三昧經):

... 惡心神眾毘舍闍 飮血食肉極毒害 ...

Manfred Mayrhofer(1996), 135쪽: ... Die traditionelle Deutung als *piśa-aśa- 'Fleisch essend'.

그밖에 글자 그대로 이를 옮긴 지나의 食肉이나 티벤의 ཤ་ཟ 와일. **sha za** '고기를 먹는 이'을 뜻한다.

풀이

상스	데바	स्वाहा अपस्मारेभ्यः स्वाहा कुम्भाण्डेभ्यः स्वाहा ॐ धुरुधुरु स्वाहा ॐ तुरुतुरुस्वाहा ॐ मुरुमुरु स्वाहा हनहन सर्वाशत्रूनां
	로마	svāhā apasmārebhyaḥ svāhā kumbhāṇḍebhyaḥ svāhā oṃ dhuru dhuru svāhā oṃ turu turu svāhā oṃ muru muru svāhā hana hana sarvā-śatrūnāṃ[1]
	한글	스바하 아빠스마레뱌흐 스바하 꿈반데뱌흐 스바하 옴 두루두루 스바하 옴 뚜루뚜루 스바하 옴 무루무루 스바하 하나하나 사르바샤뜨루낭
풀이		스바하, 생각을 잃은 것들에게 스바하, 단지 만한 불알을 단 것들에게 잘 되게 하소서, 옴 지키고 지키소서 스바하, 옴 넘어 건너소서 스바하, 옴 죽여 없애소서 스바하, 죽고 죽이소서 뭇 나쁜 것들을
오대진언	실담	
	정음	ᄉ·바·하ᄋ:아밧:마ᄋ:레·뱍ᄋᄉ·바·하ᄋ구·반:녜·뱍ᄋᄉ·바·하ᄋ ·옴ᄋ·도·로·도·로ᄋᄉ·바·하ᄋ·옴ᄋ·도·로·도·로ᄋᄉ·바·하ᄋ·옴ᄋ ·모·로·모·로ᄋᄉ·바·하ᄋ·하·나·하·나ᄋ·살·바ᄋ·샤ᄃ·로·남ᄋ
	한자	娑嚩賀(八) 阿(上)跛娑麼嚇毗藥娑嚩賀(九) 矩畔妳毗藥娑嚩賀(三十) 唵(引)度嚕度嚕娑嚩賀(一) 唵(引)覩嚕覩嚕娑嚩賀(二) 唵(引)母嚕母嚕娑嚩賀(三) 賀曩賀曩薩嚩設咄嚕喃
	대장경	薩嚩(二合引)賀(引)/七 阿跛娑麼(二合引)隸毗藥(二合)薩嚩(二合引)賀(引)/八 禁畔(引)嬭毗藥(二合)薩嚩(二合引)賀(引)/九 唵(引)度嚕度嚕薩嚩(二合引)賀(引)/十 唵覩嚕覩嚕薩嚩(二合引)賀(引)/十一 唵畝嚕畝嚕薩嚩(二合引)賀(引)/十二 賀曩賀曩薩嚩設覩嚕(二合)喃(引)
	되짠소리 (IPA)	s-ba:-ɣa: ˀa-pa-s-ma:-lᵢeᵢ-b-jak s-ba:-ɣa: kjəm-ba:n-ŋai-b-jak s-ba:-ɣa: ˀəm duₒ-luₒ-duₒ-luₒ s-ba:-ɣa: ˀəm tuₒ-luₒ-tuₒ-luₒ s-ba:-ɣa: ˀəm muₒ-luₒ-muₒ-luₒ s-ba:-ɣa: ɣa-naŋ- ɣa-naŋ saɾ-ba-ɕjɛt-t-luₒ-nam:
	요즘소리	사바하 아바시마례뱍 사바하 구반녜뱍 사바하 옴 도로도로 사바하 옴도로도로 사바하 옴 모로모로 사바하 하나하나 살바샤디로남

낱말

apasmārebhyaḥ(< apa- + smāra): No. m. Pl. Dat. 기억상실; 생각을 잃은 것/아빠스마라(apasmāra)[2].

kumbhāṇḍebhyaḥ(< kumbha + āṇḍa): No. m. Pl. Dat. 단지 만한 불알을 단 것/꿈반다(kumbhāṇḍa).

dhuru: 만뜨라나 다라늬에 쓰이는 말[3].

turu: Ind. 만뜨라나 다라늬에 쓰이는 말[4].

muru(< √mṛ- 2.): Ind. 만뜨라나 다라늬에 쓰이는 말[5].

hana(< √han- 2.): Pres. 2. Sg. Imp. 부수다, 죽이다, 치다.

뒤풀이

[1] 오대진언에는 स्वाहा अपस्मरेभ्यः स्वाहा कुम्भाण्डेभ्यः स्वाहा ओं धुरू धुरू स्वाहा ओं तुरू तुरू स्वाहा ओं मुरू मुरू स्वाहा हन हन सर्व-शत्रूनां svāhā apasmarebhyaḥ svāhā kumbhāṇḍebhyaḥ svāhā oṃ dhurū dhurū svāhā oṃ turū turū svāhā oṃ murū murū svāhā hana hana sarva-śatrūnāṃ이나, 다른 곳에는 स्वाहा अपस्मरेभ्यः स्वाहा कुम्भाण्डेभ्यः स्वाहा ओं धुरु २ स्वाहा ओं तुरु २ स्वाहा ओं मुरु २ स्वाहा हान २ सर्व शत्रूनां svāhā apasmarebhyaḥ svāhā kumbhāṇḍebhyaḥ svāhā oṃ dhuru 2 svāhā oṃ turu 2 svāhā oṃ muru 2 svāhā hāna 2 sarva śatrūṇāṃ(K1349/T1153)으로 적혀 있다.

[2] 지나에서는 癲癇 ‘지랄, 간질’(K1388/T0287佛說十地經, Daśabhūmikasūtra)로 옮겼고, 티벹에서는 བརྗེད་བྱེད། 와일. brjed byed ‘잊는 것/일’으로 옮겼다.

[3] kuru(Pres. 2. Sg. Imp.)의 꼴에 따랐고, 원래 √dhṛ- ‘지키다, 간직하다’에서 나왔을 것으로 보인다.

[4] kuru의 꼴에 따랐고, 원래 √tṝ- ‘건너다’에서 나왔을 것으로 보인다.

[5] kuru의 꼴에 따랐고, 원래 √mṛ- ‘죽다’ 또는 어떤 시늉말에서 나왔을 것으로 보인다.

풀이

<table>
<tr><td rowspan="3">상
스</td><td>데바</td><td>स्वाहा दहदह सर्व दुष्ट प्रदुष्टानां स्वाहा पचपच सर्व प्रत्यर्थिक प्रत्यमित्राणां ये मम
स्वाहा अहितैषिणः तेषां सर्व(षां)</td></tr>
<tr><td>로마</td><td>svāhā daha daha sarva-duṣṭa-praduṣṭānāṃ svāhā paca paca sarva pratyarthika
pratyamitrāṇāṃ ye mama svāhā ahitaiṣiṇaḥ teṣāṃ[1] sarve-</td></tr>
<tr><td>한글</td><td>스바하 다하다하 사르바 두슈똬 쁘라두슈따낭 스바하 빠짜빠짜 사르바 쁘라땨르티
까 쁘라땨미뜨라낭 예 마마 스바하 아히따이식나흐 떼샹 사르베</td></tr>
<tr><td colspan="2">풀이</td><td>스바하, 뭇 나쁘고 모진 것들(의 몸)을 다 태우소서 스바하, 뭇 맞서 적으로 마주
한 이들(의 몸)을 굽고 볶으소서 스바하, 내가 잘못되기를 바라는 그들 모두(의)</td></tr>
<tr><td rowspan="3">오
대
진
언</td><td>실담</td><td></td></tr>
<tr><td>정음</td><td>스·밝·하◦낙·하·낙·하◦살·바·노·짜 ◦브·라◦노·짜·남◦스·밝
·하◦바쟈바쟈◦살·바ㅸ·라◦딜·텩가◦ㅸ·라:댜·미◦ᄃ·라
·남:예:마:마◦스·밝·하◦아:혜◦데:시·나◦데·삼◦살:볘</td></tr>
<tr><td>한자</td><td>娑嚩賀四娜賀娜賀薩嚩訥瑟吒鉢囉訥瑟吒引喃娑嚩
賀五跛左跛左薩嚩鉢囉窒剔迦六鉢囉底也弭引怛囉
喃引曳麼麼娑嚩賀七阿上呬引帝引史拏八帝鈔去薩吠</td></tr>
<tr><td colspan="2">대 장 경</td><td>薩嚩二合引賀引/十三 娜賀娜賀薩嚩訥瑟吒二合鉢囉二合納瑟吒二合引喃薩嚩二合引賀引/
十四 鉢佐鉢佐薩嚩鉢囉二合底也二合剔迦鉢囉二合底也二合弭怛囉二合引喃引/十五 曳
麼麼阿呬帝史拏入帝衫引薩吠</td></tr>
<tr><td colspan="2">되짠소리
(IPA)</td><td>s-ba:-ɣa: ⁿda²-ɣa-ⁿda-ɣa sar-ba-ⁿduₐₜ³-ṣ-ṭa p-la-ⁿduₐₜ-ṣ-ṭa:-nam s-ba:-ɣa: pat-tsa pat-
tsa sar-ba p-la-t-ja-tʰiek-ka p-la-t-ja-mⱼieₜ-t-la:-na:m jɛi-ma-ma ²a-xⱼeᵢ-tⱼeᵢ-ṣi-ṇa tⱼeᵢ-
ṣam sar-bⱼuɐi</td></tr>
<tr><td colspan="2">요즘소리</td><td>사바하 낙하낙하 살바 노시다 비라 노시다남 사바하 바자바자 살바비라 딜텩가
비라댜미 디라남 예마마 사바하 아혜뎨시나 뎨삼 살볘</td></tr>
</table>

낱말

daha(< √dah- I.): Pres. 2. Sg. Imp. 태우다, 굽다.

paca(< √pac- 1.): Pres. 2. Sg. Imp. 굽다, 익히다; No. m. Sg. Voc. 구워 익히는 이(시바).

pratyarthika(< prati + arthika '~바라는'): No. m. 맞선 이(겹씨의 끝에서), 적(敵).

pratyamitrāṇāṃ(< prati '맞-' + a-mitra '안 친한'): Adj./No. m. Pl. Gen. 적으로 맞서는(이[對敵]).

ahitaiṣiṇaḥ(< ahita + eṣin)[4]: Adj. m. Sg. Abl./Gen. pl. Nom/Voc./Acc. 나쁜 것을 바라는(이).

teṣāṃ (< sa/tad): No. m.n. Pl. Gen. 그(것)들의.

속격의 쓰임

상스끄르따에는 목적어가 필요한 타동사 및 사동사에 대격(對格, accusative)은 없고 속격(屬格, genitive) 만 보이는 글이 자주 나온다. 일반적으로 '주다, 먹다, 즐기다, 돌보다, 살피다, 다스리다 따위'의 뜻을 가진 동사와 함께 쓰인다[5]. 그 밖에도 여러 동사가 목적어로 속격을 쓴다. 하지만 많은 경우 글을 잘 살 펴보면 대격이 생략된 것임을 알 수 있다. 따라서 표면상 속격을 목적어로 가진 동사의 속뜻에는 '---(의 것)을 ~하다'가 담겨 있다.

daha daha sarva duṣṭā-praduṣṭānāṃ(śarīraṃ) '뭇 나쁘고 <u>모진 것들(의 몸)</u>을 태우고 태워라!'
paca paca sarva pratyarthika-pratyamitrānāṃ(śarīraṃ) '뭇 맞서 적으로 <u>마주한 이들(의 몸)</u>을 굽고 볶아라!'

뒤풀이

---

[1] 오대진언에는 𑀤𑀳 daḥ ha daḥha sarvā duṣṭā praduṣṭānāṃ svāhā pacapaca sarvā pratyarthika pratyamitrānāṃ ye mama svāhā ahe teṣiṇa teṣāṃ sarve이나, 다른 곳에는 daha daha sarva duṣṭa praduṣṭānāṃ svāhā paca 2 sarva pratyarthika pratyāmitrānāṃ ye mama ahiteṣiṇaḥ teṣā sarve(K1349/T1153)로 적혀 있다.

[2] 콧소리벗기 娜 *na > *ⁿda.

[3] 콧소리벗기 訥 *nuₐt > *ⁿduₐt.

[4] 어떤 상스끄르따사전에도 보이지 않는 꼴이다. 하지만 aheteṣiṇa(오대진언)나 ahiteṣiṇaḥ(K1349/T1153) 및 mamāhitairṣiṇas(K1349/T1153)의 꼴 및 소리이음(saṃdhi)을 모두 따져 미뤄보면, 이론적으로 ahita와 eṣin 으로 이뤄진 ahitaiṣin이라는 꼴에 이르게 된다.

[5] Whitney, William Dwight(A Sanskrit Grammar, 1889) 99~100쪽.

51쪽

앞

풀이

상스	데바	षां शरीरं ज्वलय दुष्ट चित्ततानां स्वाहा ज्वलिताय स्वाहा प्रज्वलिताय स्वाहा दीप्त ज्वलाय स्वाहा समन्त ज्वलाय स्वाहा मणिभ[1]
	로마	(sarve-)ṣāṃ śarīraṃ jvalaya duṣṭa cittānāṃ svāhā jvalitāya svāhā prajvalitāya svāhā dīpta-jvalāya svāhā samanta-jvalāya svāhā maṇi-bha(drāya)
	한글	샹 샤리랑 즈발라야 두슈따 찓따낭 스바하 즈발리따 스바하 쁘라즈발리따 스바하 딥따 즈발라야 스바하 사만따 즈발라야 스바하 마늬-바(드라야)
풀이		나쁜 마음을 품는 이들의 몸을 사르소서 스바하, 불타며 빛나는 것에게 스바하, 타오르는 불꽃에게 스바하, 곳곳의 불꽃에게 스바하, 보석처럼 뛰어-
오대진언	실담	(실담 문자)
	정음	·삼◦·샤:리:람◦:ㅿᅡ·봐라:야◦·노싸◦·진·다·남◦ㅅ·봐·하◦:ㅿᅡ:봐 :리◦·다:야◦ㅅ·봐·하◦ㅂ·라◦:ㅿᅡ:봐:리◦·다:야◦ㅅ·봐·하◦·닙·다◦:ㅿᅡ:봐 라:야◦ㅅ·봐·하◦·삼:만·다◦:ㅿᅡ·봐라:야◦ㅅ·봐·하◦·마·니◦·바
	한자	釤引設哩嚩九入嚩攞野訥瑟吒唧跢喃引娑嚩賀四十入嚩 里跢野娑嚩賀一鉢囉入嚩里跢野娑嚩賀二捻跛跢入嚩 攞野娑嚩賀三三滿哆引入嚩攞野娑嚩賀四麼抳跛
대장경		衫引捨哩嚩入嚩二合引攞野訥瑟吒二合唧哆喃薩嚩二合引賀引/十六 入嚩二合里哆野薩嚩二合引賀引/十七 鉢囉二合入嚩二合里哆野薩嚩二合引賀引/十八 儞引跛多二合入嚩二合引攞引野薩嚩二合引賀引/十九 三去聲[2]滿多入嚩二合引攞野薩嚩二合引賀引/二十 麼抳跛
되짠소리 (IPA)		ṣa:m ɕja-li-lam ^{n}z[3]-ba:-la-ja ^{n}du$_{ət}$[4]-ṣ-ṭa tsjet-ta-nam s-ba:-ɣa: ^{n}z[5]-ba:-li-ta-ja s-ba:-ɣa: ^{n}di:[6]-p-ta ^{n}z-ba:-la-ja s-ba:-ɣa: sam-man-ta ^{n}z-ba:-la-ja s-ba:-ɣa: ma-ɳi-b$_u$a$_t$
요즘소리		삼 샤리람 이바아라야 노시다 짇다남 사바하 아바아리다야 사바하 비라 이바아리다야 사바하 닙다 이바아라다야 사바하 삼만다 아바아라야 사바하 마니 바

낱말

sarveṣāṃ (< sarva): No. m. Pl. Gen. 모두의.

śarīraṃ(< śarīra): No. m. Sg. Acc. 몸(집), 주검.

jvalaya(< √jval- I.): Pres. 2. Sg. Imp. 사르다, 태우다; ***jvalāya***(< jvala): No. m. Sg. Dat. 불꽃

125

jvalitāya(< jvalita < √jval- 1.): Adj. m. Sg. Dat. 불타는, 빛나는; *pra-jvalita*: 불타오르는, 빛나는.

dīpta: Adj. m. 밝은, 불타는, 빛나는; No. m. 사자, 풍선덩굴 및 식물이름; n. 금.

māṇi-bhadrāya(< maṇi- + bhadra '뛰어난'): No. m. 보석처럼 뛰어난 이[寶王], 약솨 왕자의 이름.

뒤풀이

---

[1] 오대진언에는 (Tibetan) ṣāṃ śariraṃ jvalaya duṣṭā cittānāṃ svāhā jvalitāya svāhā prajvalitāya svāhā diptā jvalaya svāhā sāṃmantā jvalāya svāhā maṇi-bha이나, 다른 곳에는 (Tibetan) ṣā śarīraṃ jvalaya duṣṭa cittānāṃ svāhā jvalitāya svāhā pra-jvālitāya svāhā dīpta jvalāya svāhā samanta jvālāya svāhā maṇi-bha(K1349/T1153)으로 적혀 있다.

[2] 비교: <40쪽 앞>의 三上聲/下同滿多.

[3] 콧소리벗기 入 *ŋjəp > *ⁿʑjəp.

[4] 콧소리벗기 訥 *nuət > *ⁿduət.

[5] 콧소리벗기 入 *ŋjəp > *ⁿʑjəp.

[6] 콧소리벗기 儞 *ni > *ⁿdi.

풀이

상스	데바	द्राय स्वाहा पूर्णभद्राय स्वाहा महाकालाय स्वाहा मातृगणाय स्वाहा यक्षीणीनां स्वाहा रक्षषीनां स्वाहा आकाश मातृणां स्वाहा[1]
	로마	drāya svāhā pūrṇa-bhadrāya svāhā mahā-kālāya svāhā mātṛ-gaṇāya svāhā yakṣiṇīnāṃ svāhā rākṣasīnāṃ svāhā ākāśa-mātṛṇāṃ svāhā
	한글	드라야 스바하 뿌르나바드라야 스바하 마하깔라야 스바하 마뜨르가나 야 스바하 약식닁낭 스바하 락삭시낭 스바하 아까샤 마뜨르낭 스바하
풀이		~난 이에게 스바하, 두루 뛰어난 이 에게 스바하, 큰 검은 이에게 스바하, 어머니 무리에게 스바하, 암도깨비들에게 스바하, 암귀신들에게 스바하, 하늘의 어머니들에게 잘 되게 하소서!
오대진언	실담	(실담 범자 3행)
	정음	:ㄴ·라야ㅇᅀ·ᄫᅡ·하ㅇ·볼·나ㅇ·바:ㄴ·라:야ㅇᅀ·ᄫᅡ·하ㅇ:마·하ㅇ·가라 :야ㅇᅀ·ᄫᅡ·하ㅇ·마ᄃ:리ㅇ:아·나:야ㅇᅀ·ᄫᅡ·하ㅇ·약·시·니·남ㅇᅀ·ᄫᅡ ·하ㅇ·락사:시·남ㅇᅀ·ᄫᅡ·하ㅇ·아·가·샤ㅇ·마ᄃ·리·남ㅇᅀ·ᄫᅡ·하ㅇ
	한자	捺囉野娑嚩賀[五]布囉拏跋捺囉野娑嚩賀[六]麼賀迦攞野娑嚩賀[七]麼[引]底哩誐拏野娑嚩賀[八]藥乞史抳喃娑嚩賀[九]囉乞灑枲喃娑嚩賀[五十]阿迦[去]捨麼[去]底哩喃娑嚩賀[一]
대장경		捺囉[二合]野薩嚩[二合引]賀[引]/二十一 布[引]羅拏[二合]跋捺囉[二合引]野薩嚩[二合引]賀[引]/二十二 摩賀迦囉野薩嚩[二合引]賀[引]/二十三 麼底哩[二合]誐拏[引]野薩嚩[二合引]賀[引]/二十四 也吃史[二合]抳喃[上聲引]薩嚩[二合引]賀[引]/二十五 囉[引]吃灑[二合]枲喃薩嚩[二合引]賀[引]/二十六 阿[去聲引]迦[引]捨麼[引]底哩[二合]喃薩嚩[二合引]賀[引]/二十七
되짠소리 (IPA)		^{n}d^2-la-ja s-ba:-ɣa: pu$_o$:-l-ṇa-b$_u$a$_t$-^{n}d-la-ja s-ba:-ɣa: ma-ɣa:-ka-la-ja s-ba:-ɣa: ma-t-li-^{n}ga^3-ṇa:-ja s-ba:-ɣa: ja-k-ṣi-ṇi:-na:m s-ba:-ɣa: la:-k-ṣa-si-na: s-ba:-ɣa: ʔa:-ka:-ɛja-ma:-t-li-na:m s-ba:-ɣa:
요즘소리		니라야 사바하 볼나 바니라야 사바하 마라 가라야 사바하 마디리 아나야 사바하 얏 니남 사바하 락사시남 사바하 아가샤 마디리남 사바하

낱말

pūrṇa-bhadrāya(< pūrṇa + bhadra): No. m. 두루 뛰어난 이, 약솨 아버지의 이름.

mahā-kālāya(< mahā-kāla '검은'): No. m. Sg. Dat. 큰 검은 이[4].

mātṛ-gaṇāya(< (ākāśa-)mātṛ + gaṇa): No. m. Sg. Dat. (하늘의)어머니 무리[天母衆].

yakṣiṇīnāṃ(< yakṣiṇī, 빠알. yakkhini): No. f. Pl. Gen. 암도깨비, 약싀늬, 야차녀(夜叉女).

rākṣasīnāṃ(< rākṣasī, 빠알. rakkhasī): No. f. Pl. Gen. 암귀신, 락솨싀, 나찰녀(羅刹女).

뒤풀이

---

[1] 오대진언에는 त्रि॒न॒स्वाहा draya svāhā purṇabhadraya svāhā mahākālaya svāhā mātṛ-gaṇāya svāhā yaḥkṣīṇīnāṃ svāhā rākṣa-sinām svāhā ākāśa mātrīnāṃ svāhā 이나, 다른 곳에는 drāya svāhā pūrṇdabhadrāya svāhā mahākālāya svāhā matṛ-gaṇaya svāhā yakṣiṇīṇāṃ svāhā rākṣasīṇāṃ svāhā ākāśa mātrīṇāṃ svāhā(K1349/T1153)으로 적혀 있다.

[2] 콧소리벗기 捺 *na > *ⁿda.

[3] 콧소리벗기 誐 *ŋa > *ⁿga.

[4] 보라: 윤명구(2023) 96쪽 뒤풀이 4, 마하깔라(Mahā-kāla '큰 검은(이)', 티벳. ནག་པོ་ཆེན་པོ 와일. nag po chen po '큰 검은', 지나. 大黑天)는 원래 힌두문화에서 떠받들던 비슈누와 시바의 모습을 나타낸 말로서 브라만 출신 승려들이 대승불교로 끌어들였다.

풀이

<table>
<tr><td rowspan="3">상
스</td><td>데바</td><td>समुद्रवासिनीनां स्वाहा रातृचराणां स्वाहा दिवसचराणां स्वाहा त्रिसंध्यचराणां स्वाहा वेलाचराणां स्वाहा अवेलाचराणां[1]</td></tr>
<tr><td>로마</td><td>samudra-vāsinīnāṃ svāhā rātri-carānāṃ svāhā divasa-carānāṃ svāhā trisaṃdhya-carānāṃ svāhā velā-carānāṃ svāhā avelā-carānāṃ</td></tr>
<tr><td>한글</td><td>사무드라 바시니낭 스바하 라뜨리-짜라낭 스바하 디바사-짜라낭 스바하 뜨리상댜-짜라낭 스바하 벨라-짜라낭 스바하 아벨라-짜라낭</td></tr>
<tr><td></td><td>풀이</td><td>큰 바닷가에 사는 이들에게, 밤에 움직이는 이들에게, 낮에 나도는 이들에게, 세끼에 움직이는 이들에게, 제때 움직이는 이들에게 스바하, 아닌 때 움직이는 이들에게</td></tr>
<tr><td rowspan="3">오
대
진
언</td><td>실담</td><td>(실담 문자 3행)</td></tr>
<tr><td>정음</td><td>·삼·모:ㄴ·라◦바시·니·남◦ㅅ·밝·하◦·라ᄃ·리◦·자·라·남◦ㅅ·밝
·하◦:니:바:사◦자·라·남◦ㅅ·밝·하◦ᄃ·리:산:댜◦자·라·남◦
ㅅ·밝·하◦:볘·라◦자·라·남◦ㅅ·밝·하◦:아:볘·라◦자·라·남◦</td></tr>
<tr><td>한자</td><td>三去母捺囉嚩枲顝喃娑嚩賀二囉引底哩左囉喃娑嚩
賀三你嚩娑上左囉喃娑嚩賀四底哩散地野左囉引喃
娑嚩賀五吠邏左囉引喃娑嚩賀六阿上吠邏左囉引喃</td></tr>
</table>

	대 장 경	三去聲畝捺囉二合嚩枲星以切顝喃薩嚩二合引賀引/二十八 囉底哩二合拶囉引喃引薩嚩二合引賀引/二十九 儞嚩娑拶囉引喃薩嚩二合引賀引/三十 底哩二合散皷拶囉引喃薩嚩二合引賀引/三十一 尾上聲引攞引拶囉引喃薩嚩二合引賀引/三十二 阿尾邏拶囉喃

	되짠소리 (IPA)	sam-mu$_o$-^{n}d^2-la ba-si-ni$_{eŋ}$-ŋam s-ba:-ɣa: la-t-li tsaɾ-la-ŋam s-ba:-ɣa: ^{n}di^3-ba-sa tsaɾ-la-ŋam s-ba:-ɣa: t-li-san-tja tsaɾ-la-ŋam s-ba:-ɣa: ^{m}b$_j$ei^4-la: tsaɾ-la-ŋam s-ba:-ɣa: ^{ʔ}a:-^{m}b$_j$ei-la: tsaɾ-la-ŋam
	요즘소리	삼모니라 바시니남 사바하 라디리 자라남 사바 하 니바사 자라남 사바하 디리 산댜 자라남 사바하(볘라 자라남 사바하)[5] 아볘라 자라남

낱말

samudra-vāsīnāṃ(< samudra-vāsinī < √vas- 10. '살다'): Adj./No. f. Pl. Gen. 큰 바닷가에 사는 이[6](♀).

rātri-carāṇāṃ(< rātri '밤' + cara): No. m. Pl. Gen. 밤에 움직이는 이; 도둑, 강도, 지키는 이.

divasa-: No. m. Sg. 낮.

***trisaṃdhya*/-*ā*(=trisandhya): No. n./f. Sg. 하루의 세끼(해돋이, 점심, 해넘이).

velā: No. f. Sg. 끝, 가장자리;(제)때, 철[季節], 기회, 틈, 말미; ↔ ***a-velā***: f.(아닌)때.

뒤풀이

---

[1] 오대진언에는 (범자) sāṃmudra vāsininām svāhā rātri-carānām svāhā divasa carānam svāhā trisāntya carānām svāhā velā carānām svāhā avelā carānām이나, 다른 곳에는 (범자) samudra-vāsinīṇām svāhā rātṛ-carāṇām svāhā divasa-carāṇām svāhā trisanvya-carāṇām svāhā velā-cārāṇām svāhā avelā-carāṇām(K1349/T1153)으로 적혀 있다.

[2] 콧소리벗기 捼 *na > ⁿda.

[3] 콧소리벗기 儞 *ni > *ⁿdi.

[4] 콧소리벗기 尾 *mi > *ᵐbi. 다만 곁글 上聲引은 원래 상성인 尾자를 끌어 읽는다는 뜻이다. 이에는 밑꼴(zero-grade)인 *ᵐbi:이거나 옹근꼴(guṇa, full-grade)인 *ᵐbⱼei의 두 가지가 있을 수 있다.

[5] 한국어로 된 거의 모든 현대어 사본에는 ()의 마디가 빠져 있다. 아마도 범어를 제대로 모르니 잘못 되풀이 된 것이라 여겨서 언제부터 누군가가 임의로 뺀 듯하다. 이렇게 범어를 몰라서 빚어진 현상은 amita를 뜻하는 **아미타** 대신 그와 오롯이 거꾸로인 **미타**로 부름에서도 볼 수 있다. 누구는 소리보다 마음이 우선이기에 문제가 안된다고 할지 모르나, 어둠을 깨고 밝음으로 나가는 이들이 쉬이 할 말이 아니다. 왜냐하면 르그베다부터 불교와 힌두에 이르기까지 인도의 정신문화에서는 무엇인가 모르거나 잘못 안다는 것은 물리치고 없애서 이겨내야 할 대상이기 때문이다.

[6] Monier-Williams(1899), 271쪽: (범자) *kāntāra*, *as*, *am*, m.n. a large wood, forest, ... -**vāsinī**, f. ‘wood-dwelling’.

풀이

상스	데바	स्वाहा गर्भ हरेभ्यः स्वाहा गर्भ सन्धारणि स्वाहा हुलुहुलु स्वाहा ॐ स्वाहा स्वः स्वाहा भुः स्वाहा भुवः स्वाहा ॐ भुर्भुवः स्वः स्वाहा चिटि[1]
	로마	svāhā garbha-āharebhyaḥ svāhā garbha-sandhāraṇi svāhā hulu hulu svāhā oṃ svāhā svaḥ svāhā bhuḥ svāhā bhuvaḥ svāhā oṃ bhur-bhuvaḥ-svaḥ svāhā ciṭi
	한글	스바하 가르바하레뱌흐 스바하 가르바산따라니 스바하 훌루훌루 스바하 옴 스바하 스바흐 스바하 부흐 스바하 부바흐 스바하 옴 부르부바흐 스바흐 스바하 찌띠
풀이		스바하, 뱃속을 품은 이들에게 잘 되게 하소서, 뱃속을 돕는 이여 잘 되게 하소서, 그지없는 이여 잘 되게 하소서, 옴 스바하, 하늘-땅-하늘과 땅 사이에 잘 되게 하소서, 옴 땅-하늘과 땅 사이-하늘에 스바하, 찌띠

오대진언	실담	(실담 범자)
	정음	ᄉ·봫·하ᅇ·알바·하:레·뱍ᄉ·봫·하ᅇ·알·바ᅇ:산·다·라·니ᅇ ᄉ·봫·하ᅇ·호·로·호·로ᄉ·봫·하ᅇ·옴ᅇᄉ·봫·하ᅇ·쌱ᄉ·봫·하ᅇ·복ᅇ ᄉ·봫·하ᅇ:보·박ᄉ·봫·하ᅇ·옴ᅇ·볼:보·박·쌱 ᅇᄉ·봫·하ᅇ:지:티
	한자	娑嚩賀七蘖婆賀嘍毗藥娑嚩賀八蘖婆散跢囉抳 娑嚩賀九護嚕護嚕娑嚩賀六十唵娑嚩賀一娑嚩娑嚩賀二僕 娑嚩賀三部嚩入娑嚩賀四唵部囉部嚩入娑嚩入娑嚩賀五唧置

대 장 경	薩嚩二合引賀引/三十三 蘖婆賀嘍[2]毘藥二合薩嚩二合引賀引/三十四 蘖婆散跢囉抳薩嚩二合引賀引/三十五 戶嚕戶嚕薩嚩二合引賀引/三十六 唵薩嚩二合引賀引/三十七 薩嚩入聲短呼[3]薩嚩二合引賀引/三十八 撲重聲[4]薩嚩二合引賀引/三十九 步嚩無博切[5]薩嚩二合引賀引/四十 唵部引囉步二合嚩無博切娑嚩入聲二合薩嚩二合引賀引/四十一 唧徵知以切
되짠소리 (IPA)	s-ba:-ɣa: ⁿgaɾ[6]-bᵢeᵢ ɣa-lᵢeᵢ-b-jak s-ba:-ɣa: ⁿgaɾ-ba-san-ta-la-ŋi s-ba:-ɣa: ɣuₒ-luₒ-ɣuₒ-luₒ s-ba:-ɣa: ʔəm s-ba:-ɣa: saɾ-bak s-ba:-ɣa: pʰuk s-ba:-ɣa: buₒ-ᵐbak s-ba:-ɣa: ʔəm buₒ-l-buₒ-ᵐbak s-bak s-ba:-ɣa: tsⱼet-ʈi
요즘소리	사바하 알바하레뱍 사바하 알바 산다라니 사바하 호로호로 사바하 옴 시바아하 시박 사바하 복 사바하 보박 사바하 옴 볼보박 시박 사바하 지티

낱말

-harebhyaḥ(< -hara < √hṛ- 1. '가져가다'): Adj. m. Pl. Dat. 품은, 입은, 가져가는, 옮기는.

-sandhāraṇi(= saṃdhāraṇi < sam- + dhāraṇa/-ī): No. f. Sg. Voc. 뒤받치는, 받쳐주는, 돕는.

huluhulu(< √hul- 1.): m. 그지 없는 이(ananta = Viṣṇu = Śiva = nāga[7]); Ind. 기뻐하는 소리;.

svaḥ(< svar < sur-): Ind. 해, 햇빛, 빛; 밝은 공간, 하늘[天界]; 세 누리(trai-lokya, 三界)의 하나.

bhūḥ(< bhū < √bhū- 1.): No. f. Sg. Voc./Ind. 땅[地界], 세 누리의 하나.

bhuvaḥ(< bhuvas < √bhū- 1.): Ind. 하늘과 땅 사이[空界].

ciṭiciṭi: 만뜨라나 다라늬에 쓰이는 말; 소리시늉말[8].

뒤풀이

[1] 오대진언에는 svāhā garbhāharebhyaḥ svāhā garbhā-santāraṇi svāhā hurūhurū svāhā oṃ svāhā svaḥ svāhā bhuḥ svāhā bhuvaḥ svāhā oṃ bhur-bhuvaḥ-svaḥ svāhā ciṭi 이나, 다른 곳에는 svāhā garbhāharebhyaḥ svāhā garbha-sandhāraṇi svāhā hulu 2 svāhā oṃ svāhā svaḥ svāhā bhuḥ svāhā bhuvaḥ svāhā oṃ bhūr-bhuvaḥ-svaḥ svāhā ciṭi(K1349/T1153)으로 적혀 있다.

[2] 嚇의 딴꼴.

[3] 嚩入聲短呼란 嚩를 앞서 薩嚩를 모두 sarvā로 나타냈던 것과 달리 입성(入聲)으로 짧게 소리내라는 뜻인데, 아마도 sarvaḥ를 가리키는 듯하다.

[4] 보라: <31쪽 앞>의 뒤풀이 4: 숨이 든(aspirated) 소리들(kh, gh, ch, jh, ṭh, ḍh, th, dh, ph, bh). 撲 빡(東) *bɔk(弼角切), 복 *puk(博木切) 및 폭(東) *pʰuk(普木切)에서 *pʰuk을 가리킨 듯하다.

[5] 嚩無博切이란 嚩을 일반적인 *bᵤa가 아닌, 입성의 *ᵐbak(無博切)으로 소리내라는 뜻이다.

[6] 콧소리벗기 蘖 *ŋat > *ⁿgaɾ.

[7] Wisdom Library: Huluhulu (हुलुहुलु) is the name of a serpent (nāga) ... —Huluhulu is also "Ananta".

Monier-Williams(1899), 25쪽: अनन्त *an-antá*, ... m., N of Vishnu; of Śesha (the snake-god); ... ; of Śiva.

[8] DCS(Digital Corpus of Sanskrit):
http://www.sanskrit-linguistics.org/dcs/index.php?contents=abfrage&word=ci%E1%B9%ADici%E1%B9%ADi&query_type=1&sort_by=alpha Geräusch, wenn pināka ins Feuer trifft. '시바의 삼지창이 불에 닿을 때 나는 소리'.

53쪽

앞

풀이

상 스	데바	चिटि स्वाहा विटिविटि स्वाहा धारणि धारणि स्वाहा अग्नि स्वाहा तेजोवपु स्वाहा चिलिचिलि स्वाहा सिलिसिलि स्वाहा बुद्ध्याबुद्ध्या[1]
	로마	ciṭi svāhā viṭiviṭi svāhā dhāraṇi dhāraṇi svāhā agni svāhā tejo-vapu svāhā cili cili svāhā sili sili svāhā buddhyā-buddhyā[2]
	한글	찌띠 스바하 비띄비띄 스바하 다라늬 다라늬 스바하 아그니 스바하 떼조바뿌 스바하 찔리찔리 스바하 실리실리 스바하 붇댜 붇댜
	풀이	찌띠 스바하, 비띄비띄 스바하, 다라늬 다라늬여 스바하, 아그니여 스바하, 불타는 모습이여 잘 되게 하소서, 찔리찔리 스바하, 실리실리 스바하, 깨달음과 슬기로
오 대 진 언	싣담	(싣담 문자)
	정음	:지:티ㅇㅅ·봐·하ㅇ·미:티·미:티ㅇㅅ·봐·하ㅇ·다·라·니ㅇ·다·라·니ㅇㅅ·봐·하ㅇ:아:ㆆ·니:예ㅇㅅ·봐·하ㅇ:뎨:슈:바:보ㅇㅅ·봐·하ㅇ:지:리:지:리ㅇㅅ·봐·하ㅇ:시:리:시:리ㅇㅅ·봐·하ㅇ·몯:댜·몯:댜ㅇ
	한자	唧置娑嚩賀六尾置尾置娑嚩賀七馱囉抳馱囉抳娑嚩賀八阿疢顀曳丹娑嚩賀九帝孺嚩補娑嚩賀七十唧哩唧哩娑嚩賀一悉哩悉哩娑嚩賀二沒地野沒地野
대 장 경		唧徵薩嚩(二合引)賀(引/四十二) 尾微尾微薩嚩(二合引)賀(引/四十三) 馱囉抳薩嚩(二合引)賀(引/四十四) 馱(引)囉抳薩嚩(二合引)賀(引/四十五) 阿哏顙(二合)薩嚩(二合引)賀(引/四十六) 帝祖嚩補薩嚩(二合/引)賀(引/四十七) 唧里唧里薩嚩(二合引)賀(引/四十八) 悉里悉里薩嚩(二合引)賀(引/四十九) 沒䇲沒䇲
되짠소리 (IPA)		ts_jet-ʈi s-ba:-ɣa: ^{m}bi^3-ʈi ^{m}bi-ʈi s-ba:-ɣa: da-la-ɳi s-ba:-ɣa: da-la-ɳi s-ba:-ɣa: ʔa-ɣən-ni$_{eŋ}$ s-ba:-ɣa: t$_i$e$_i$-tsu$_o$-ba-pu$_o$ s-ba:-ɣa: tsjeɾ-li-tsjeɾ-li s-ba:-ɣa: sji$_ə$ɾ-li-sji$_ə$ɾ-li s-ba:-ɣa: ^{m}bu$_ə$t^4-d-ja ^{m}bu$_ə$t-d-ja
요즘소리		지티 사바하 미티미티 사바하 다라니 다라니 사바하 아이니예 사바하 뎨유바보 사바하 지리지리 사바하 시리시리 사바하 몯댜 몯댜

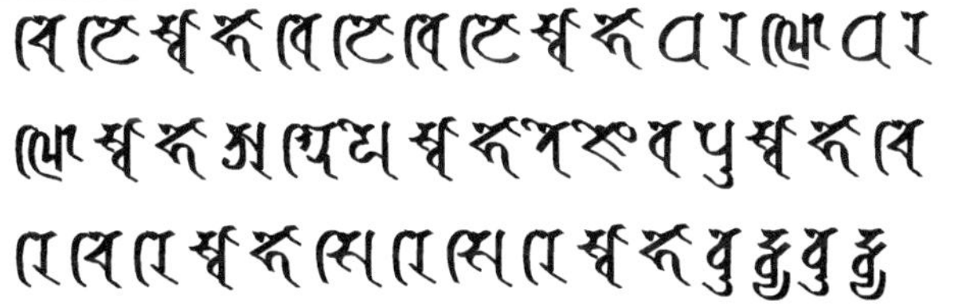

낱말

viṭi viṭi: 만뜨라나 다라늬에 쓰이는 말; *viṭi*: No. f. 누런 단향나무.

tejo-vapu(< tejas + vapu '모습, 몸'): Adj./No. m. Sg. Voc. 불 같은 모습.

cili cili(< √cil- 6.): Adj. m. Sg. Voc. 옷을 잘 차려입은?.

133

---

1 오대진언에는 ciṭi svāhā viṭiviṭi svāhā dharaṇi dharaṇi svāhā agniye svāhā tejo-vapu svāhā ciriciri svāhā sirisiri svāhā buddhyabuddhya이나, 다른 곳에는 ciṭi svāhā viṭiviṭi svāhā dhāraṇi svāhā dhāraṇi svāhā agni svāhā tejo-vapu svāhā cilicili svāhā silisili svāhā buddhya 2(K1349/T1153)로 적혀 있다.

2 보라: <44쪽 뒤>. siddhy-asiddhi에 따라 buddhy-abuddhyā로 볼 수 있고, 그와 달리 buddhyā-buddhyā로 볼 수도 있다. 앞의 것대로 하면 '슬기와 어리석음으로', 뒤의 것대로 하면 '슬기와 슬기로'이 된다.

3 콧소리벗기 尾 *mi > *ᵐbi.

4 콧소리벗기 沒 *muₐt > *ᵐbuₐt.

풀이

상스	데바	स्वाहा सिद्ध्यासिद्ध्या स्वाहा मण्डल सिद्धे स्वाहा मण्डल बन्दे स्वाहा सीमा बन्दनि स्वाहा सर्वा शत्रूणां स्वाहा जम्भय जम्भय स्वाहा स्तम्भय[1]
	로마	svāhā siddhyā-siddhyā[2] svāhā maṇḍala-siddhe svāhā maṇḍala-bandhe svāhā sīmā-bandhani svāhā sarvā-śatrūṇāṃ svāhā jambhaya jambhaya svāhā stambhaya
	한글	스바하 싣댜싣댜 만다라 싣데 스바하 만딸라 반데 스바하 시마-반다니 스바하 사르바샤뜨루남 스바하 잠바야 잠바야 스바하 스땀바야
풀이		스바하, 이루고 이룸으로 스바하, 두루 이룸에 스바하, 두루 묶음에 스바하, 금을 긋는 이여 스바하, 뭇 적들에게 스바하, 쳐 깨뜨리소서 스바하, 멈추게 하소서

오대진언	싣담	(悉曇 문자)
	정음	ㅅ·봘·하。싣:댜·싣:댜。ㅅ·봘·하。:만:나라。싣:데。ㅅ·봘·하。 :만:나라。:만:데。ㅅ·봘·하。시·마。:만·다·니。ㅅ·봘·하。살 ·바。샤ㄷ·로·남。ㅅ·봘·하。:삼·바:삼·바。ㅅ·봘·하。:땀:바:야。
	한자	娑嚩賀二悉地野悉地野娑嚩賀四滿拏攞悉弟娑嚩賀五 滿拏上攞滿弟娑嚩賀六枲麼去滿馱顙娑嚩賀七薩 嚩引設咄嚕喃娑嚩賀八合婆合婆娑嚩賀九娑膽婆上野

대 장 경	薩嚩二合引賀引/五十 悉馱悉馱薩嚩二合引賀引/五十一 曼拏攞悉第薩嚩二合引賀引/五十二 曼拏攞滿第薩嚩二合引賀引/五十三 枲麼引滿陀顙薩嚩二合引賀引/五十四 薩嚩設咄嚕二合 喃漸子琰切[3]婆漸婆薩嚩二合引賀引/五十五 娑瞻[4]二合婆野娑瞻二合婆野去聲
되짠소리 (IPA)	s-ba:-ɣa: sjiₐt-d-ja sjiₐt-d-ja s-ba:-ɣa: mᵥen-ⁿɖa[5]-la sjiₐt-dᵢeᵢ s-ba:-ɣa: mᵥen-ⁿɖa-la ᵐban[6]-dᵢeᵢ s-ba:-ɣa: si-ma: ᵐban-da- niₑŋ s-ba:-ɣa: sar-ba ɕjɛt-t-luₒ-ŋam dzⱼɛm-ba dzⱼɛm-ba s-ba:-ɣa: s-tam-ba-ja
요즘소리	사바하 싣댜싣댜 사바하 만나라 싣데 사바하 만나라 만뎨 사바하 시마 만다니 사 바하 살바 샤디로남 사바하 암바암바 사바하 시담바야

낱말

maṇḍala-siddhe(< maṇḍala + siddha): Adj./No. m. Sg. Voc. 둥글게 이룬, 오롯이 이룬.

maṇḍala-bandhe(< maṇḍala + bandha): Adj./No. m. Sg. Voc. 둥글게 묶은.

sīmā-bandhani(< sīmā '가[界]' + bandhana/-ī): Adj. f. Pl. Dat. 금을 긋는[結界].

jambhaya(< √jabh- 1. '깨물다'): Caus. Pres. 2. Sg. Imp. 깨뜨리다, 부수다, 치다[7].

stambhaya(< √stambh- 1. '멎다'): Caus. Pres. 2. Sg. Imp. 멈추게 하다, 굳히다.

1 오대진언에는 [悉曇] svāhā siddhyasiddhya svāhā maṇḍala-siddhe svāhā maṇḍala-mandhe svāhā sīmā-mandhani svāhā sarva-śatrūnāṃ svāhā jaṃbha jaṃbha svāhā stambhaya이나, 다른 곳에는 [悉曇] svāhā siddhya2 svāhā maṇḍala-siddhe svāhā maṇḍala-vanve svāhā sīmā-vanvani svāhā sarva śatrūnāṃ jambha2 svāhā stambhaya(K1349/T1153)으로 적혀 있다.

2 보라: <44쪽 뒤>의 뒤풀이 2. siddhy-asiddhi에 따라 siddhy-asiddhyā로 볼 수도 있고, 그와 달리 siddhyā-siddhyā로 볼 수도 있다. 앞의 것대로 하면 '이룸과 그르침으로', 뒤의 것대로 하면 '이루고 이룸으로'가 된다. 여기서는앞서 <44쪽 뒤>에서처럼 뒤의 것을 따랐다.

3 漸은 광운에 따르면 *tsjæm(子廉切/子琰切)과 *dzjæm(慈染切) 두 가지가 있는데, 실담 [悉曇]나 [悉曇]는 모두 *dzjæm(慈染切)이어야 하므로, 잘못된 반절로 보인다.

4 瞻은 광운에 따르면 *tɕjæm(職廉切)이라서, 실담 [悉曇]에 맞지 않다. 아마도 비슷한 글자인 膽 *tam(都敢切)을 잘못 쓴 것으로 보인다.

5 콧소리벗기 拏 *ɳa > *ⁿḍa.

6 콧소리벗기 滿 *mᵤan > *ᵐbᵤan.

7 Monier-Williams(1899), 412쪽: जभ् I. *jabha* or *jambh*(cl.1. *jabhate* or *jambh°*; Dhātup. X, 28; aor. subj. *jambhishat*) to snap at(gen.), RV. x, 86, 4: Caus. *jambháyati*(p. °*yat*) to crush, destroy.

풀이

상스	데바	स्तम्भय स्वाहा च्छिन्न च्छिन्न स्वाहा भिन्न भिन्न स्वाहा भञ्ज भञ्ज स्वाहा बन्ध बन्ध स्वाहा मोहय मोहय स्वाहा मणि विशुद्धे स्वाहा सू[1]
	로마	stambhaya svāhā cchinna cchinna svāhā bhinna bhinna svāhā bhañja bhañja svāhā bandha bandha svāhā mohaya mohaya svāhā maṇi-viśuddhe svāhā sū
	한글	스땀바야 스바하 친나 친나 스바하 빈나 빈나 스바하 반자 반자 스바하 반다 반다 스바하 모하야 모하야 스바하 마늬 비슏데 스바하 수
풀이		멈추게 하소서 스바하, 찢기고 찢긴 것이여, 깨지고 깨진 것이여 스바하, 깨부수고 깨부수는 이여 스바하, 묶고 묶으소서 스바하, 놀래키고 놀래키소서 스바하, 구슬 같은 깨끗함이여 스바하, 해

오대진언	싣담	(싣담 문자)
	정음	:쌈·바:야◦ㅅ·봣·하◦·친:나·친:나◦ㅅ·봣·하◦[2]빈:나·빈:나◦ ㅅ·봣·하◦·반·ㅿ·반:ㅿ ◦ㅅ·봣·하◦:만·다:만·다◦ㅅ·봣·하◦·모 ·하:야◦·모·하:야◦ㅅ·봣·하◦:마·니◦·미·슏·데◦ㅅ·봣·하◦·솔
	한자	娑膽婆野娑嚩賀八十嗏去娜嗏娜娑嚩賀一枇娜枇娜 娑嚩賀二畔惹畔惹娑嚩賀三滿馱滿馱娑嚩賀四謨 賀野謨賀野娑嚩賀五麼抳尾秫弟娑嚩賀六素

대장경	娑瞻二合婆野去聲薩嚩二合引賀引/五十六 親去聲娜親娜薩嚩二合引賀引/五十七 牝娜牝娜薩嚩二合引賀引/五十八 畔惹畔惹薩嚩二合引賀引/五十九 滿馱滿馱薩嚩二合引賀引/六十 莽賀野莽賀野薩嚩二合引賀引/六十一 麼抳尾舜第薩嚩二合引賀引/六十二 素
되짠소리 (IPA)	s-tam-ba-ja s-ba:-ɣa: tsʰjiən-na-tsʰjiən-na s-ba:-ɣa: bjiən-na-bjiən-na s-ba:-ɣa: ban-ⁿzja3-ban-ⁿzja s-ba:-ɣa: ᵐban4-da ᵐban-da s-ba:-ɣa: muo-ɣa-ja muo-ɣa-ja s-ba:-ɣa: ma-ɲi ᵐbi5-ɕjuet-djei s-ba:-ɣa: suo
요즘소리	시담바야 사바하 친나친나 사바하 빈나빈나 사바하 반아반아 사바하 만다만다 사바하 모하야모하야 사바하 마니 미슏데 사바하 솔

낱말

cchinna[6](< √chid- 7./9. '찢다' + -na): PPP. /Adj. m. Sg. Voc. 잘린, 찢긴, 나뉜.

bhinna(< √bhid- 1./7. '부수다, 쪼개다' + -na): PPP./Adj. m. Sg. Voc. 부순, 쪼개진.

bhañja(< bhañjā < bha -n[7]-j- < √bhaj- 1./7. '부수다'): No. f. Sg. Voc. 부수는 이(♀), 두르가(Durgā)[8].

mohaya (< √muh-): Caus. Pres. 2. Sg. Imp. 멍하게 하다, 놀라게 하다, 어지럽히다.

뒤풀이

[1] 오대진언에는 स्तम्भय स्वाहा च्छिन्द च्छिन्द स्वाहा भिन्द भिन्द स्वाहा भञ्ज भञ्ज स्वाहा बन्ध बन्ध स्वाहा मोहाय मोहय स्वाहा मणि विशोद्धे स्वाहा सु stambhaya svāhā cchinda cchinda svāhā bhinda bhinda svāhā bhañja bhañja svāhā bandha bandha svāhā mohāya mohaya svāhā maṇi viśoddhe svāhā su이나, 다른 곳에는 २ स्वाहा च्छिन्द २ स्वाहा भिन्द २ स्वाहा भञ्ज २ स्वाहा बन्ध २ स्वाहा मोहाय २ स्वाहा मणि विशुद्धे स्वाहा सू 2 svāhā cchinda 2 svāhā bhinda 2 svāhā bhañja 2 svāhā bandha 2 svāhā mohaya 2 svāhā maṇi viśuddhe svāhā sū(K1349/T1153)로 적혀 있다.

[2] 원문에는 거성점이 없지만, 뒤에 나오는 것을 미뤄보면 닳아서든 목판을 찍을 때 안 찍힌 듯하다.

[3] 콧소리벗기 惹 *ɲja > *ⁿẓja. 곁글도 *ⁿẓja(上, 人者切)와 *ⁿẓjak(入, 而灼切)에서 상성 *ⁿẓja를 따르라 했다.

[4] 콧소리벗기 滿 *mᵤan > *ᵐbᵤan. 滿은 man과 ban 어디로도 다 쓰였다: 三滿多 samanta, 滿馱 bandha.

[5] 콧소리벗기 尾 *mi > *ᵐbi.

[6] 소리이음(saṃdhi): 1. -a/ā + ch- > -a/ā + cch-. 2. -d/-t + na > -nna.

위의 두 음운현상은 한국말에도 있으나, 표기로 나타내지 않는다. 왜냐하면 현재 국어는 표기법에 있어서 말밑을 따르는 어원 위주의 표기법을 채택했기 때문이다. 하지만 소리를 내면 아직 아래처럼 드러난다:

보기1) 고치다 > /곳치다/, 다치다 > /닷치다/ ← (국어학계에서 안 받아들임)

보기2) 갓난 > /간난/, 낱낱 > /난낱/, 닫는 > /단는/, 솟는 > /손는/ ← (국어학계에서 받아들임)

[7] 콧소리-속가지(Nasal-Infix, 鼻音-接中辭/中綴). 원래 인도-유럽 말갈래의 특징 가운데 하나이다. 기능에 대해서는 현재시제와 관련이 있다고 한다. 하지만 콧소리 끝가지가 자리바꿈(metathesis)으로 생긴 것 같다는 가설도 있다. 이에 따르면 한국말 ~는, ~ㄴ 및 과 왜말 の와도 이어질 수 있지만, 한국말에는 나아가 콧소리-속가지를 가진 언어화석으로 보이는 말들이 아직 남아 있다:

보기) 굽-다 : 곱-다 < *곪-다; 거느리-다 : 거리-다(중세); 당기-다 : 다그-다; 견주-다 : 곁[傍], 가(< ᄀᆞᆺ[邊]).

그 밖에도 한국말과 이어지며 그 뿌리로 보는 동이(東夷)의 말에서 나온 한자에도 이런 흔적이 남아 있다.

보기) 岡 *kaŋ(< *ka-n-g) < 高 *kagʷ '높다' < *keuk- > 한국. 고개, 꼭-대기; 토하라. koc, 도이치. hoch.

[8] 두르가는 시바의 아내이자 그의 속성을 그대로 지녔다. 시바가 그렇듯이 세상의 잘못됨을 다 깨부수는 역할을 한다.

풀이

상스	데바	यें सूर्यें सूर्य विशुद्धे विशोधनि स्वाहा चन्द्रे सुचन्द्रे पूर्ण चन्द्रे स्वाहा ग्रहेभ्यः स्वाहा नक्षत्रेभ्यः स्वाहा शिवे स्वाहा शान्ति स्वाहा स्व[1]
	로마	rye sūrye sūrya-viśuddhe viśodhani svāhā candre sucandre pūrṇa-candre svāhā grahebhyaḥ svāhā nakṣatrebhyaḥ svāhā śive svāhā śānti svāhā sva(-styayani)
	한글	레 수레 수랴 비슌데 비쇼다니 스바하 짠드레 수짠드레 뿌르나 짠드레 스바하 그라헤뱌흐 스바하 낙삭뜨레뱌흐 스바하 쉬베 스바하 샨띠 스바하 스바(-스땨야니)

풀이	속에 해 속에서 해처럼 맑고[2] 깨끗한 이여 스바하, 달 속에 좋은 달 속에 보름달 속에 스바하, 떠돌이별들에게 스바하, 별자리들에게 스바하, 어진 이(♀)여 스바하, 아늑한 이여 잘 되게 해주소서,

오대진언	실담	(실담 문자)
	정음	:예·솔:예·솔:야·미·슌:뎨·미·슈·다·니ㅅ·밯·하:잔 :ㄴ:례·소:잔:ㄴ:례·볼나·잔:ㄴ:례ㅅ·밯·하·ㅇ·라:혜·뱍ㅅ·밯·하 ·낙사ㄷ:례·뱍ㅅ·밯·하:시:볘ㅅ·밯·하·션·디ㅅ·밯·하·썍
	한자	哩曳素哩曳素哩曳尾秫弟尾戌馱顙娑嚩賀[七]讚 捺嚟素讚捺嚟布羅娜讚捺嚟娑嚩賀[八]疙囉係毗藥娑嚩賀[九] 諾乞灑怛嚟毗藥娑嚩賀[九十]始吠娑嚩賀[一]扇底娑嚩賀[二]娑嚩

대장경	哩曳$_{二合}$素哩曳$_{二合}$素哩野$_{二合}$尾舜[3]第尾戌馱顙娑嚩$_{二合引}$賀$_{引/六十三}$ 戰涅㘑[4]$_{二合}$素戰涅㘑$_{二合}$布囉拏$_{二合}$戰涅㘑$_{二合}$薩嚩$_{二合引}$賀$_{引/六十四}$ 蘖囉$_{二合}$係$_{引}$毘藥$_{二合}$薩嚩$_{二合}$引賀$_{引/六十五}$ 諾吃察$_{二合}$底㘑$_{二合}$毘藥$_{二合}$薩嚩$_{二合引}$賀$_{引/六十六}$ 始吠薩嚩$_{二合引}$賀$_{引/六十七}$ 扇$_{引}$底薩嚩$_{二合引}$賀$_{引/六十八}$ 薩嚩$_{二合短聲}$[5]
되짠소리 (IPA)	li-jɛi su$_o$-li-jɛi su$_o$-li-ja ^{m}bi[6]-ɕ$_j$u$_e$t-d$_i$e$_i$ ^{m}bi-ɕ$_{ju}$o-da-ni$_{ɛŋ}$ s-ba:-ɣa: tɕjɛn-^{n}d[7]-l$_i$e$_i$ su$_o$-tɕjɛn-^{n}d-l$_i$e$_i$ pu$_o$:-l-ŋa tɕjɛn-^{n}d-l$_i$e$_i$ s-ba:-ɣa: ^{ŋ}g[8]-la-ɣ$_i$ɛ$_i$[9]-b-jak s-ba:-ɣa: nak-k-tʂ^{h}at-t-l$_i$e$_i$ s-ba:-ɣa: ɕi-b$_{ju}$ɐi s-ba:-ɣa: ɕjɛn-ti s-ba:-ɣa: s-bak
요즘소리	예솔예 솔야 미슌데 미슈다니 사바하 잔니례 소잔니례 볼라 잔니례 사바하 이라혜뱍 사바하 낙사디례뱍 사바하 시볘 사바하 션디 시바아하 시박

낱말

grahebhyaḥ(< graha): No. m. Pl. Dat./Abl. 붙잡음, 쥠; 떠돌이별(planet, 行星), 북극성[10],

nakṣatrebhyaḥ(< nakṣatra): No. n. Pl. Dat./Abl. 별들, 달이 지나가는 길[黃道]의 별자리[11].

śive(< śiva/-ā): Adj. f. Sg. Voc. 어진, 좋은, 행복한.

śānti(< śānta/-ī): Adj. f. Sg. Voc. 고요한, 아늑한, 조용한.

뒤풀이

---

[1] 오대진언에는 𑆛𑆵...: -rye surye surya viśoddhe viśudhani svāhā cadre sucadre purṇa cadre svāhā grahebhyaḥ svāhā naḥkṣa tre-bhyaḥ svāhā śive svāhā śanti svāhā svaḥ이나, 다른 곳에는 𑆛𑆵...: -rye sūrya viśuddhe viśodhani svāhā candre sucandre purṇḍa candre svāhā grahebhyaḥ svāhā nakṣatrebhyaḥ svāhā śive svāhā śānti svāhā sva(K1349/T1153)으로 적혀 있다.

[2] 힌두문화에서 일반적으로 비슈누를 가리키며, 이런 힌두 요소를 대승으로 끌여들인 장본인들은 브라만 출신 승려들이었다. 비슈누 신은 베다 무렵 '작은 해님'으로부터 나왔다.

Stevenson, Jay(The Complete Idiot's Guide to Eastern Philosophy, 2000) 57쪽: The god Vishnu originated during the Vedic period as a minor solar deity but rose in importance in the following centuries. Vilshnu is a key member of the divine Hindu triad, the trimurti, including Brahma and Shiva.

[3] 보라: <39쪽 뒤>의 뒤풀이10. 舜ㅅ은 *ɕjuₑn(舒閏切, 去聲)이 아니라, 입성으로 소리내라는 뜻이다.

[4] 隷의 딴꼴.

[5] 비교: <52쪽 뒤> 薩嚩ㅅ聲短呼 𑆱𑆫𑇀𑆮𑆃: sarvaḥ.

[6] 콧소리벗기 尾 *mi > *ᵐbi.

[7] 콧소리벗기 涅 *niɛt > *ⁿdⱼiɛt.

[8] 콧소리벗기 蘖 *ŋat > *ⁿgaɾ.

[9] 광운을 비롯한 이른 운서에는 *kⱼeᵢ(古詣切)이나, 집운에는 *ɣⱼɛᵢ(胡計切)이 나온다. 이른 운서에 안 보인다고 그 무렵 실제 없던 소리로 결코 볼 수 없음을 보여준다.

[10] Monier-Williams(1899), 372쪽: ... a planet(as seizing or influencing the destinies of men in a supernatural manner; sometimes 5 are enumerated, viz. Mars, Mercury, Jupiter, Venus, and Saturn, MBh. vi, 4566 f. ; R. i, 19, 2 ; Ragh. iii, 13 &c. ; also 7 i.e. the preceding with Rāhu and Ketu, MBh. vii, 5636 ; also 9 i.e. the sun[cf. ŚBr. iv, 6, 5, 1 and 5 ; MBh. xiii, 913; xiv, 1175] and moon with the 7 preceding, Yājñ. i, 295 ; MBh. iv, 48 ; VarBṛS. ; also the polar star is called a Graha, Garg.(Jyot. 5 Sch.); the planets are either auspicious shubha-, sad-, or inauspicious kruura-, paapa-, VarBṛS. ; with Jainas they constitute one of the 5 classes of the Jyotiṣkas).

[11] Monier-Williams(1899), 524쪽: ... sometimes collectively 'the stars' e.g. vii. 86, 1 ; RV. &c. &c.; an asterism or constellation through which the moon passes, a lunar mansion.

앞

풀이

상스	데바	स्त्ययनि स्वाहा शीवङ्करि शान्तिकरि पुष्टिकरि बल वर्धनि स्वाहा श्रीकरि स्वाहा श्रीय वर्धनि स्वाहा श्रीय ज्वलनि स्वाहा नमु[1]
	로마	(sva-)styayani svāhā śivaṅ-kari śānti-kari puṣṭi-kari bala-vardhani svāhā śrī-kari svāhā śrīya-vardhani svāhā śrīya-jvalani svāhā namu(-ce)
	한글	(스바-)스땨야니 스바하 시방까리 샨띠까리 뿌슈띡까리 말라 바르다니 스바하 슈리까리 스바하 슈리야 바르다니 스바하 슈리야 즈발라니 스바하 나무-
풀이		복을 부르는 이(♀)여 스바하, 좋게 하는 이여, 아늑하게 하는 이여, 잘 먹이는 이여, 힘을 키우는 이(♀)여 스바하, 잘살게 하는 이(♀)여 스바하, 잘되게 키우는 이(♀)여 스바하, 잘됨으로 빛나는 이(♀)여 잘 되게 해주소서, 나무(찌여)

오대진언	실담	(Siddham script)
	정음	쨔·야·니ᅟᅠ·ᄫᅡ·하ᅟᅠ·시:밤가:리:션·디가:리ᅟ·봇·티 가:리ᅟ:마라ᅟ·말·디·니ᅟ·ᄫᅡ·하ᅟ·시·리가:리ᅟ·ᄫᅡ·하ᅟ·시·리 :야ᅟ·말·다·니ᅟ·ᄫᅡ·하ᅟ·시·리:야:ᅀᆞ·바라·니ᅟ·ᄫᅡ·하·나·모
	한자	娑底也野顙娑嚩賀二始鏹迦哩四扇底迦哩五補瑟置迦哩六麼攞沫馱顙娑嚩賀七室哩迦哩娑嚩賀八室哩野沫馱顙娑嚩賀九室哩野入嚩攞顙娑嚩賀三百曩謨
대장경		娑底也二合野寧薩嚩二合引賀引/六十九 始鑁無敢切[2]羯哩扇引底羯哩補瑟置二合羯哩二合麼羅末達顙薩嚩二合引賀引/七十 室哩二合羯哩薩嚩二合引賀引/七十一 室哩二合野末達顙薩嚩二合引賀引/七十二 室哩二合野入嚩二合攞顙薩嚩二合引賀引/七十三 曩母
되짠소리 (IPA)		sa-t͡ɕa-ja-ni s-ba:-ja: ɕi-ᵐbam³-kᵢaɾ-li t͡ɕɛn-ⁿd⁴-kᵢaɾ-li puₒ-ʂ-ʈi-kᵢaɾ-li ᵐba⁵-la ᵐbaɾ⁶-da-niɛŋ s-ba:-ɣa: ɕ-li-kᵢaɾ-li s-ba:-ɣa: ɕ-li-ja ᵐbaɾ-da-niɛŋ s-ba:-ɣa: ɕ-li-ja ⁿz⁷-ba-la-niɛŋ s-ba: ɣa: naŋ-moᵤ
요즘소리		시다야니 사바하 시밤가리 션디가리 봇티가리 마라말다니 사바하 시리가리 사바하 시리야 말다니 사바하 시리야 이바아라니 사바하 나모

낱말

svastyayani(< svastya + √yā- 2. + -na/-ī)[8]: PPP./Adj. f. Sg. Voc. 행복을 부르는(이♀).

śivaṅ-kari(=śivaṃ° = śiva- '어진, 행복한, 좋은' + kara/-ī): No. f. Sg. Voc. 어질게/좋게 하는(이♀).

puṣṭi(< √puṣ- 1./4./9. '잘 먹이다, 크다'+ -ti): No. f. n. 잘 먹인 것, 통통함, 늪, 잘됨, 큼.

vardhani(< vardhana/-ī): Adj. f. Sg. Voc. ~을 키우는(이♀).

śrī-kāri(< śrī + kārī): No. f. Sg. Voc. 행운을 만드는 이(♀), 염소.

namuce(< na- '아니' + √muc- '풀다' + -i): No. m. Sg. Voc. 나무찌(인드라가 죽인 악마이름)[9].

뒤풀이

[1] 오대진언에는 ⟨悉曇⟩ styayani svāhā śivaṃ-kari śanti-kari puṣṭi-kari mala-mardhani svāhā śrī-kari svāhā śrīya-mardhani svāhā śrīya jvālani svāhā namo이나, 다른 곳에는 ⟨悉曇⟩ styayane svāhā śivaṃ-kari śānti-kari puṣṭi-kari vala-vardhani svāhā śrī-kari svāhā śriya-vardhani svāhā śrīya-jvālani svāhā namu(K1349/T1153)로 적혀 있다.

[2] 鑁無敢切이란 원래 *tsuŋ(子紅切) 대신 *ᵐbɑm (無敢切)으로 소리를 내라는 뜻이다. 한국한자음에서도 **번**으로 내려왔다. 이는 한자의 6서법과 무관한 불교에서만 쓰이는 소리이다. 다만 **밤**이나 **범**이 아닌 **번**으로 내려온 것은 근본주의 성리학을 고수하던 조선 518년 동안 단 한번도 성운학적 교정과 영향을 받지 않았음을 보여준다.

아울러 당나라 때 *mɑm에서 *ᵐbɑm으로 내려던 소리가 1300 여년 뒤 현대 한국말에서 **번**[pən]/[bʰən]이 된 것은 고대 한국어에 울리는 터짐소리(voiced plosives, 全濁-爆發音)가 없었다는 일반적인 국어음운사의 주장이 사실이 아닐 수도 있음을 넌지시 알려준다.

왜냐하면 *ᵐbɑm이 **번**[pən]/[bʰən]으로 되려면 그 사이에 적어도 ***밤**[pam]이나 ***붐**[pəm]/[pɐm]이 있었고, 이보다 앞서 ****bam**이나 ****bəm/bɐm**이 있었어야 하기 때문이다. 이는 백제에서 왜로 들어갔다고 구다라온(くだらおん, 百済音) 또는 구다라고에(くだらごえ, 百済声)라고도 불리는 고온(ごおん, 呉音)에서 미뤄볼 수 있다. 즉, 전해준 한반도의 사람들에게 없는 소리를 전해 받은 왜나라의 사람들은 아직까지 지켜온다는 말은 전형적인 비논리이기 때문이다.

[3] 콧소리벗기 鑁 *mɑm > *ᵐbɑm.

[4] 콧소리벗기 涅 *niɛt > *ⁿdⱼiɛt.

[5] 콧소리벗기 麼 *ma > *ᵐba.

[6] 콧소리벗기 末 *mɑɾ > *ᵐbɑɾ.

[7] 콧소리벗기 入 *ŋⱼəp > *ⁿzⱼəp.

[8] 달리 시킴끝가지(Causative suffix) -ya-가 붙은 줄기(stem) svastyaya에 다시 지난 또는 된 일을 나타내는 끝가지 -na/-ī가 붙은 꼴로 볼 수도 있다.

[9] Monier-Williams(1899), 528쪽: namuci, m.(according to Pāṇ. vi, 3, 75 = na + m °, 'not loosing,' scil. the heavenly waters i.e. 'preventing rain') Name of a demon slain by indra- and the aśvins, RV.

Wisdom library: A name for Mara (q.v.), given because he does not allow either gods or men to escape from his clutches, but works them harm. SNA.ii.386.

Davids, T. W. Rhys(The Pali Text Society's Pali-English dictionary, 1921) 347쪽:
Namuci (Np.) a name of Māra.

풀이

상 스	데바	चे स्वाहा मरुचे स्वाहा वेगवति स्वाहा / ॐ सर्व तथागतानां मुर्ते प्रवर विगत भय शामयस्व मे भगावति सर्व पपे[1]
	로마	(namu-)ce svāhā maruce svāhā vegavati svāhā / oṃ sarva-tathāgatānāṃ mūrte pravara vigata bhaya śamayasva me bhāgavati sarva pāpe(-bhyaḥ)
	한글	쩨 스바하 마루쩨 스바하 베가바띠 스바하 /옴 사르바 따타가따남 무르떼 쁘라바라 비가떼 바야 샤마야 스바멤 바가바띠 사르바 빠뻬(-뱌흐)

풀이	(나무)찌여 스바하, 마루찌여 스바하, 쏜살 같이 **빠른** 이여 잘 되게 하소서! 옴 뭇 그리 오신 분들의 모습 속에 으뜸은 두려움의 가심이니, 거룩한 분(♀)이시여 뭇 나쁜 것(에서) 나(의 마음)를[2] 달래주소서!

오 대 진 언	싣담	(실담 문자) 一切如來心眞言 >
	정음	:지ᅀ·뺘·하ᅌ:마·로:지ᅀ·뺘·하ᅌ:볘·아:바·디ᅀ·뺘·하　----- :옴ᅌ·살·바ᄝ·타:아·다·남ᅌ·몰·디ㅸ·라:바·라·미:아다ᅌ ·바:야ᅌ·샤:마·야ᅌ·ᄼ·뺘:명ᅌ·바·아·바·디ᅌ·살·바ᅌ·볘
	한자	些娑嚩賀_麼嚕些娑嚩賀_吠誐嚩底娑嚩賀　----- 唵_薩嚩怛他蘖多喃沒㗚底_鉢囉嚩囉尾誐多

대 장 경	呰薩嚩二合引賀引／七十四　麼嚕呰薩嚩二合引賀引／七十五　吠誐嚩底薩嚩二合引賀引／七十六 唵引薩嚩怛他引誐多沒引帝鉢囉二合嚩囉尾誐多
되짠소리 (IPA)	tsje s-ba:-ɣa: ᵐba³-luₒ-tsje s-ba:-ɣa: bⱼᵤɐi-ⁿga⁴-ba-ti s-ba:-ɣa: ʔəm saɾ-ba taₜ-tʰa-ⁿgaₜ⁵-ta muₐ:ɾ⁶-tᵢeᵢ p-la-ba-la ᵐbi⁷-ⁿga-ta
요즘소리	지 사바하 마로지 사바하 베아바디 사바하 옴 살바다타아다 몰뎨 바라바라 아다바예 사마 연도마마 샤발바 바베

낱말

maruce(< maruci = marīci[8]): No. m.f. Sg. Voc. (해, 달의)빛살, 곡두, 헛것; 마루-/리-찌(압사라 이름).

pravara(< pra- + √vṛ- 5./9. '고르다'): Adj. 가장 나이든/좋은/으뜸인; m. 가족, 웃대[祖上].

vigata(< vi + √gam- 1. '가다'): Adj. m. Sg. Voc. 가버린, 가신, 사라진, 죽은; 흩어진, 희미한.

śāmayasva(< √śam- 4. '고요하다, 끝나다'): Caus. Pres. Mid. 2. Sg. Imp. 달래다; 끝내다, 죽이다.

sarvapāpebhyaḥ(< sarva+ apāpa ' '): No. f. Sg. Voc. 온갖 잘못.

뒤풀이

---

[1] 오대진언에는 〔랜자 문자〕 一切如來心眞言 〔랜자 문자〕 ci svāhā marūci svāhā vegavati svāhā / oṃ sarvā-tathāgatānāṃ murti pravara vigata bhaya śamaya svameṃ bhāgavati sarvāpāpe 이나, 다른 곳에는 〔랜자 문자〕 ci svāhā maruci svāhā vegavati svāhā oṃ sarva-tathāgata mūrtte pravara vigata bhaye śamaya svame bhagavati sarvā pāpe(K1349/T1153)로 적혀 있다.

[2] 보라: <50쪽 뒤>의 속격의 쓰임.

[3] 콧소리벗기 麼 *ma > *^{m}ba.

[4] 콧소리벗기 蘗 *ŋat > *^{n}gaɾ.

[5] 딴꼴의 蘖 소리로 갈음했으며, 콧소리벗기 蘖 *ŋat > *^{n}gat.

[6] 오대진언에서 앞의 沒은 콧소리벗기(*muₐt > *^{m}buₐt)를 보여줬으나, <45쪽 앞>과 이번은 콧소리를 지켰다.

[7] 콧소리벗기 尾 *mi > *^{m}bi.

[8] Monier-Williams(1899), 790쪽: मरुचीपट्टन *maruci-paṭṭana*, n. N.of a town, VarBṛS.(cf. *marīci-paṭṭana*).

풀이

상 스	데바	भ्यः स्वस्तिर्भवतु मुनि मुनि विमुनि विमुनि चरे चलने भय विगते भय हारणि बोधि बोधि बोधय बोधय बुधिलि बु_¹
	로마	bhyaḥ svastir bhavatu muni muni vimuni vimuni care calani bhaya-vigate bhaya-haraṇi bodhi bodhi bodhaya bodhaya budhili bu(dhili)
	한글	뱌흐 스바스띠르 바바뚜 무니 무니 비무니 비무니 짜레 짤라네 바야 비가떼 바야 하라늬 보디 보디 보다야 보다야 붇디리 부(딜리)
	풀이	좋은 일이 있어야 하나이다. 슬기롭고 슬기로운 이들이여 더 슬기롭고 더 슬기로운 이들이여, 흔들어 움직여 두려움이 사라진 이여, 두려움을 없애는 이여, 오롯한 슬기로 거듭 깨우치고 깨우쳐 주소서, 슬기로운 이여, 슬기로운 이(♀)여, 슬-

오대진언

실담:

·뱍○·쌰·씰○·바:바·도○·모·니·모·니○·미·모·니○·미·모
·니○자:레○자라·니○·바:야○·미:아·데○·바:야○·하·라
·니○·모·디·모·디○·모·다:야○·모·다:야○·몯·디:리○·몯

한자:

婆野二捨麼野娑嚩銘四婆誐嚩底五薩嚩播閉毗
藥六沙嚩娑底七囉婆嚩覩八母你母你尾母你尾母你九
左嘛左攞顙十婆去野尾誐帝二婆去野賀囉

대 장 경	婆曳捨麼野薩嚩二合短聲銘婆誐嚩底薩嚩播閉 毘喻二合娑嚩二合娑底二合婆嚩覩七十七 母顙母顙七十八 尾母顙佐喉²佐攞寧婆野尾 誐帝婆野賀囉
되짠소리 (IPA)	ba-jɛi ɕja-ma-ja s-ba-m$_i$e$_ŋ$ ba-^{ŋ}ga^3-ba-ti saɾ-ba pa-p$_i$ɛ$_i$ b-juo s-ba-s-ti ba-ba-tu$_o$ mu-ni$_{ɛŋ}$ mu-ni$_{ɛŋ}$ ^{m}bi^4-mu-ni$_{ɛŋ}$ tsa-l$_i$e$_i$ tsa-la-ni$_{eŋ}$ ba-ja ^{m}bi- ^{ŋ}ga-t$_i$e$_i$ ba-ja ɣa-la
요즘소리	바 사싣디라 바바도 모지모지 비모지 자리자라니 아데 바다라미 보디보디 보다야 보타야 몯디리 몯

낱말

svastir(< svasti < su '좋은' + √as- 2. + -ti)[5]: No. f. Sg. Nom. 번영, 잘됨, 좋은 것/일, 행운.

bhavatu(< √bhū- 1.): Pres. 3. Sg. Imp. ~되다, ~이다, ~있다.

muni: No. m. Sg. Voc. 어진 이, 슬기로운 이; *vi°* '더/너무 어진/슬기로운 이'.

haraṇi(< 1. √hṛ - 1. -na/-ī): PPP./Adj. f. Sg. Voc. 가져오는/없애는(이♀); No. m. 손, 팔; n. ~ 행위.

budhili(< √budh-i-la/-ī): Adj. f. Sg. Voc. 슬기로운, 배운(이♀).

뒤풀이

---

[1] 오대진언에는 ॐ ... bhyaḥ svastir bhavatu muni muni vimuni vimuni care calani bhāya vigate bhāya hāraṇi bodhi bodhi bodhaya bodhaya buddhiri bu-이나, 다른 곳에는 ॐ ... bhyaḥ svastir bhavatu muni 2 vimuni care calane bhaya vigate bhaya hāraṇi bodhi 2 bodhaya 2 bu-(K1349/T1153)로 적혀 있다.

[2] 글마다 嚟, 囉, 㘑로도 씌여 있다.

[3] 콧소리벗기 誐 *ŋa > *ⁿga.

[4] 콧소리벗기 尾 *mi > *ᵐbi.

[5] 일반적으로 *su-* '좋은' + *asti* '되다, 이다'로 보지만, 인도-유럽 비교언어학에서는 더 깊이 들어가 살펴봤다.

Manfred Mayrhofer(1996), 796쪽: *svastí-*(*suv°*[s.u.]) f. Heil, Segen, Wohlsein(RV +; wohl auch n.[NomAkkSg svastí]), AiGr II 2,638). - Mi., ni., pā. *suvatthi-, sotthi-* f. Wohlsein, u.a.(Tu 13915f.). -Ein sú¹-Kompositum; wahrscheinlich *hᵢsu + ṇsti-(„*glückliche Heimkehr"), zu NAS(dazu lat. Sospes 'wohl-behalten, unversehrt').

풀이

상스	데바	धिलि सर्वतथागत हृदय जुष्टे स्वाहा ॐ वज्रवति वज्र प्रतिष्ठिट शुद्धे सर्वा तथागता मुद्राधिष्ठानाधिष्ठिते महामुद्रे स्वाहा[1]
	로마	(bu)dhili sarva-tathāgata-hṛdaya-juṣṭe svāhā / oṃ vajravati vajra-pratiṣṭhita-śuddhe sarva-tathāgata-mudrā-adhiṣṭhāna-adhiṣṭhite mahāmudre svāhā
	한글	(부)딜리 사르바-따타가따-흐르다야-주슈뛔 스바하 / 옴 바즈라-바띠 바즈라-쁘라 띠스띠따 슏데 사르바-따타가따 무드라-아디스탄나 아디스틱떼 마하 무드레 스바하
풀이		-기로운 이여, 뭇 그렇게 오신 분의 마음으로 기쁜 이여 잘 되게 하소서! 옴 번개를 갖고 번개처럼 굳게 맞선 맑은 이여, 뭇 그렇게 오신 분의 손짓을 덧세워[2] 둔 큰 손짓이여 잘 되게 하소서
오대진언	실담	(실담 글자) 一切如來心印眞言 >
	정음	·디:리ㆁ·살·바ㆁ다·타:아·다ㆁ·ㆆ:리:나:야ㆁ·쇼:씨 ㆁ·ㅿ·ㆅ·하 ----- :옴ㆁ:바:ㅿ·라ㆁ:바·디ㆁ:바:ㅿ·라ㆁㅸ·라ㆁ·디쎠 다ㆁ·슌데ㆁ·살·바ㆁ다·타
	한자	抳二 冐地冐地三 冐馱野冐馱野四 沒地里沒 地哩五 薩嚩怛他蘗多引六 紇哩乃野足瑟麳娑嚩賀 ----- 唵嚩日囉嚩底二 嚩日囉鉢囉二底瑟恥多秫第三 薩嚩怛他
대장경		抳七十九 冐地冐地八十 冐馱野冐馱野八十一 沒地里沒地里八十二 薩嚩怛他引誐多紇 里二合乃野足瑟麳二合薩嚩二合引賀引/八十三 ----- 唵引嚩日羅二合嚩底嚩日囉二合鉢囉二合底瑟恥帝舜第八十四(薩嚩)怛他引
되짠소리 (IPA)		ŋi ^{m}bo[3]-di-^{m}bo-di ^{m}bo-da-ja ^{m}bo-da-ja ^{m}bu$_{a}$t[4]-di-li ^{m}bu$_{a}$t-di-li saɾ-ba ta$_{t}$-t^{h}a-^{ŋ}ga[5]-ta ɣ-li-^{n}də$_{i}$[6]-ja tsju$_{o}$-ʂ-ʈɛi s-ba:-ɣa: ----- ʔəm ba-^{n}ẓ[7]-la-ba-ti ba-^{n}ẓ-la p-la-ti-ʂ-ʈ^{h}i-t$_{i}$e$_{i}$ ɕ$_{j}$u$_{e}$t-d$_{i}$e$_{i}$ ta$_{t}$-t^{h}a-
요즘소리		디림 살바다타아다 힐다야 슈때 사바하 옴 바아라 바디 바아라 바라디띠다 슈디 살바다타

낱말

juṣṭe(< √juṣ- 6.+ ta/-ī): PPP. Adj. f. Sg. Voc. 기쁜, 즐거운(이♀).

pratiṣṭhita(< prati- + √sthā- + -i- ta): PPP. Adj.(~에)맞선, 선, 세워진.

mudrā: No. f. Sg. Voc. 도장, 상징, 보람[標識], 손짓/손꼴[手印], 몸짓.

adhiṣṭhāna(< adhi- + sthāna/ 빠알. adhiṭṭhāna): No. n. Sg. 곁에 섬; 더 밝힘, 덧세움[加持][8]; 축복.

(a)dhiṣṭhite(<(a)[9]dhi- + √sthā- + -i- ta/-ī): PPP. Adj. f. Sg. Voc. 놓은, 둔,(~에)자리잡은, 정한.

뒤풀이

[1] 오대진언에는 𑖧 ... -ddhiri sarvā tathāgatā hṛdaya juṣṭai svāhā oṃ vajravati vajra pratiṣṭhita śuddhe sarva-tathāgata mudra 'dhiṣṭhana 'dhiṣṭite mahāmudre svāhā이나, 다른 곳에는 𑖧 ... -ddhili 2 sarva-tathāgata hṛdaya juṣṭai svāhā oṃ vajra-vati vajra pratiṣṭita śuddhe sarva-tathāgatā mudrādhiṣṭānāṃ dhiṣṭite mahāmudre svāhā(K1349/T1153)로 적혀 있다.

[2] Michaels, Axel(2015) 243쪽: consecration by mudrās(mudrādhiṣṭhāna) '손짓을 듦, 손짓으로 바침'.
　平川彰(1997, 3864쪽): 金剛智印 vajra-mudrā, jñāna-mudrādhiṣṭhāna.

[3] 콧소리벗기 冒 *mo >* ᵐbo.

[4] 콧소리벗기 沒 *muₐt > *ᵐbuₐt.

[5] 콧소리벗기 誐 *ŋa > *ᵑga.

[6] 콧소리벗기 乃 *nəi > *ⁿdəi.

[7] 콧소리벗기 日 *ɳjet > *ⁿʐjet.

[8] 지나의 加持는 범어 adhi + ṣṭhāna를 나름 그대로 옮긴 말[直譯]이다. 둘은 글자 그대로 '덧댐/덧세움이나 곁에 기댐 따위'를 뜻한다. tathāgata 如來가 '(부처께서 깨달은 길)처럼 간'을 뜻하듯 adhiṣṭhāna 加持도 '(부처의 곁에)더 가까이 다가섬 및 기댐'을 뜻하던 말이다. 여기서 국어사전에 보이는 '부처와 중생이 하나가 되는 일'이 나왔다. 그 밖에 adhiṣṭhāna는 다시 '더해진 힘'을 거쳐 그런 힘이 작용한 '축복'까지 뜻하게 되었다. 국어사전에서 '부처의 힘으로 병, 재난, 부정 따위를 면하려고 기도한다'라는 뜻이 여기를 거쳐서 나왔다. 이는 불교사 및 종교사적으로 한 낱말이 어떻게 달라졌는지를 보여주는 보기이다.

[9] Monier-Williams(1899), 1310쪽: *Adhi-shṭhita*(in Bhag. xiii, 17, the text has *dhi-shṭhita*, with elision of a).

풀이

<table>
<tr><td rowspan="3">상
스</td><td>데바</td><td>ॐ मुनि मुनि मुनिवरे अभिसिञ्चतु मां सर्वातथागता सर्व विद्याभिषेके महा [1]</td></tr>
<tr><td>로마</td><td>oṃ muni muni munivare abhiṣiñcatu māṃ sarvā-tathāgata-sarva-vidyā-abhiṣeke[2] mahā</td></tr>
<tr><td>한글</td><td>옴 무니 무니 무니바레 아비싴짜뚜 망 사르바따타가다 사르바비댜 비셰께 마하</td></tr>
<tr><td></td><td>풀이</td><td>옴 슬기롭고 슬기로우며 가장 슬기로운 이(♀)여, 내게 물을 뿌려주소서 뭇 그렇게 오신 분의 모든 앎으로 물을 붓는 이시여, 큰</td></tr>
<tr><td rowspan="3">오
대
진
언</td><td>신담</td><td>一切如來灌頂真言 >
(실담(悉曇)문자)</td></tr>
<tr><td>정음</td><td>:아다◦모:ㄴ·라·디싸·나◦디:쎄:데◦:마·하◦모:ㄴ:례◦ㅅ·바·하 -----
:옴◦◦모·니·모·니◦모·니:바:례◦:아:비◦:션자:도·맘◦
·살·바◦다·타:아·다◦◦살·바·미·냐◦:비:새:게◦:마·하</td></tr>
<tr><td>한자</td><td>誐多母捺囉地瑟姹曩地瑟耻帝[四]麼賀母汩嚇娑嚩賀 -----
唵[二]母顙母顙[二]母顙嚩嚇[三]阿鼻誂左覩給[引四]
薩嚩[引]怛他蘖多[五]薩嚩[引]尾你也鼻曬罽[六]麼賀</td></tr>
<tr><td colspan="2">대 장 경</td><td>誐多母捺囉[二合]地瑟咤[二合]曩地瑟恥[二合]帝薩嚩[二合引]賀[引/八十五] -----
唵[引]畝顙畝顙[八十六] 畝顙嚩唉𡂿阿鼻誂[去聲]佐覩給[八十七] 薩嚩怛他[去聲引]蘖跢薩嚩尾
儞也[二合引]鼻曬罽[引/十八] 摩賀</td></tr>
<tr><td colspan="2">되짠소리
(IPA)</td><td>^{ŋ}ga^3-ta m$_ə$u-^{n}d^4-la di-ṣ-ṭa-na$_ŋ$-di-ṣ-t^{h}i-t$_i$e$_i$ s-ba:-ɣa:
ʔəm mu$_o$-ni$_{ɛŋ}$ mu$_o$-ni$_{ɛŋ}$ mu$_o$-ni$_{ɛŋ}$ ba-l$_i$e$_i$ ʔa-bi-ṣen-tɕja-tu$_o$ m$_i$e$_ŋ$ saɾ-ba-ta$_t$-t^{h}a-^{ŋ}gaɾ^5-ta
saɾ-ba ^{m}bi^6-^{n}d^7-ja: bi-ṣje-k$_i$ɛ$_i$ ma-ɣa:-</td></tr>
<tr><td colspan="2">요즘소리</td><td>아다 모다라 디띠나 디띠디 사바하 -----
옴 모니모니 모니바례아비션자도미 살바다타아다 마샤 살바필다야 비새계 마하</td></tr>
</table>

낱말

munivare(< muni + vara/-ā < 2. √vṛ- '고르다, 뽑다'): Adj. f. Sg. Voc. 가장 어진/슬기로운(이♀).

abhiṣeke(< abhi- + ṣeka < √sic- 6. + -a/-ā): No. m. Sg. Loc./f. Sg. Voc. 물부음[灌], 물뿌림.

[1] 오대진언에는 oṃ munimuni munivare abhiṣiṃcatu māṃ sarvā tathāgata sarvāvidyā-abhiṣaikai mahā 이나, 다른 곳에는 oṃ muni 2 muni vare abhiṣiṃcatu māṃ sarva tathāgata sarva-vidyā-abhiṣaikai mahā(K1349/T1153)로 적혀 있다.

비교> 石野幹昌(梵文写本『仏頂尊勝陀羅尼経』に関する一考察(1), 2015, 25쪽):

oṃ muni muni munivare abhiṣiñcatu māṃ sarva-tathāgata-sarvavidyābhiṣekair mahāvajrakavaca-mudrā-mudritaiḥ. 잿빛으로 표시한 것처럼 복수-도구격으로 되어 있다. 오대진언의 단수-호격(~이여)이나 이시노(石野)에서처럼 복수-도구격(~부음으로, … 손짓을 함으로)이든 다라늬의 큰 뜻에 문제가 안 된다.

[2] 오대진언에는로 적혀 있다.

[3] 딴꼴의 孽 소리로 갈음했으며, 콧소리벗기 誐 *ŋa > *ⁿga.

[4] 콧소리벗기 捺 *na > ⁿda.

[5] 딴꼴의 孽 소리로 갈음했으며, 콧소리벗기 孽 *ŋaɾ > *ⁿgaɾ.

[6] 콧소리벗기 尾 *mi > *ᵐbi.

[7] 콧소리벗기 儞 *ni > *ⁿdi.

풀이

상스	데바	वज्रकवच मुद्र मुद्रिते सर्बतथागत हृदया धिष्ठित वज्रे स्वाहा ॐ अमृत वरे वर वर प्रवर विशु [1]
	로마	vajrakavaca-mudra-mudrite sarva-tathāgata--hṛdaya-adhiṣṭhita-vajre svāhā ----- oṃ amṛta-vare vara vara pravara viśu(-ddhe)
	한글	바즈라-까바짜-무드라-무드리떼 사르바따타가따 흐르다야 디스틱따 바즈레 스바하 옴 아므르따 바레 바라 바라 쁘라바라 비슈
풀이		굳센 갑옷-손짓을 새기는 이여, 뭇 그렇게 오신 분의 속에 놓인 굳센 것에서 잘되 게 해주소서! 옴 안 죽음에서 으뜸인 이(♀)여, 고르고 뽑아 가장 으뜸이고 깨끗-

오대진언	실담	(실담 문자) —切如來灌頂眞言 >
	정음	:바:ᅀ·라가◦:바자◦·모:ㄴ·라◦·모:ㄴ:리:디◦·살·바다·타:아 ·다◦·ㅎ:리:나:야◦·디:씨다:바:ᅀ:레◦ᄉ·바ᅀ·하 ----- :옴◦:아:ᄝ:리다◦·바:레◦·바·라:바·라◦ᄫ·라:바·라◦·미◦·슈
	한자	嚩日囉迦嚩左七母捺囉母捺哩帶八薩嚩引怛他誐 多引紇哩乃野九地瑟恥多嚩日隸十娑嚩賀十一
대장경		嚩日囉二合迦嚩佐母上聲捺囉二合母捺哩二合帶引八十九 薩嚩怛他引誐多吃哩二合乃 夜地瑟恥二合多嚩日隸二合娑嚩二合引賀引二百九十
되짠소리 (IPA)		ba-^{n}z^2-la-ka ba-tsa mu$_o$-^{n}d^3-la mu$_o$-^{n}d-li-tai saɾ-ba-ta$_t$-t^{h}a-^{n}ga$_t$^{4}-ta ɣ-li-^{n}də$_i$^{5}-ja di-ṣ-t^{h}i-ta ba-^{n}z-l$_i$e$_i$ s-ba:-ɣa:
요즘소리		바저라 바저 모다라 모디리디 다타아다 힐다야 디띠다 바저레 사바하 옴 아말다 바레바라바라 발라바라 비슈

낱말

vajrakavaca(< vajra + kavaca): No. m. Sg. Voc. 굳센 갑옷.

mudrite(< mudr- + -i- + -ta/- ī): PPP. Adj. f. Sg. Voc. 새긴, 찍은; 보람한.

amṛta-vare(< amṛta + vara/-ā < 2. √vṛ- '고르다'): Adj. f. Sg. Voc. 안 죽음[神][6]에서 뽑은(이♀).

뒤풀이

---

1 오대진언에는 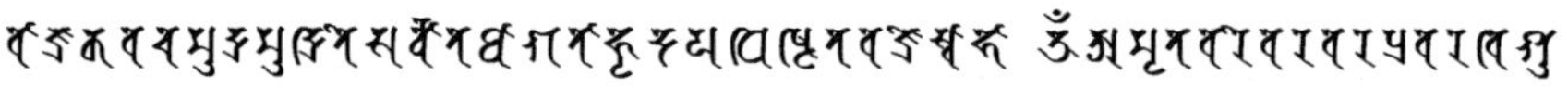 vājraka vaca mudra mudrite sarvā tathāgatā hṛdaya dhiṣṭhita vajre svāhā / oṃ amṛta vare vara vara pravara viśu이나, 다른 곳에는 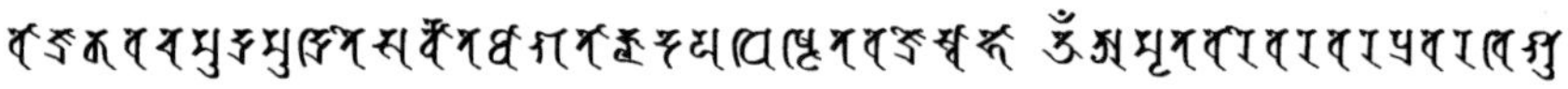 vajraka vaca mudrā mudritai sarva-tathāgata hladayādhiṣṭita vajre svāhā / oṃ amṛta vare vara pravara viśu(K1349/T1153)로 적혀 있다. 또 다른 티벧사본(Stein, Aurel: Serindia Vol. III, 1474쪽)에는 om amrïte amrïta*ne bara prabara biśu-(oṃ amṛte, amṛta**ne bhara prabhara, viśu-)처럼도 적혀 있다.

2 콧소리벗기 日 *ŋjet > *^{ŋ}ʑjet.

3 콧소리벗기 捺 *na > ^{n}da.

4 딴꼴의 孽 소리로 갈음했으며, 콧소리벗기 孽 *ŋat > *^{ŋ}gat.

5 콧소리벗기 乃 *nəi > *^{n}dəi.

6 특히, 비슈누나 시바를 가리킨다.

Monier-Williams(1899), 82쪽: **अमृत** *a-mṛíta* (cf. Pāṇ. Vi, 2, 116), mfn. not dead, ... N. of Śiva; of Vishṇu.

58쪽

앞

풀이

상스	데바	द्धे हूँ हूँ फट् फट् स्वाहा ॐ अमृत विलोकिनि गर्भ संरक्षणि आकर्षणि हूँ हूँ फट् फट् स्वाहा [1]
	로마	(viśu-)ddhe huṃ huṃ phaṭ phaṭ svāhā oṃ amṛta-vilokini garbha-saṃrakṣaṇi ākarṣaṇi huṃ huṃ phaṭ phaṭ svāhā
	한글	‑ㄷ데 훔 훔 팥 팥 스바하 옴 아므르따 빌로끼니 가르바 삼락삭늬 아까르삭늬 훔 훔 팥 팥 스바하
풀이		~한 이 이(♀)시여, 훔훔 팥팥 잘 되게 하소서! 옴 안 죽음을 잘 아는 이여, 뱃속을 지키는 이여, 갈고리를 지닌 이(♀)여 훔훔 팥팥 잘 되게 하소서!
오대진언	신담	(싯담 문자) 一切如來結界真言 >
	정음	:데◦:훔·훔◦바·탁바·탁◦ㅅ·밧·하 ----- :옴◦:아:ㅁ:리다◦·미:로:기·니◦:알·바◦·싱·락사·니◦:아 ·갈사·니◦:훔:훔◦바·탁바·탁◦ㅅ·밧·하◦
	한자	唵一阿蜜哩多嚩隸二嚩囉嚩囉三鉢囉嚩囉尾秫 弟四吽吽五發吒發吒六娑嚩賀 一切如來結界真言 > 唵一阿蜜哩多尾路枳顎二蘗婆僧囉乞灑抳三阿
대장경		唵阿蜜哩二合多嚩隸嚩囉嚩囉鉢囉二合嚩囉尾戌入 [2] 第吽引吽頗吒(半音)[3]頗吒娑嚩二合賀引 唵阿蜜哩二合多尾盧引枳顎一蘗婆僧囉乞灑二合抳阿引去
되짠소리 (IPA)		ʔəm ʔa-m-li-ta ba-l$_i$e$_i$ ba-la- ba-la p-la-ba-la ^{m}bi[4]-ɕ$_{ju}$ot -d$_i$e$_i$ xu:m xu:m pha-ʈ pha-ʈ s-ba:-ɣa: ʔəm ʔa-m-li-ta ^{m}bi-l$_u$o:-ki-ni$_{ɛŋ}$ ^{ŋ}gaɾ[5]-ba səŋ-la-k-ʂa-ɳi ʔa-
요즘소리		디 훔훔 반다반다 사바하 옴 아말다 비로가니 아바락치니 아가라 사니 훔훔 반다반다 사바하

낱말

amṛta-vilokini(< amṛta- + vi-lokinī < √lok- 1.): Adj./No. m.f. Sg. Loc. 안 죽음을 잘 아는(이♀)[6].

saṃrakṣaṇi(< saṃrakṣinī[7] < sam- + √rakṣ- 1.): Adj./No. f. Sg. Voc. 지키는(이 ♀), 지기.

ākarṣaṇi(< ā + karṣaṇī < √kṛṣ- 1./6. '끌다'): No. m. f. Sg. Voc. 갈고리(를 지닌 이♀)[8].

[1] 오대진언에는 (티벳 문자) -ddhe huṃ huṃ phaṭ phaṭ svāhā / oṃ amṛta vilokini garbhā siṃraḥkṣaṇi akarṣaṇi huṃ huṃ phaṭ phaṭ svāhā이나, 다른 곳에는 (티벳 문자) -ddhe hūṃ hūṃ phaṭ 2 svāhā / oṃ amṛta vilokini garbha suṃrakṣaṇi ākarṣaṇi hūṃ hūṃ phaṭ 2 svāhā(K1349/T1153)로 적혀 있다.

[2] 戌의 잘못일 수도 있다. 戌는 원래 거성(去聲)의 *ɕjuo[?] 슈(東國), 傷遇切(廣韻)) 본자이고, 운서상으로는 송의 집운(集韻, 1037)에 비로소 입성(入聲)의 *sjuet(雪律切)이 보인다. 하지만 이른 운서에 안 보인다고 그 소리가 없었던 것은 아님이 불경의 소리옮김(transliteration, 音譯)에 보인다: 莫 *mak(慕各切)과 *mo(模故切); 舜 *ɕjuₑn(舒閏切, 去聲)과 운서에 보이지 않는 *ɕjuₑt(아마 입말 또는 陽入對轉) 따위.

[3] 실제 장경에서는 4흡이 적혀 있지 않지만, 빈틈없고 굳센이의 다른 글에는 적혀 있다.

[4] 콧소리벗기 尾 *mi > *ᵐbi.

[5] 딴꼴의 孼 소리로 갈음했으며, 콧소리벗기 孼 *ŋaɾ > *ⁿgaɾ.

[6] Monier-Williams(1899), 986쪽: **Vi-°lokin**, mfn. looking at, looking, seeing, beholding, perceiving, noticing, becoming aware of (in fine compositi). 범어에는 vilokinī란 꼴이 안 보이지만, 티벳 글에는 다음처럼 나온다: 티벳. (티벳 문자) 와일. a mra ta bi lo ki ni.

[7] Monier-Williams(1899), 1112쪽: **Saṃ-°rakshin**, mfn. one who guards, a guardian, keeper (literally and figuratively). 특수하지만, **saṃrakṣaṇī**라는 꼴이 나온다: gopikā nāma saṃrakṣaṇī '고삐까라는 이름의 지기(♀)'.

[8] 비교> (데바나가리) aṅkuśa '쇠갈고리'(윤명구(2023), 149쪽).

ākarṣaṇī '갈고리(를 지닌 이♀)'와 aṅkuśa '쇠갈고리'의 관계는 대장경(K0427/T0848)에 다음처럼 나온다: 妙音具大慧所說諸使者當知彼密印各如其所應 … 彼招召使者 以鴦俱尸印. '좋은 소리에 큰 슬기를 갖춘 이(Mañjusvara = Mañjuśrī)가 말한 바, 여러 사자는 알아야 하니, 저 감춰진 손짓마다 다음처럼 짝이 되는데 … 저 부르는 사자(ākarṣaṇī)는 쇠갈고리(aṅkuśa)를 쥔 손짓으로(짝을 이룬다)…'

그 밖에 ākarṣaṇī는 vidyārājñī(= Lakṣmī; 맞짝 vidyārāja = Viṣṇu)의 딴 이름이기도 하다.

Walter Eugene Clark(Two Lamaistic Pantheons Vol. II, 1937) 184쪽 →

ākarṣaṇī(能鉤天母)

풀이

상 스	데바	ॐ विमले जयवरे अमृते हूँ हूँ हूँ हूँ फट् फट् फट् फट् स्वाहा ।[1]
	로마	oṃ vimale jaya-vare amṛte huṃ huṃ huṃ huṃ phaṭ phaṭ phaṭ phaṭ svāhā
	한글	옴 비말레 자야바레 아므르떼 훔 훔 훔 훔 팥 팥 팥 팥 스바하

풀이	옴, 때 없이 맑은 이여, 이기는 데 으뜸인 이여, 안 죽는 이(♀)여 훔훔 훔훔 팥팥 팥팥 잘 되게 해주소서!

오 대 진 언	실담	一切如來中心眞言 >　 ॐ विमले जयवरे अमृते हूँ हूँ हूँ हूँ फट् फट् फट् फट् स्वाहा
	정음	·갈사·니◦:훔:훔◦바·탁바·탁◦ᄉ·봐·하 ----- :옴◦미마례◦:ᄼ:야:바:례◦:아:ᄆ:리:뎨◦:훔:훔:훔:훔◦ 바·탁바·탁◦바·탁바·탁◦ᄉ·봐·하◦
	한자	羯灑捉四吽吽五發吒發吒六娑嚩賀七 一切如來中心眞言 > 唵一尾麼黎二惹野嚩隸三阿蜜哩帝四吽吽吽吽五 發吒發吒發吒發吒六娑嚩賀

대 장 경	羯哩灑捉吽引吽引頗吒(半音)²頗吒娑嚩引賀 唵尾磨黎惹也嚩隸一 阿蜜哩二合帝二 吽引吽引吽引吽引頗吒頗吒頗吒頗吒 娑嚩二合賀引
되짠소리 (IPA)	kaɾ-l-ṣa-ŋi xu:m xu:m pha-ṭ pha-ṭ s-ba:-ya: ʔəm ᵐbi³-ma-lᵢeᵢ ⁿza⁴-ja ʔa-m-li-tᵢeᵢ xu:m xu:m xu:m xu:m pha-ṭ pha-ṭ pha-ṭ pha-ṭ s-ba:-ya:
요즘소리	가라 사니 훔훔 반다반다 사바하 옴 비마례 사야바디 아마리데 훔훔훔훔 반다반다 반다반다 사바하

낱말

jaya-vare(< jaya '이기는 것, 이김' + vara/-ā < 2. √vṛ-): Adj. f. Sg. Voc. 이기는 데 으뜸인(이♀).

뒤풀이

---

[1] 오대진언에는 ཿ༄ oṃ vimale jayavare amṛte huṃ huṃ huṃ huṃ phaṭ phaṭ phaṭ phaṭ svāhā이나, 다른 곳에는 ཿ༄ oṃ vimale gayavare amṛte huṃ huṃ huṃ huṃ phaṭ phaṭ phaṭ phaṭ svāhā(K1349/T1153)로 적혀 있다.

[2] 실제 장경에서는 ꀺꀸ이 적혀 있지 않지만, 빈틈없고 굳센이의 다른 글에는 적혀 있다.

[3] 콧소리벗기 尾 *mi > *ᵐbi.

[4] 콧소리벗기 懘 *ɲa > *ⁿʑja.

59쪽

앞

풀이

상스	데바	ॐ भर भर संभर इन्द्रिय विशोधनि हूँ हूँ रुरु चले स्वाहा[1]
	로마	oṃ bhara bhara saṃbhara indriya-viśodhani huṃ huṃ ru ru cale svāhā
	한글	옴 바라 바라 삼바라 인드리야-비쇼다니 훔 훔 루 루 짤레 스바하
풀이		**옴 가져오고, 데려오고 한데 모으소서, 몸(의 감각기관)을 모두 깨끗이 하는 이(♀)시여, 훔 훔 두렵고 무서워 떨 때 잘 되게 해주소서!**

오대진언	신담	一切如來隨心真言 > 
	정음	:옴◦·바·라·바·라◦·삼·바·라◦·삼·바·라◦·인:ᄂ·리:야◦·미 ·슈·다·니◦:훔:훔·로·로자:례◦ᄉ·바·하◦
	한자	唵一跛囉跛囉二三婆囉三婆囉三印捺哩野尾 戍駄額四吽吽五嚕嚕左黎六娑嚩賀七

대 장 경	唵引 跛囉 跛囉 三跛囉 三跛囉二 印捺囉二合也 尾戍駄額 吽引吽引嚕(嚕)[2]左隸引 娑嚩二合引賀引
되짠소리 (IPA)	^{ʔ}əm ba-la ba-la sam-ba-la sam-ba-la ^{ʔ}i$_{ə}$n- ^{n}d^{3}-la-ja ^{m}bi^{4}-ɕ$_{ju}$ot-da-ɳi xu:m xu:m lu$_{o}$-lu$_{o}$ ʦa-l$_{i}$e$_{i}$ s-ba:-ɣa:
요즘소리	옴 바라바라 삼바라 인디리야 비슈다니 훔훔 로자례사바하

낱말

saṃbhara(= sambhara < sam- + √bhṛ- 1.): Pres. 2. Sg. Imp. 한데 모으다.

indriya-viśudhani(< indriya- '감각기관' + viśudhana/-ī): Adj. f. Sg. Voc. 몸을 모두 깨끗이 한(이♀).

ru(< √ru- 2./1. '소리내다, 소리지르다'?): No. m. Sg. 두려움, 무서움; 다툼, 싸움;(시끄러운)소리.

---

[1] 오대진언에는 ॐ भर भर संभर इन्द्रीय विशुधनि हुं हुं रूरू चले स्वाहा oṃ bhara bhara saṃbhara indrīya viśudhani huṃ huṃ rūrū cale svāhā이나, 다른 곳에는 ॐ भर २ संभर २ इन्द्रिय विशुधनि हूं हूं रु रु चले स्वाहा oṃ bhara 2 saṃbhara 2 indriya viśudhani hūṃ hūṃ ru ru cale svāhā(K1349/T1153)로 적혀 있다.

[2] 실제 장경의 해당 진언에는 嚕가 한 자만 있지만, 빈틈없고 굳셴이의 다른 글(T1155)에도 다음처럼 두 자로 적혀 있다: … 蘇上母蘇上母滅三毒罪嚕嚕左黎引/滅三漏罪佐引攞野 …

[3] 콧소리벗기 捺 *na > *ⁿda.

[4] 콧소리벗기 尾 *mi > *ᵐbi.

부 록

사본

千手千眼觀自在菩薩大圓滿無礙大悲心神妙章句大陀羅尼

觀世音菩薩摩訶薩
千手菩薩摩訶薩
大勢至菩薩摩訶薩
如意輪菩薩摩訶薩
大輪菩薩摩訶薩
觀自在菩薩摩訶薩
正趣菩薩摩訶薩
滿月菩薩摩訶薩
水月菩薩摩訶薩
軍陀利菩薩摩訶薩
十一面菩薩摩訶薩
諸大菩薩摩訶薩
千手千眼觀自在菩薩廣大圓滿無
礙大悲心 神妙章句大陀羅尼曰

宿開元三朝灌頂國師特進試鴻臚卿蕭國公食邑三千户賜封三百户大興善寺三藏沙門不空奉 詔譯

24쪽

25쪽

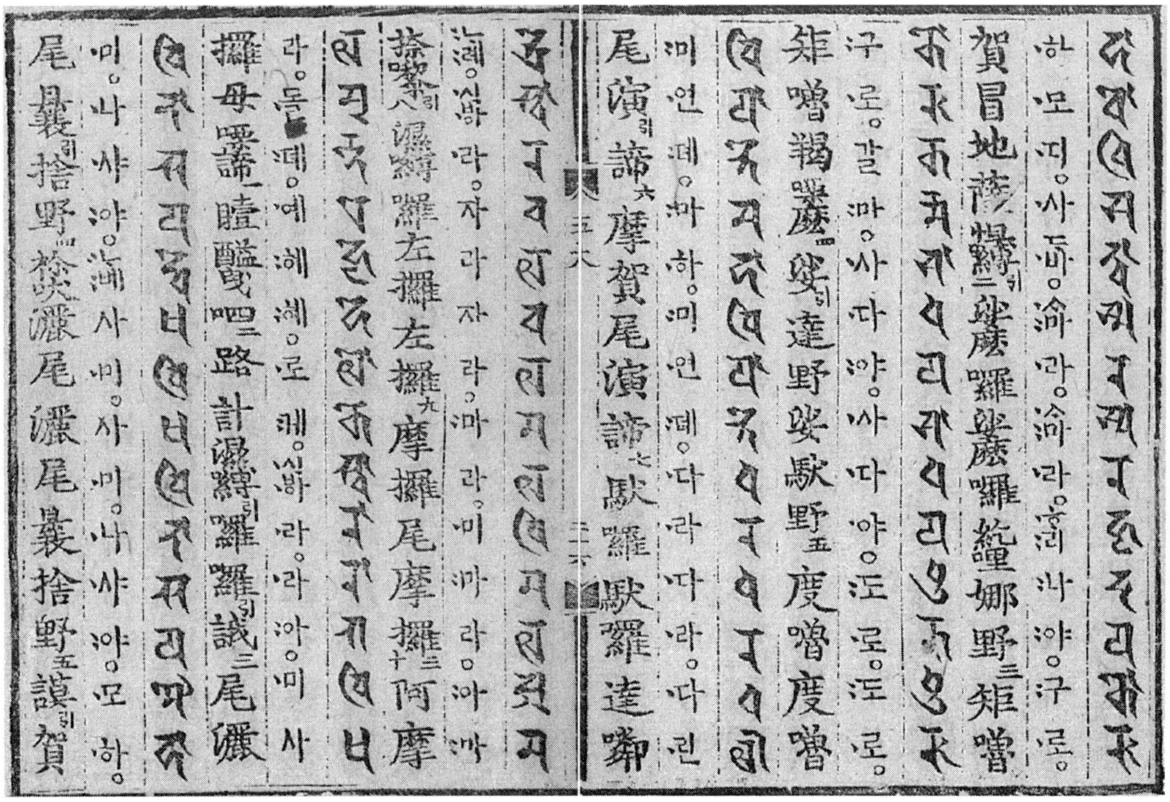

賀冒地薩二縛娑廢囉鐘娜野三矩嚕

矩嚕鞨囆娑達野娑駄野五度嚕度嚕

尾演六諦摩賀尾演諦七駄囉駄囉達嚕

擦八囉縛囉左擺左擺九摩擺尾摩擺十阿摩

擺母囉瞪矑四路計嚩嚩囉囉囉誐三尾儸

尾曩捨野掩囉尾攞尾曩捨野謨賀

26쪽

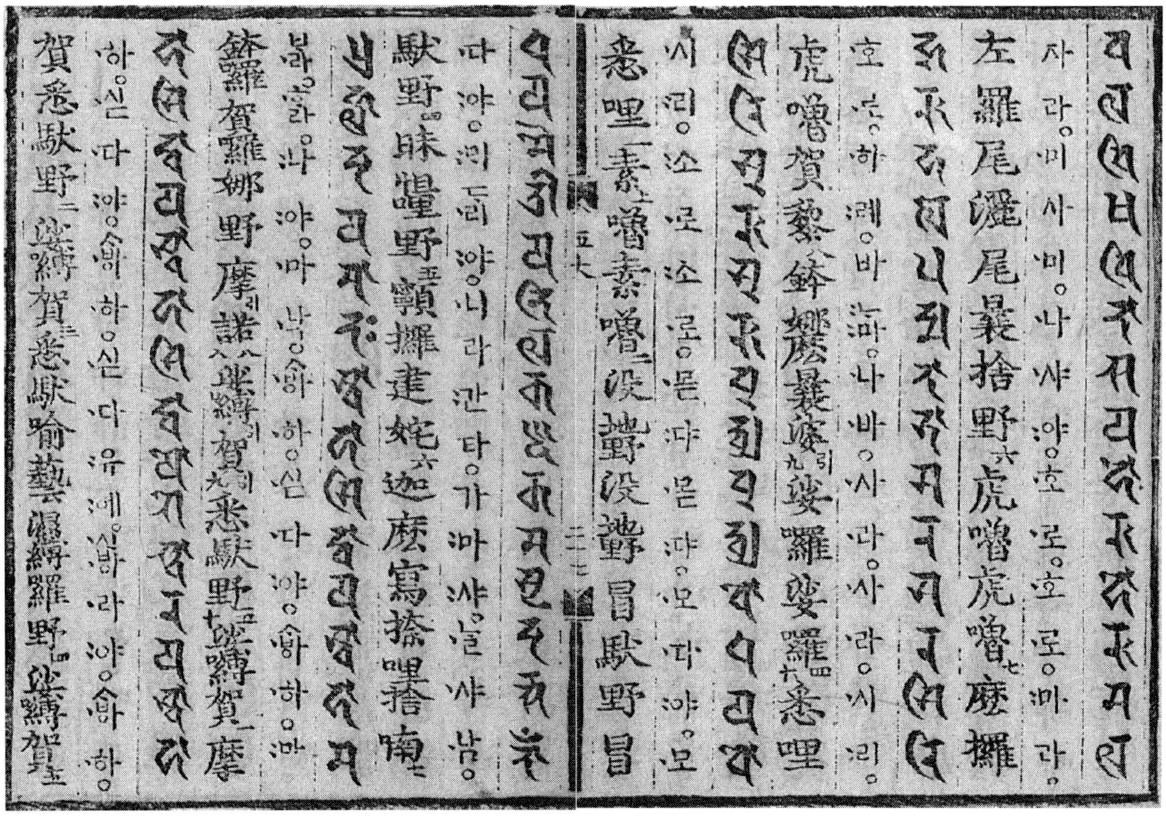

左羅尾攞尾曩捨野虎嚕虎嚕摩攞

虎嚕賀黎鉢攞曩摩囉娑羅娑囉悉哩

悉哩素嚕素嚕尾儸尾攞冒駄野冒

駄野菩提野頴攞建姹迦廢寫捺哩嚲

鉢囉賀囉娜野摩抳諦八縛囉賀抳悉駄野九縛賀摩

賀悉駄野二縛賀悉駄野喩藝濕嚩囉野濕嚩囉賀逴

27쪽

162

千手天眼觀自在菩薩根本陀羅尼

千手千眼觀自在菩薩根本陀羅尼

大廣智三藏沙門 不空 譯

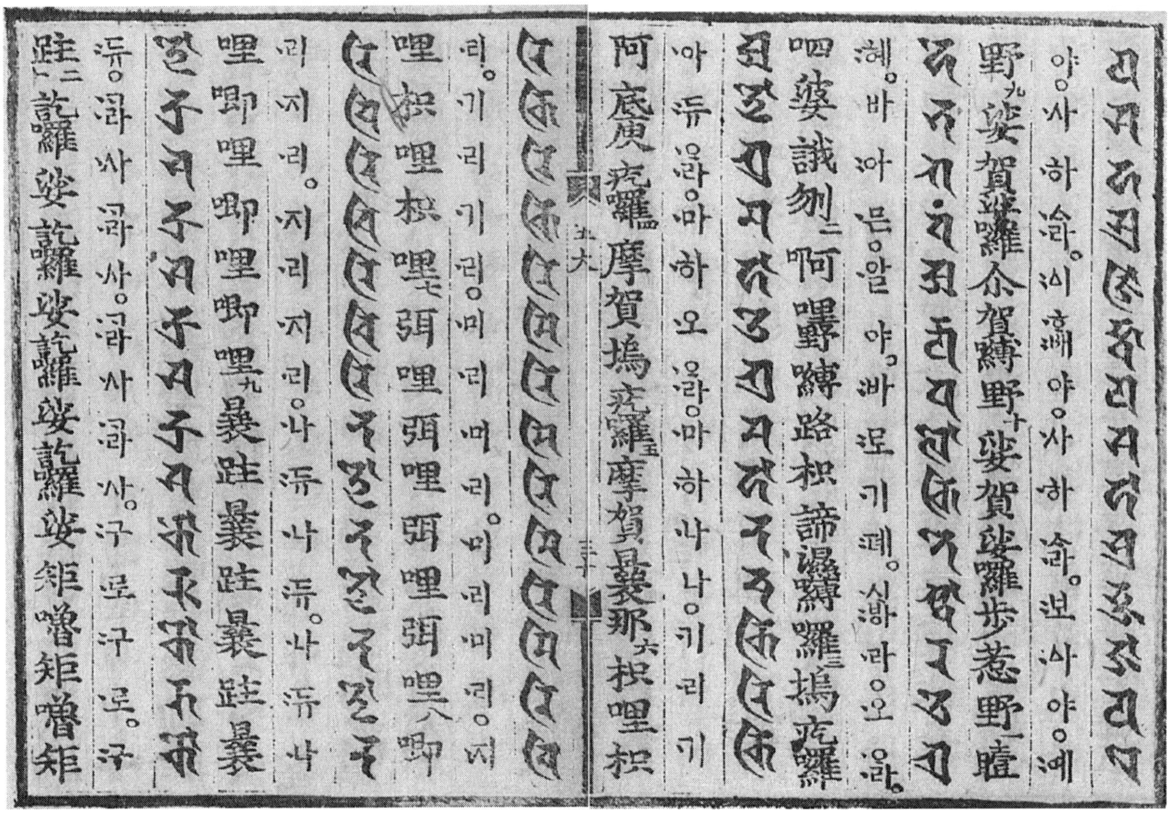

30쪽

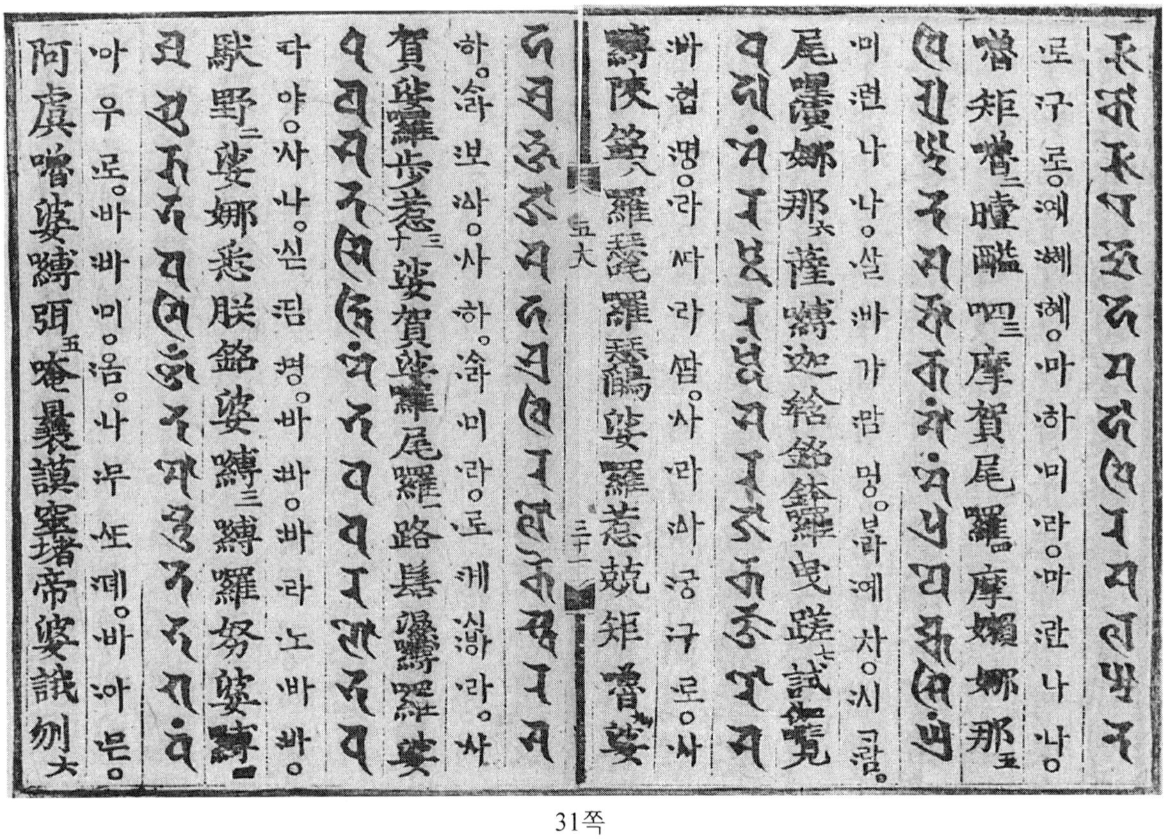

31쪽

〔32쪽〕

贊嚩羅努摩摩（九）婆嚩（四）婆嚩賀　甲句

啊嘑嚩路枳帝爆嚩囉鉢囉没地野鉢囉枲㘑

알 야 싸 로 기뻬 샒 라 바라 모 다 바라 시 나

맘ㅇ삐라 노 ㅆ마ㅇ바뻬ㅇ쇄　쇄하

佛說金剛頂瑜伽最勝祕密成佛隨
求即得神變加持成就陀羅尼啓請

稽首蓮華胎藏教　無邊清淨揔持門

普遍光明照十方　鐵圍邊應化三千界
如意寶印從心現　無能勝主大明王
常住如來三昧中　超證瑜伽圓覺位
毗盧遮那尊演說　金剛手捧妙明燈
流傳密語與眾生　悉地助修成熟法
五濁愚迷心覺悟　搯求無上大菩提
一常讚念此微詮　得證如來無漏智
諦想觀心月輪際　凝然不動觀本尊
所求願滿稱其心　故号隨求能自在

〔33쪽〕

依敎念滿洛叉遍　能攘宿曜及災神
生生値此陀羅尼　世世獲居安樂地
見世不遭諸枉橫　火焚水溺及災殃
不被軍陣損身形　盜賊相逢自安樂
縱犯波羅十惡罪　五逆根本及七遮
聞誦隨求陀羅尼　應是諸惡皆消滅
陀羅尼力功無量　故我發心常誦誄
願迴勝力施合靈　同得無為超悉地

佛說一切如來普遍光明鐵圍清淨

熾盛思惟如意寶印心無能勝揔持
大隨求大明王大陀羅尼曰

没馱婆史擔薩嚩怛他蘖哆引三滿路（引）嚩
囉磨邏尾秫第嚩普哩哆震哆摩据母

몯다빠 쌈ㅇ살빠 다 뱌ㅇ다 ㅇ삼 만 다 ㅇ바
라 싸 ㅇ리 쇄 바 ㅇ벤 다 진 다 마니 모

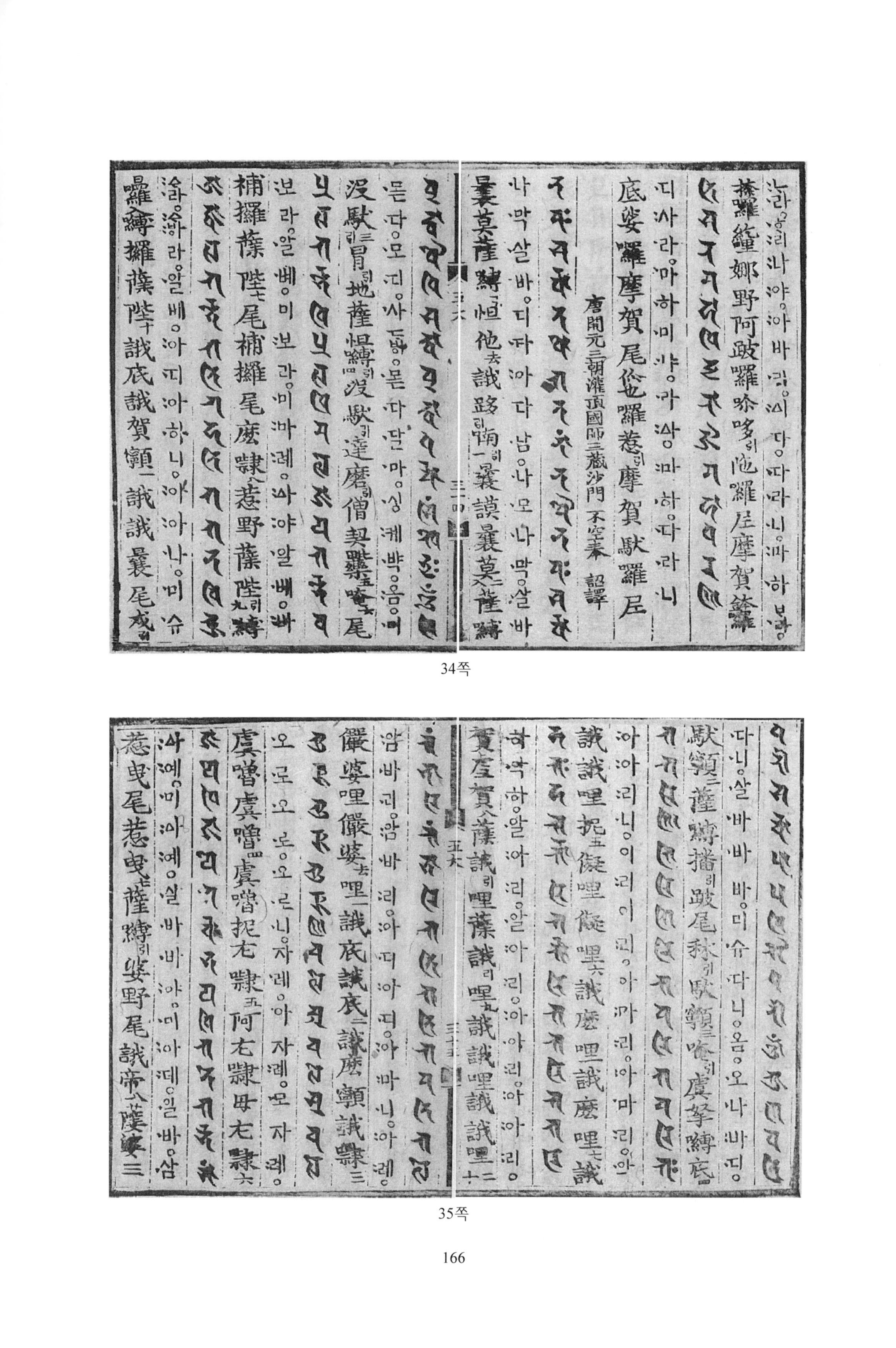

34쪽

35쪽

166

36쪽

37쪽

38쪽

39쪽

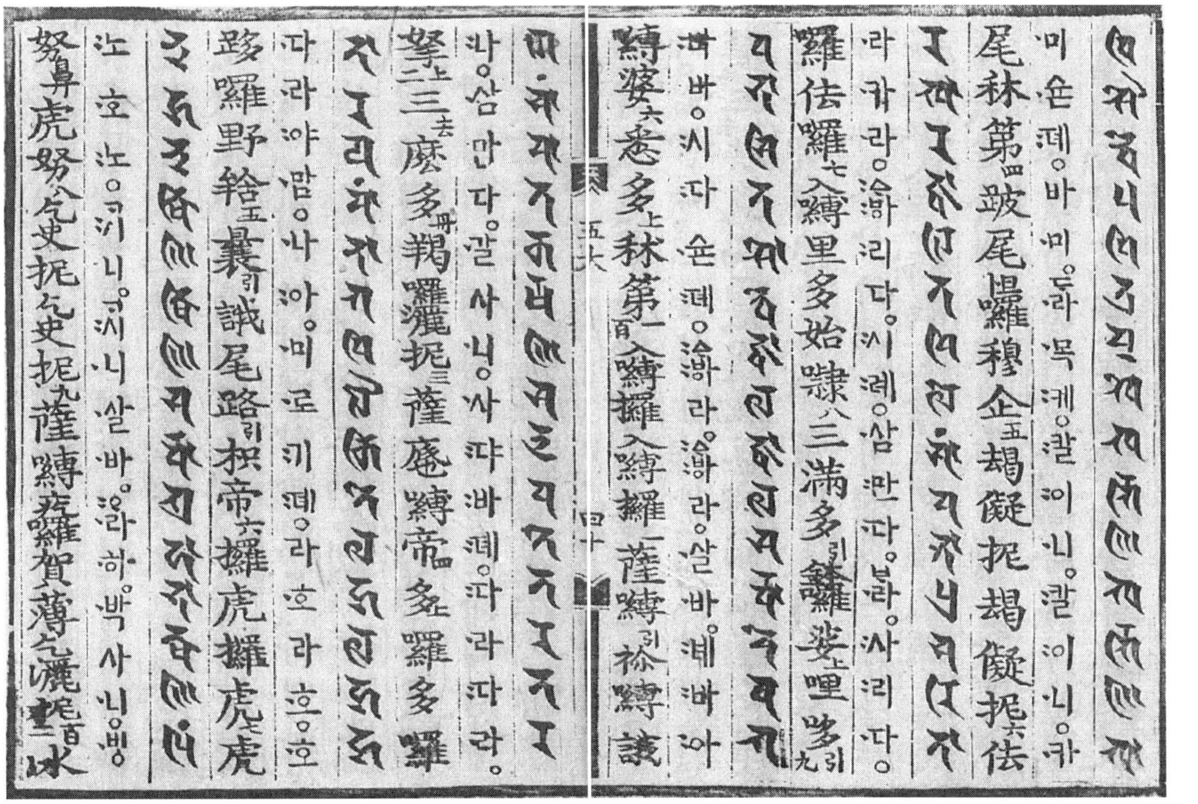

40쪽

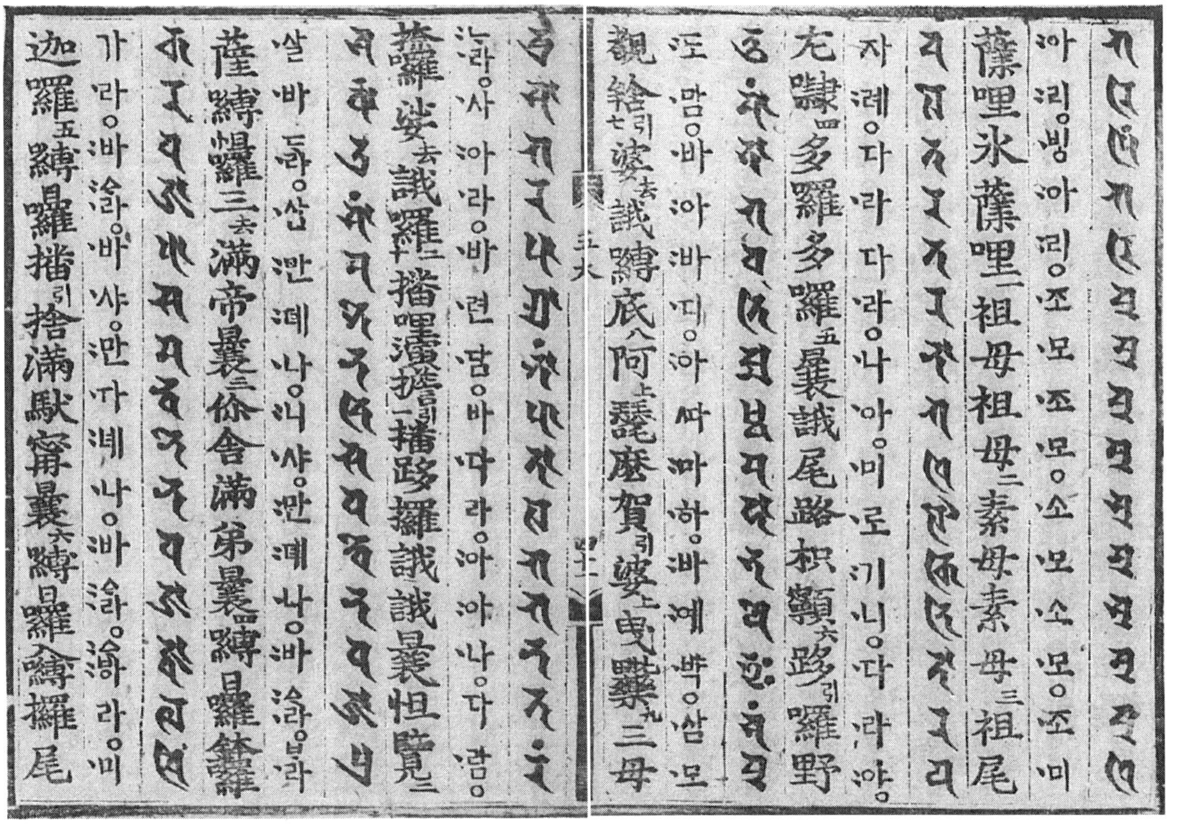

41쪽

42쪽

43쪽

44쪽

45쪽

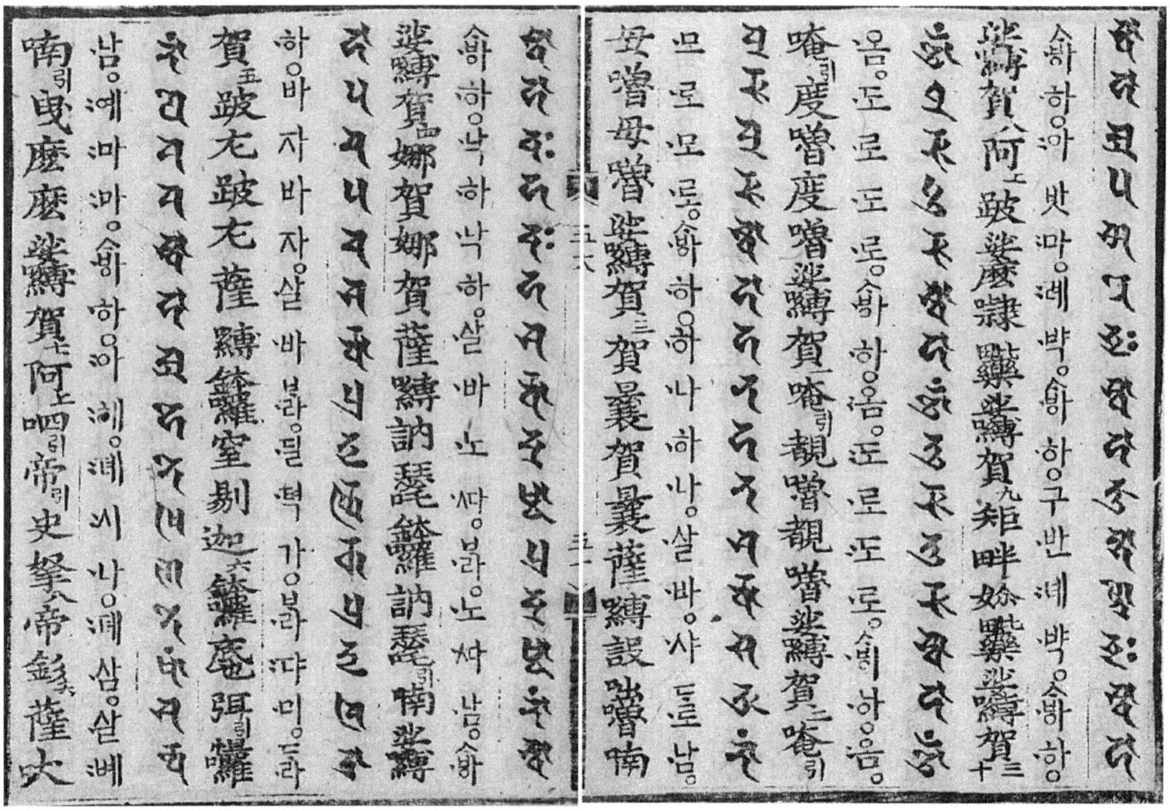

50쪽

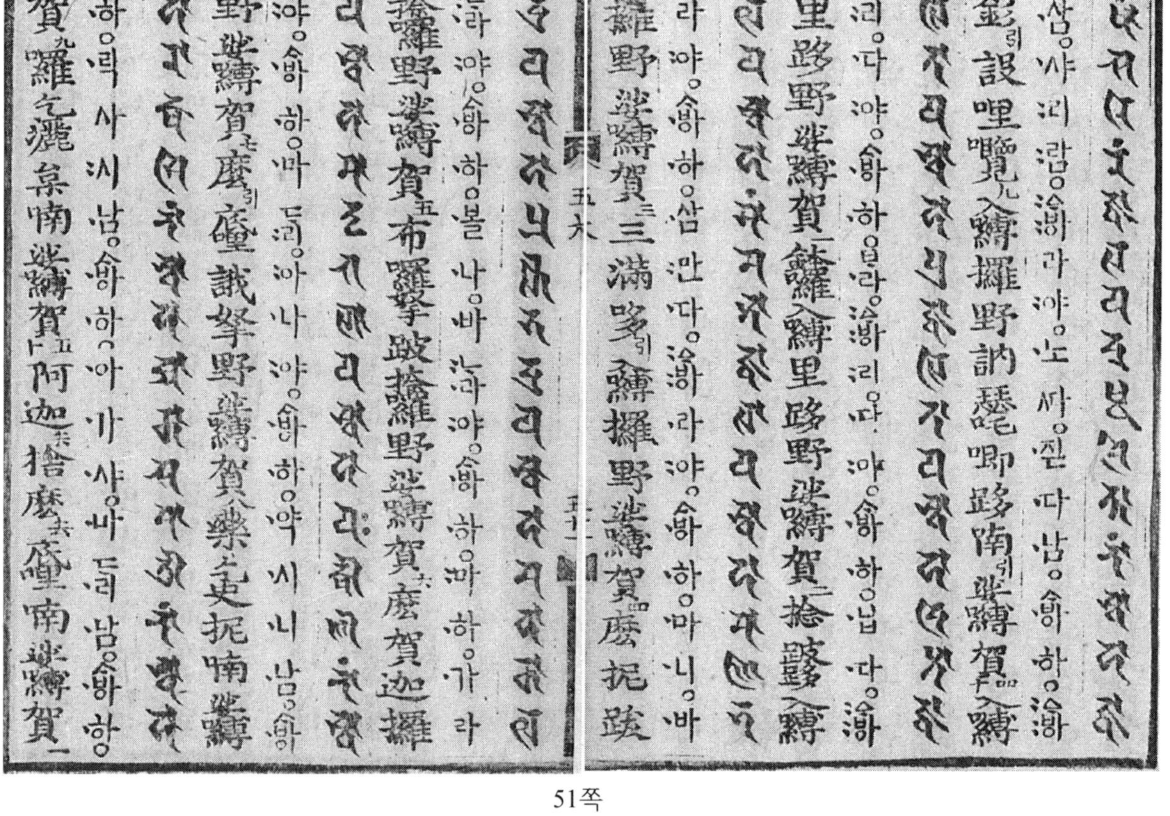

51쪽

52쪽

53쪽

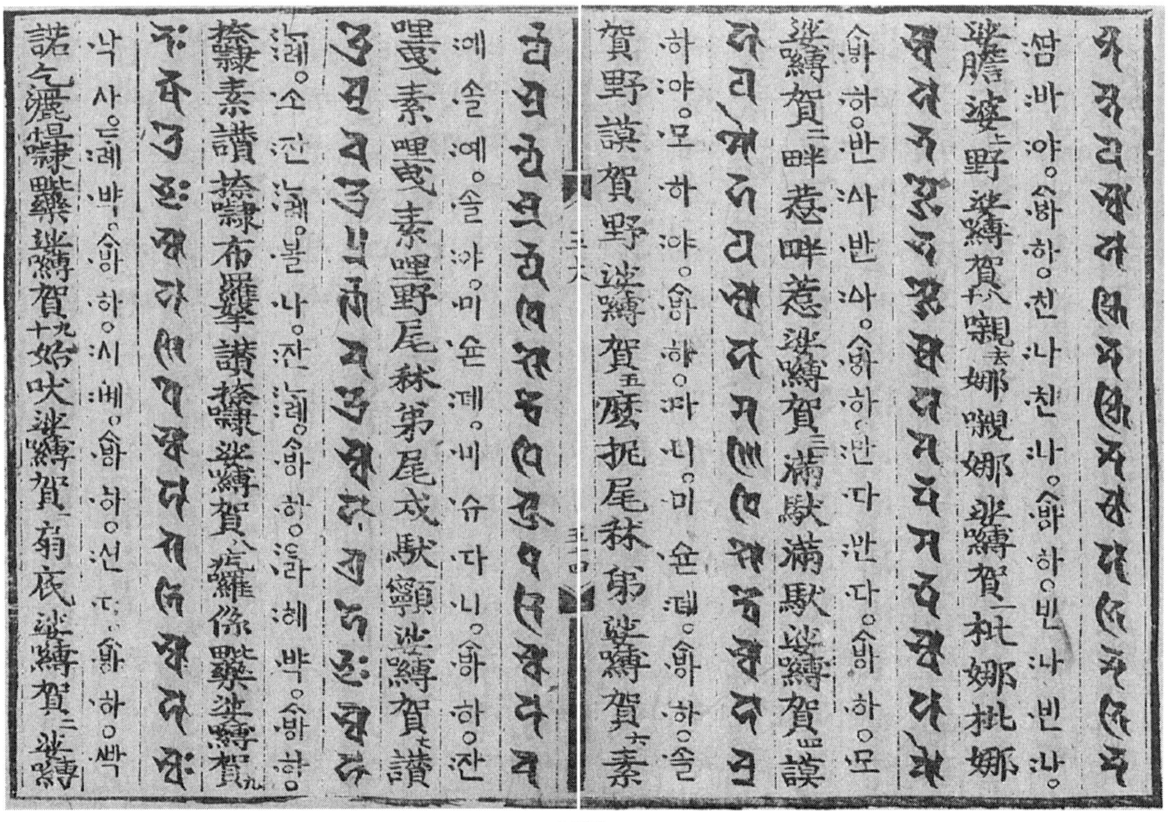

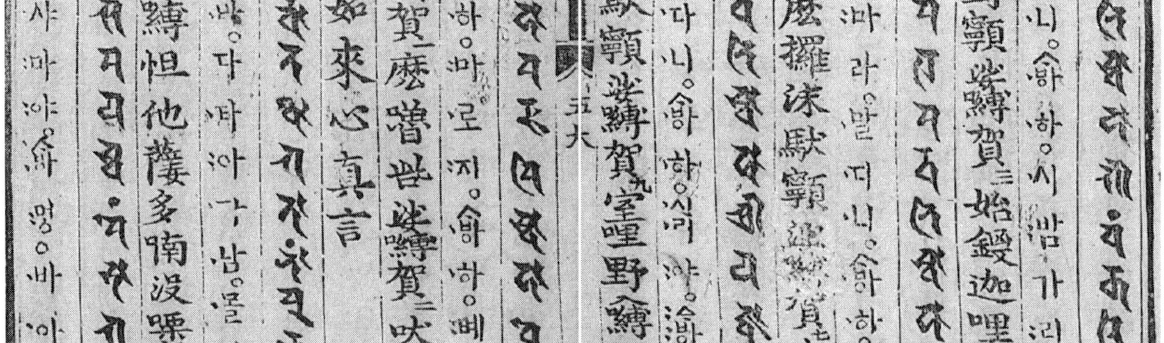

56쪽

57쪽

唵阿蜜㗚多嚇㘃嚩嚧嚧三嚧嚩嚧尾林
옴°훔 훔°비·탁ᄲᅢ·탁°유하
第四吽五發吒發吒六娑嚩賀
一切如來結界真言
唵阿蜜㗚多尾路枳顡蹉婆僧囉仁灑抳三阿
옴°아 潤ᄃᆡ로 키 미ㅇ알 바°싱 락 서 니ㅇ아
唵尾麌黎毗野顡隸三阿蜜㗚帝吽吽吽五
嚩吒嚩吒六娑嚩賀七

58쪽

一切如來隨心真言
옴 ... 바라비리ㅇ삼 ᄲᅢ 라ㅇ인 ᄭᅵ리ㅇ야 미
唵跋羅跋羅三婆羅三婆羅印捺哩野尾
슈다 니ㅇ훔 훔ㅇ로 로 시 례ㅇ유하
戒馱顡吽發吒醫醫无黎娑嚩賀

大佛頂隨求陀羅尼所讚

稽首光明大佛頂　如來萬行首楞嚴
開無相門圓寂宗　字字觀照金剛定
瑜伽妙音傳心印　摩訶行行惣持王
說此祕密悤怛多　解脫法身金剛句
菩提力大虛空量　三昧智印果無邊
不持齋者是持齋　不持戒者是持戒
八萬四千金剛衆　行住坐臥每相隨
十方法界諸如來　護念加威受持者
念滿一萬八千徧　徧徧入於無相定

59쪽

참고 서적

한국어

권중혁: 제2권 한국어로 재정립한 범어문법(2012).

김부식: 삼국사(三國史, 1145).

문종 및: 금강경삼가해언해(金剛經三家解諺解, 1482).

신미(信眉) 및: 월인석보(月印釋譜, 1459).

신숙주 및: 동국정운(東國正韻, 1448).

신용개 및: 속삼강행실도(續三綱行實圖, 1514).

안영희: 眞言의 한글 표기법 연구(2018).

옥나영:『五大眞言』千手陀羅尼 신앙의 배경과 42手 圖像(2020).

윤명구: 누리를 살피며 오롯한 슬기에 든 님의 마흔 둘 손만뜨라(2023).

정각: 천수경연구(1996).

정인지 및: 용비어천가(龍飛御天歌, 1447).

최세진: 처음 펴낸 훈몽자회(訓蒙字會, 1527).
　　　　번역박통사(飜譯朴通事, 1517이전).

최원허: 齋儀式(2018).

하정수: 한글판 <千手千眼觀自在菩薩廣大圓滿無礙大悲心大陀羅尼> 연구 - <부록> 한글판 「대비심다라니」 현대어역(2019)

2022년 겨울 국어사학회 전국 학술대회 - 국어사 말뭉치 구축 및 활용 현황 - 중세 국어 말뭉치 구축 현황과 개선 - <부록> 한글판 「대비심다라니」 언해 원문-성조-현대어역-저경(2022).

외국어

Acri, Andrea: Esoteric buddhism in mediaeval maritime Asia - networks of masters, texts, icons(2016).

Adams, Douglas Q.: A dictionary of Tocharian B(2013).

Aisin Gioro, Hongli(愛新覺羅 弘曆): 佛說聖寶藏神儀軌經(1759).

Akiyama, Manabu(秋山 学): 呉音から西洋古典語へ - 第 1 部 印欧語文献とし(2012).

Andersen, Dines 및 Smith, Helmer: Sutta-nipāta(1913).

Annen(安然): Shittanzou(T2702 悉曇藏, 880).

Beer, Robert: The Handbook of Tibetan Buddhist Symbols(2003).

Boord, Martin: Cult of the Deity Vajrakila(1993).

Bussagli, Mario: L'Art du Gandhara(1996).

Chand, Varadai: The Prithviraj Raso Of Chand Bardai Vol 2(1906).

Chandra, Lokesh: An Indonesian copper-plate sanskrit Inscription cum drawing of Hariti (1977).
                   Origin of the avalokitesvara of Potala(1979).
                   The thousand armed Avalokiteśvara(1988).

Cí yí(慈怡): 佛光大辭典(1989).

Clark, Walter Eugene: Two Lamaistic Pantheons Vol. I/II(1937).

DeCaroli, Robert: Haunting the Buddha(2004).

Deleu, Jozef: Viyāhapannatti-Bhagavaī(1970).

Dowson, John: A classical Dictionary of Hindu Mythology and Religion, History and Literature(1879).

Dyczkowski, Mark S. G.: Manthāna bhairava tantra(2009).

Edgerton, Franklin: buddhist Hybrid Sanskrit Grammar and Dictionary Vol. II(1985).

Gandhi, Menka: The Penguin Book of Hindu Names(1992).

Geldner, Karl Friedrich: Der Rig-veda(Übersetzung). Cambridge 2003.

Gelongma Karma Migme Chodron: The Treatise on the Great Virtue of Wisdom of Nāgarjuna(2001).

Genshou(玄昭): Shittanryakki(T2704 悉曇略記, 1094).

Giebel, Rolf W.: Vairocanāsaṃbodhi Sutra(2005).

Goodall 외: Śaivism and the Tantric Traditions(2020).

Grassmann, Hermann: Wörterbuch zum Rig-veda(인도판, 1999).

Hidas, Gergely: Remarks on the Use of the Dhāraṇīs and Mantras of the Mahāpratisarā-Mahāvidyārājñī(2007).
                A Buddhist Ritual Manual on Agriculture(2019).

Hirakawa, Akira(平川彰): 佛教漢梵大辭典(1997).

Hino, Shoun/Wada, Toshibumi: Three Mountains and Seven Rivers(2004).

Hopkins, Albert Allis: The Scientific American cyclopedia of formulas: partly based upon the 28th ed. of Scientific American cyclopedia of receipts, notes and queries 15,000 formulars(1910).

Hopkins, Jeffrey: Tantric techniques(2008)

Horiuchi, Kanjin(堀内寛仁): 初会金剛頂経梵本 ローマ字本(二)(1970).

Ishino, Mikimasa: 梵文写本『仏頂尊勝陀羅尼経』に関する一考察(1)(2015)

JIABS(Journal of the International Association of Buddhist Studies) Volume 35(2012/13).

Kajiyama, Yuichi(梶山　雄一) 및 4: 梵文和訳華厳経入法界品(下)(2021).

Kanemoto(金本拓士): チベット語訳『蘇悉地掲羅経』「供養花品」のテキスト校訂ならびに試訳(2017).

Kangle, R.P.: Arthaśāstra Part 3(2010).

Kapstein, Matthew T.: The All-Encompassing Lamp of Awareness(2019).

Kavirāja, Kṛṣṇadāsa: Caitanya-caritāmṛta, Antya-līlā 12.103.

Kieschnick, John: The Impact of Buddhism on Chinese Material Culture(2003).

Lamotte, Étienne:
Le traité de la grande vertu de sagesse: Mahāprajñāpāramitāśāstra, volume I, chapter I-XV(1944).
Le traité de la grande vertu de sagesse: Mahāprajñāpāramitāśāstra, volume II, chapter XVI-XXX(1949).

Gelongma Karma Migme Chödrön(옮김): The treatise on the great virtue of wisdom of Nagarjuna(2001).

Lancaster, Lewis: The Korean Buddhist Canon A Descriptive Catalogue(1979).

Laufer, Berthold: Chinese Contributions to the History of Civilization in Ancient Iran(1919).

Lè, Sháo-fèng(樂韶鳳) etc.: 洪武正韻(1375).

Lingpa, Jigme: The Copper-Colored Mountain(2022).

Lochtefeld, James: The Illustrated Encyclopedia of Hinduism(1957)

Lubotsky, Alexander: Tocharian loan words in Old Chinese: Chariots, chariot gear, and town building(1998).

Manuscripta Orientalia(2019).

Mayer, Robert: A Scripture of the Ancient Tantra Collection_ The Phur-pa bcu-gnyis(1996).

Mayrhofer, Manfred: Etymologishes Wörterbuch des Altindoarishen I./II/III Band(1992/1996/2001).

Meier-Brügger, Michael: Indogermanische Sprachwissenschaft(2002).

Meyer, Johann Jakob: Das Altindische Buch vom Welt- und Staatsleben - Das Arthaçāstra des Kauṭilya(1926).

Michaels, Axel: Homo Ritualis: Hindu Ritual and Its Significance for Ritual Theory(2015).

Miśra, Jayamanta: Āryāpañcaśatī(2001).

Mitra, Rājendralāla:
Indo-Aryans: contributions towards the elucidation of their ancient and mediaeval history vol. I(1881)

Monier-Williams, Monier: Dictionary, English and Sanskrit(1851)
Monier-Williams Sanskrit-English Dictionary(1899).

Murakami, Shinkan(村上 真完): 初唐における智通訳の観音経類が意味するもの(2019).

Mylius, Klaus: Sanskrit-Deutsch, Deutsch-Sanskrit Wörterbuch(2005).

Norman, Jerry: Chinese(1988).

Patañjali: Yogasūtra(서력기원전후).

Pokorny, Julius: Indogermanisches Etymologisches Wrterbuch(1959).

Raina, Chaman Lal: Kaśmīraśāktadarśanam and Bhavānīsahsranāmanirupaṇam(2020).

Ralph T. H. Griffith: The Hymns of the Rigveda(1896).

Ren, Jiyu(任继愈): 佛教大辞典(2002).

Rhys Davids, Thomas William: The Pali Text Society's Pali-English Dictionary(2022).

Ṛṣayaḥ(여러 르시들): Rig-veda(15.~10세기 BCE).

Simocatta, Theophylactus: Corpus scriptorum historiae byzantinae(7세기/1834).

Stede, W: The Sumaṅgala-Vilāsinī, Buddhaghosa's commentary on the Dīgha-Nikāya Part II(1931).

Stein, Aurel: Serindia Vol. III(1921).

Stevenson, Jay(The Complete Idiot's Guide to Eastern Philosophy, 2000).

Терентьев А: Определитель буддийских изображений '불교 그림의 정의'(2004).

von Böhtlingk, Otto & Roth, Rudolph: Böhtlingk & Roth Grosses Petersburger Wörterbuch(1855).

Wallace, B. Alan: The Attention Revolution: Unlocking the Power of the Focused Mind(2009).

Wang, Tao(王燾): Wàitáimìyào(外臺秘要, 752).

Wayman, Alex: Introduction to the Buddhist Tantric Systems(1978).

Whitney, William Dwight(A Sanskrit Grammar, 1889).

Witzel, Michael & Gotō, Toshifumi: Rig-Veda, das heiligen Wissen(2007).

Yamaguchi, Shinobu: A Sanskrit Text of the Nepalese Buddhist Homa(2001).

Yule, Henry: Cathay and the way thither-being a collection of medieval notices of China(1915).

Yun, Myong Gu: Untersuchungen zu Funktionen des Mediums im Ṛgveda(2007).

웹사이트

동국 불교기록문화유산아카이브

(https://kabc.dongguk.edu/content/view?dataId=ABC_IT_K1349_T_001&rt=R.): 普遍光明淸淨熾盛如意寶印心無能勝大明王大隨求陀羅尼經

불교기록문화유산아카이브
(https://kabc.dongguk.edu/content/view?itemId=ABC_IT&cate=bookName&depth=3&upPath=Z&dataId=ABC_IT_K1311_T_002) : 금강정유가천수천안관자재보살수행의궤경 2권.

Bhaktivedanta Vedabase
(https://vedabase.io/en/library/cc/antya/12/103/): CC Antya 12.103, gāgarī — a big pot

CBETA: 有"(二合)", "(三合)", 但有"(一合)"嗎? '二合, 三合이 있지만, 一合이 있나?'
https://www.cbeta.org/node/4980

DCS(Digital Corpus of Sanskrit): Geräusch, wenn pināka ins Feuer trifft. '시바의 삼지창이 불에 닿을 때, 나는 소리'.
http://www.sanskrit-linguistics.org/dcs/index.php?contents=abfrage&word=ci%E1%B9%ADici%E1%B9%ADi&query_type=1&sort_by=alpha

1S GOALS of the SARVA Dictionary (https://coe.aa.tufs.ac.jp/sarva/unknown.html): Gamari

Wisdom Library(https://www.wisdomlib.org/): Gamari, Gargari

sanskrit talks: Lord Vishnu Holding Earth '땅을 붙들고 있는 비슈누'
(https://x.com/Hindu_Tradition/status/1541994683395706880)

84000 TRANSLATING THE WORDS OF THE BUDDHA
(https://read.84000.co/glossary/entity-33909.html): caṇḍinī

찾아보기

한글/한자

186

알파벳(로마/그리스/끼릴)

kumbhāṇḍebhyaḥ	121, 122
kuru	23, 24, 28, 41, 43, 74, 84, 122
kuśala-mūla	66

l

lahu	83
Lakṣmī	58, 154
lha.ma.yin	118
liṅga	26
loka	21, 22, 26
lokadhātu	26
lokeśvara	25, 26, 45
lyabanta	9, 48

m

madhu	92
mahādāruṇā	101, 102
mahādhāraṇi	57
mahā-kāla	127, 128
mahā-kālāya	127
mahākāruṇikāya	17, 37
mahā-kāruṇikāya	17, 37
mahālakuṭa-dharāya	33, 34
mahā-maitrī-mahā-karuṇā	18
mahānāda	39, 40
mahāpratisarā	56, 57, 58
mahā-pratisarā-vidyā-rājñī	58
mahāsattvāya	17, 37
mahā-sattvāya	17, 37
mahāsaukhya	46
mahāsiddhāya	29
mahā-vairocana abhisaṃbodhi-vikurvita-adhiṣṭhāna-vaipulya-sūtra	12
mahā-vajra-cāpa	46
(mahā)vajrakavaca-mudra-mudrite	149, 151
mahāvidyā(rājñī)	58, 154
mahāvidyādevi	69, 70
mahāvidyārājñī	56, 57, 70
mahāvīra	38, 43
mahāvīrāya	37
mahāviyanti	24
maheśvara	109, 110
mahogra	39
mahoraga-gaṇebhyaḥ	119, 120
maitreya	29
mala	25, 26, 28, 105, 112, 142
mālādhāriṇi	69, 71
malavati	95, 96
māṃ	47, 71, 83, 85, 86, 97, 149, 150
mama	47, 66, 91, 123, 124
manaḥ	29, 30
maṇḍala	97, 98, 103, 104, 135, 136
maṇḍala-bandhe	135

maṇḍala-siddhe	135, 136
maṅgala	79, 80
māṇi-bhadrāya	125, 127
maṇi-viśuddhe	137
Mañjuśrī	154
Mañjuśrīmūlakalpa	11
Mañjusvara	154
Manuscripta Orientalia	62, 86, 88, 90, 92, 94, 96, 98, 100, 102, 104, 106, 108, 110, 112, 114, 116, 118, 120
manuṣy(a-gaṇ)ebhyaḥ	119
mara	27, 28, 142
māra-kāma	46
marīci	143, 144
maruce	143
maruci	143, 144
māruta = maruta = marut	115
mārutāya	115
mathani	75
mati	22
mātṛ-gaṇāya	127
māyādṛḍti	44
Media	12, 44
me'i phyogs	82
mi'am ci	118
milīmili	41, 42
moha	25, 26
mohaya	137, 138
Monier-Williams	20, 22, 24, 26, 28, 32, 34, 40, 42, 58, 64, 66, 68, 70, 72, 74, 76, 78, 86, 88, 98, 100, 112, 118, 130, 132, 136, 140, 142, 144, 148, 152, 154
Μουκρί, Mucri-tas, mug-lig	12
mucale	63, 64
mudrā	11, 56, 58, 147, 148, 152
Mudreśa	82
mukhāya	31, 32
muni	32, 62, 145, 146, 149, 150
munivare	149
mūrddha	106
mūrdhan	82, 106
mūrdhnā	105, 106
mūrta	101
mūrte	25, 26, 101, 102, 104, 143
muru	24, 28, 73, 74, 121, 122

n

nag po chen po	128
Nāga	33, 34, 64, 83, 84, 85, 86, 87, 95, 115, 116, 131, 132
nāga-gaṇa	116
nāga-gaṇebhyaḥ	115, 116
nāgavilokita = nāgavalokita	115
nāgavilokitāya	115

글쓴이: 윤명구

인천에서 태어남.
부산성지국민학교 졸업.
부산중앙중학교 졸업.
부산가야고등학교 졸업.
한국외국어대학교 독일어과 졸업. 학사.
한일시멘트주식회사 외자담당.
독일 뷔어츠부억 대학교 비교인도유럽언어학 졸업. 석사
 (Julius-Maximilians-Universität Würzburg,
   M.A. Vergleichende Indogermanische Sprachwissenschaft)

현재 한국의 언어와 역사 및 불교 오대진언에 대해 연구 및 집필

부처님의 당부

부처님께서 원래 상스끄르따(*saṃskṛta*)를 깨우침의 틀로 쓰지 말라고 하셨던
말씀이 빠알리 율장(*Vinayapiṭaka*)에는 남아 있다.

***"na, bhikkhave, buddhavacanaṃ chandaso āropetabbaṃ. Yo āropeyya, āpatti d
ukkaṭassa. anujānāmi, bhikkhave, sakāya niruttiyā buddhavacanaṃ pariyāpu
ṇitun"ti.***

'비구들아, 깨달음의 말을 베다의 말(씨)로 하지 말며,
　　그대들 말로 깨달음의 말씀을 배울 것을 허락하노라.'

부처님은 그때 벌써 베다를 배워 알던 이들(*brāhmaṇāḥ*)의 혹세무민하는 권위
와 허세를 경계하셨다. 더 나아가 깨달음(*buddha*)의 길로 나아가는 이들에게
도 이를 삼가길 바라셨던 듯하다. 실제 부처님께서 걱정하신 대로 그 배웠다
는 제자들은 옛 버릇을 버리지 못한 채 상스끄르따를 끌어들여 자신들의 말이
란 뜻으로 범어(梵語, *brāhmaṇabhāṣā*)라고 불렀다.

이 따끔한 부처님의 말씀을 새기지 않고 다라니나 만뜨라만 읊는다면 부처님
께서 그리 말라 하셨던 허상과 무지를 깨뜨리지 못하고 오히려 따르는 상황이
펼쳐질 뿐이 아닐까 싶어 저어된다.

오대진언의 둘째, 셋째 다라늬

2024년 12월 26일 초판 1쇄 인쇄
2023년 12월 31일 초판 1쇄 발행

옮긴이   윤명구
펴낸이   정창진
펴낸곳   여래
출판등록   제2022-000003호
주소   서울시 종로구 인사동11길 16, 403호.(관훈동)
전화번호   (02)871-0213
전송   0504-170-3297

ISBN   979-11-90825-25-2 93220
Email   yoerai@hanmail.net
blog   naver.com/yoerai

값은 뒤표지에 있습니다.

※ 저자와의 협의에 따라 인지를 생략합니다.
※ 잘못된 책은 구입하신 서점에서 바꿔드립니다.
※ 이 책의 저작권은 저자에게 있습니다. 서면에 의한 저자의 허락 없이 내용의 일부를 인용하거나 발췌하는 것을 금합니다.